宋在璇 엮음

음식속담사전

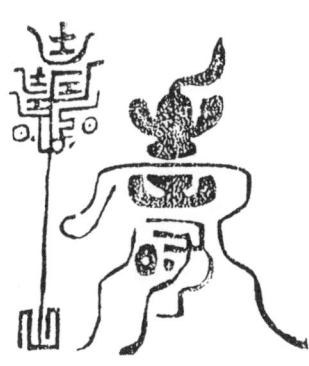

東文選

머리말

　음식은 인간의 생명을 유지하면서 성장·발육·활동력을 증진시켜 주는 절대적으로 필요한 공급원이다. 또한 좋은 음식이나 맛있는 음식은 심리적·정서적 안정감을 충족시켜 준다.
　정상적인 식생활을 하는 사람의 경우는 음식맛이 생명이다. 맛을 내는 데는 재료·손맛·온도 등의 요소가 복합되어 있다. 즉『보리로 이밥을 만들 수 없다』·『소금으로 열두 가지 반찬을 만든다』는 속담처럼 전자는 재료의 중요성을 말하고, 후자는 손맛 좋은 것을 말한다.『밥은 봄같이 먹고, 국은 여름같이 먹고, 장은 가을같이 먹고, 술은 겨울같이 먹으랬다』는 속담은 음식에 대한 알맞은 온도를 상징한 것이다.
　우리 음식의 기본 맛은 장에 의존하고 있다.『장은 모든 음식의 으뜸이다』·『장맛 보고 며느리삼는다』·『장맛이 변하면 집안이 망한다』는 속담이 있을 정도로 중요하였을 뿐 아니라, 고기류·어패류·채소 등의 조리에도 장맛이 좌우하기 때문이다.
　우리 나라 일상식의 특징은 주로 주식인 밥과 부식인 반찬으로 분리된다. 음식 중에서 가장 기본이 되는 밥은 각종 곡식에 물을 부어 익혀서 만든다. 그러므로 곡식에 따라서 쌀밥·기장밥·보리밥·조밥·콩밥·팥밥·피밥 등이 있으나, 이 중에서 쌀밥(이밥)이 으뜸이다. 그러므로『여름 이밥은 꿈에만 봐도 살찐다』·『오뉴월 이밥은 인삼밥이다』하는 속담이 있다.
　반찬이 없으면 냉수에 말아먹기도 하고 소금엣밥으로도 먹었기 때문에『물밥이라도 먹고 가라』는 인사도 있고,『없는 놈은 소금밥도 대접 못한다』는 속담이 있는 것이다.
　부식으로는 채소류·고기류·해산물 등이 주원료이다.『고사리는 귀신도 좋아한다』·『가을 아욱국은 문 걸어잠그고 먹는다』·『가을 상추는 계집 내쫓고 먹는다』·『산천어 굽는 냄새에 나갔던 며느리가 되돌아온다』·『임연수어 껍질쌈 3년에 천석꾼이 망한다』는 속담들이 있다.

　떡은 밥 다음으로 많이 먹는 음식이다. 떡은 쌀의 산지인 경기·충청·호남지방의 시루떡·인절미·절편·송편 등이 유명하고, 황해도에서는 기장떡이 명물이다.『귀신 듣는 데 떡 말 말랬다』·『남의 떡에 설 쇤다』·『남의 떡으로 제사지낸다』·『봄 떡은 꿈에만 봐도 살찐다』 등의 속담에서 떡의 소중함을 엿볼 수 있다.

　우리 사회가 농업경제에서 산업경제 체제로 급격히 발전됨에 따라 식생활에서도 많은 변화가 일고 있다. 쌀의 소비량이 줄면서 상대적으로 밀가루·고기·채소·과일·어패류 등이 증가하고 있다. 주식인 밥 대신 빵·가공식품 등이 현저히 증가하는 실정이다. 이와 같이 식생활의 변화과정에서 우리들은 옛 음식과 그 맛의 향수를 찾아보기 위해서는 무엇보다도 음식 속담에서 찾는 것이 지름길이기에, 이를 엮어서 독자 여러분에게 옛 음식맛을 마냥 음미하시기를 기원하는 바이다.

1998년 9월 송재선

목 차

Ⅰ 음식편

1 음식 ······ 9
2 음식맛 ······ 43
3 감식甘食 ······ 59

Ⅱ 밥편

4 밥 ······ 65
5 쌀밥(이밥) ······ 103
6 찰밥 ······ 107
7 보리밥 ······ 108
8 조밥 ······ 110
9 콩밥 ······ 112
10 비빔밥 ······ 113
11 더운밥 ······ 114
12 찬밥 ······ 115
13 선밥 ······ 118
14 잿밥 ······ 119
15 제삿밥 ······ 120
16 제 밥(내 밥) ······ 121
17 남의 밥 ······ 122
18 눈칫밥 ······ 124
19 사잣밥[使者飯] ······ 125
20 밥벌레(식충이) ······ 126

Ⅲ 떡편

21 떡 131
22 내 떡 163
23 남의 떡 165
24 개떡 167
25 보리떡 169
26 수수떡 171
27 봄 떡 172
28 송편 173
29 흰떡 174
30 찰떡 175
31 선떡 176

Ⅳ 국·죽편

32 국 181
33 죽 191
34 팥죽 200
35 콩죽 204
36 흰죽 206
37 범벅 207
38 각종 죽 209
39 국수 211
40 수제비 214
41 묵 215

V 장류

42 식혜 ·· 219
43 누룽지 ·· 220
44 숭늉 ·· 222
45 두부 ·· 224
46 비지 ·· 227
47 반찬 ·· 229
48 김치 ·· 232
49 장 ··· 235
50 간장 ·· 243
51 된장 ·· 244
52 고추장 ·· 246
53 메주 ·· 248
54 소금 ·· 250
55 기름 ·· 255
56 서리 ·· 257
57 약과藥果 ·· 258
58 엿 ··· 259
59 꿀 ··· 263
60 사탕 ·· 266

VI 술·담배편

61 술 ··· 269
62 술장사 ·· 298
63 술꾼 ·· 302
64 술맛 ·· 305
65 막걸리 ·· 308
66 남의 술 ·· 312
67 공술 ·· 314
68 해장술 ·· 316
69 외상술 ·· 318
70 안주 ·· 320
71 대작 ·· 323

목차 5

72 주량 326
73 과음 330
74 주색 333
75 취담 336
76 취함 338
77 주정 348
78 금주 352
79 술을 못 먹음 354
80 담배 356

I
음식편

1
음식

가만히 먹는 음식이 체하기 쉽다.
남모르게 하는 일은 탈이 나기 쉽다는 뜻.

가만히 먹으라니까 뜨겁다고 한다.
동정하여 주는 사람의 체면도 모르고 눈치 없는 짓만 한다는 뜻.

가을에는 손톱 발톱도 다 먹는다.
가을에는 입맛이 좋을 때라 손톱과 발톱 몫까지 다 먹게 된다는 뜻.

개천에 든 소다.
개천에 든 소가 양쪽 언덕의 풀을 뜯어먹듯이, 먹을 복이 많은 사람을 두고 하는 말.

거저 먹을 것이라고는 하늬바람밖에 없다.
돈 안 주고 공으로 먹을 것은 공기밖에 없듯이 공것은 바라지 말라는 뜻.
* 하늬바람: 서풍.

걱정이 없어야 먹는 것도 살로 된다.
마음이 편해야 먹은 음식도 살로 간다는 뜻.

고기는 먹어 본 사람이 더 먹고, 밥은 굶은 사람이 더 먹는다.
고기는 늘 먹어 본 사람이라야 많이 먹을 수 있고, 밥은 굶주린 사람이 많이 먹는다는 말.

고기는 적게 먹고, 채소를 많이 먹는다.
고기보다 채소류를 더 많이 먹는 것이 건강에 좋다는 뜻.

곤자소니에 발 기름이 끼었다.
내장(內腸)에 발(簾) 같은 기름이 끼었다는 뜻으로, 잘 먹고 뽐내며 사는 사람을 두고 하는 말.
* 곤자소니: 소의 창자 끝에 달린 기름기가 많은 부분.

곰마냥 발바닥 핥아먹고 사는 줄 아나.
사람은 음식을 먹어야 살지 곰처럼 발바닥만 핥아먹고는 못 산다는 뜻.

구레나룻이 댓 자(五尺)라도 먹어야 생원님이다.
아무리 점잖고 외양이 잘난 사람이라도 생활이 넉넉해야 행세를 한다는 뜻.

구복口腹을 달래다.
배부르게 먹고 편히 지낸다는 뜻.

구복이 원수다.
먹는 것 하나를 해결하지 못하여 고생한다는 뜻.

굶주리면 아무 음식이나 맛있게 먹는다.
굶주린 사람은 맛을 따지기보다는 우선 배를 채워야 한다는 뜻.

굶주리면 아무 음식이나 먹는다.
굶주린 사람은 닥치는 대로 아무 음식이나 먹는다는 뜻.

굶주리면 음식을 가리지 않는다.
굶주린 사람은 음식을 맛으로 먹는 것이 아니라 허기를 면하기 위하여 먹는다는 뜻.

굶주리면 지게미나 겨도 감식한다.
굶주린 사람은 아무 음식이나 다 맛있게 먹는다는 뜻.

궂은 고기를 먹은 것 같다.
궂은 고기를 먹은 것같이 기분이 매우 나쁘다는 뜻.

금강산도 식후경이다.
금강산 같은 명승지도 배가 불러야 구경을 한다는 뜻.

기와집 음식이 초가집 음식만 못한 것도 있다.
부잣집 음식이라고 다 맛있는 음식은 아니라는 뜻.

꽃구경도 식후경이다.
아무리 좋은 꽃구경이라도 배가 불러야 한다는 뜻.

끼니 없는 놈에게 점심 의논하다.
(1) 식량 떨어진 사람과 밥 할 것을 상의하듯이 헛일만 한다는 뜻.
(2) 일을 함께 할 때는 상대를 잘 선택해야 한다는 뜻.

나라님 수라상도 부럽지 않다.
임금님 수라상보다도 더 잘 먹을 정도로 부유한 생활을 한다는 뜻.

나루가 석 자라도 먹어야 샌님이다.
점잖고 외양이 잘난 사람이라도 배가 불러야 행세를 한다는 뜻.

나 먹기는 싫어도 남 주자니 아깝다.
인색한 사람은 자기가 싫은 음식도 남을 주지 않고 썩힌다는 뜻.

나 먹자니 싫고, 개 주자니 아깝다.
인색한 사람은 융통성 없이 구두쇠 노릇만 한다는 뜻.

나쁜 음식은 먹어도 살찌지 않는다.
영양가가 없는 음식은 먹어도 배만 부르지 몸에는 도움이 되지 않는다는 말.

낙식落食은 공식空食이다.
먹다가 흘린 밥은 누가 주워먹어도 상관없듯이, 남이 버린 것은 아무나 써도 괜찮다는 뜻.

날고기 보고 침 안 뱉는 이 없고, 익은 고기 보고 침 안 삼키는 이 없다.
(1) 누구나 나쁜 것은 싫어하고 좋은 것은 하고 싶어한다는 뜻.
(2) 싫어하던 것도 좋게 만들어 놓으면 서로 가지고 싶게 된다는 뜻.

남양南陽 원님 굴회 마시듯 한다.
(1) 음식을 몹시 빨리 먹는다는 말.
(2) 무슨 일을 단숨에 해치운다는 말.

내 배가 부르니 평안 감사가 조카같이 보인다.
가난하던 사람이 생활이 넉넉하게 되면 교만해진다는 뜻.

내 배가 부르면 종 배고픈지 모른다.
배부른 사람은 없는 사람의 사정을 몰라 준다는 뜻.

노성魯城 윤씨尹氏의 식도락食道樂이다.
옛날 충청남도 논산 노성 윤씨들은 맛있는 음식을 잘해 먹었다는 뜻.

놀고 먹으면 태산도 못 당한다.
벌지 않고 쓰기만 하면 아무리 많은 재산이라도 못 당한다는 뜻.

누룽지를 좋아하면 공부를 못한다.
옛날에는 누룽지가 아이들의 간식이었기 때문에 공부할 때는 누룽지 생각을 하지 않아야 된다는 뜻.

누워서 먹으면 죽어서 쇠귀신 된다.
음식을 먹을 때는 단정하게 바른 자세로 앉아서 먹으라는 뜻.

다담상茶啖床 같다.
손님을 대접하기 위하여 차려내는 교자상처럼 음식을 푸짐하게 차렸다는 말.
* 다담상: 손님을 접대할 때 차리는 교자상.

다담상 바라다가 턱 떨어지겠다.
음식을 잘 먹으려고 기다리다가 굶어죽겠다는 뜻.

닮은 콩은 먹다 남기지 못한다.
맛있는 음식은 제때에 다 먹고 남기지 않는다는 뜻.

닭 잡아먹고 이웃 인심 잃고, 개 잡아먹고 동네 인심 잃는다.
특별한 음식을 해서 먹을 때는 이웃과 나누어 먹는 것이 옛날의 식풍속이었다는 뜻.

대식大食이 소식小食만 못하다.
식사는 많이 먹는 것보다 약간 적게 먹는 것이 건강에 좋다는 뜻.

더워서는 더워서 못 먹고, 식어서는 식어서 못 먹는다.
쓸데없이 이리저리 핑계만 대면 아무 일도 못한다는 뜻.

도둑 중에는 코 밑 도둑이 제일 크다.
인생살이에서는 식생활을 해결하는 문제가 가장 크다는 뜻.

되지 못한 음식이 뜨겁기만 하다.
못난 주제에 못난 짓만 가려서 한다는 뜻.

둘이 먹다가 마누라가 죽는 것도 모른다.
아내와 같이 먹다가 아내가 죽어도 모를 정도로 음식이 맛있다는 말.

둘이 먹다가 하나가 죽어도 모르겠다.
두 사람이 같이 먹다가 한 사람이 죽어도 모를 정도로 음식맛이 좋다는 말.

들고 자시고 할 것이 없다.
(1) 음식이 적어서 먹을 것이 없다는 뜻.
(2) 음식이 먹을 만한 것이 없다는 뜻.

등 따습고 배부르면 더 바랄 것이 없다.
없는 사람들은 배부르게 먹고 춥지 않게 입는 것이 가장 큰 소원이라는 뜻.

등으로 먹고 배로 먹는다.
(1) 먹을 것이라면 닥치는 대로 아무것이나 다 먹는다는 뜻.
(2) 음식을 많이 먹는다는 뜻.

때 늦게 먹는 음식은 고기맛이다.
식사 시간이 지나서 시장했을 때 음식을 먹으면 맛이 있다는 뜻.

만승천자萬乘天子도 먹는 것을 큰일로 삼는다.
부귀를 누린 사람도 먹는 것을 가장 큰일로 삼듯이, 사람에게는 먹는 것이 가장 중요하다는 말.
* 만승천자: 천자를 존칭하는 말.

만승천자도 먹어야 산다.
임금도 먹지 않으면 굶어죽게 되므로 먹는 것이 가장 소중하다는 뜻.

많이 먹고 장수하는 사람 없다.
폭음폭식을 하게 되면 위장을 해치므로 장수를 하지 못한다는 뜻.

많이 먹는 사람은 명이 짧다.
일반적으로 폭음폭식을 하는 사람은 소화기관에 무리를 주기 때문에 장수할 수 없다는 뜻.

맛없는 음식은 여러 사람이 먹어야 한다.
맛없는 음식도 여러 사람이 함께 먹으면 맛있게 먹게 된다는 뜻.

맞기 싫은 매는 맞아도 먹기 싫은 음식은 못 먹는다.
매는 참고 맞을 수 있지만 배부를 때 먹기 싫은 음식은 못 먹는다는 뜻.

맨입에 앞교군 서라 한다.
아무것도 먹이지 않고 힘드는 앞교군을 세우듯이, 먹이지도 않고 힘든 일만 시킨다는 뜻.
* 교군: 가마 메는 사람.

먹고 나니 또 친구다.
무슨 일을 하고 난 다음에 또 일이 생긴다는 뜻.

먹고 나니 친구가 또 있다.
무슨 일을 다하고 나서 보니 빠진 것이 있다는 말.

먹고 나서야 금강산 구경도 한다.
아무리 금강산의 경치가 좋아도 굶주린 때에는 보고 싶지 않듯이, 무슨 일이든지 배가 부른 뒤에야 하고 싶은 의욕이 생긴다는 말.

먹고나 죽는다.
기왕 죽을 바에야 먹고 싶은 것이나 실컷 먹고 죽겠다는 뜻.

먹고 남는 백령도白翎島, 때고 남는 대청도大靑島, 쓰고 남는 소청도小靑島다. (황해도)
옛날 황해도(現 경기도) 옹진군 백령도는 비록 섬이지만 양곡은 먹고 남았으며, 대청도는 나무가 많아 연료로 때고 남았고, 소청도는 고기잡이로 돈을 쓰고 남을 정도로 풍부하여 살기 좋은 곳이라는 뜻.

먹고 남은 잔술에 식은 안주다.
남들이 먹다가 남은 주안상으로 사람을 너무 푸대접한다는 뜻.

먹고도 굶어죽는다.
(1) 안 되는 놈은 먹어도 굶어죽는다는 뜻.
(2) 욕심을 많이 낸다고 일이 되는 것은 아니라는 뜻.

먹고도 맛을 모른다.
자기가 일을 하고도 내용을 모르고 있다는 뜻.

먹고 똥만 싼다.
일은 하지 않고 놀고 먹기만 하는 사람을 조롱하는 말.

먹고 마시지도 못한다.
중환자라 음식을 못 먹고 죽게 되었다는 뜻.

먹고만 산다면 개도 산다.
먹고 사는 것만이 인간이 아니라 인간다운 일을 해야 인간이라는 뜻.

먹고 사는 데만 급급한 사람은 천하게 여긴다.
먹고 사는 데만 매여 사는 사람은 사람 구실을 못하게 되기 때문에 천대를 받는다는 뜻.

먹고 살기 위하여 벼슬하는 것은 아니다.
벼슬을 하는 것은 자신의 의식주衣食住만을 해결하는 데 있는 것이 아니라, 국가와 국민들을 위하여 봉사하는 데 있다는 말.

먹고 살 만하니까 동티가 생긴다.
복이 없는 사람은 고생 끝에 겨우 잘 살게 되면 속썩을 일이 생긴다는 뜻.

먹고 쓸 팔자라면 가시나무에도 열매가 연다.
놀고 먹으며 살 팔자라면 가시나무에도 먹을 열매가 열린다는 말.

먹고 입는 것이 넉넉해야 영욕도 안다.
먹고 입는 것에 걱정이 없어야 영화榮華와 치욕恥辱도 가리게 된다는 말.

먹고 자고 먹고 싸는 식충食蟲이도 제 복에 산다.
놀고 먹는 사람도 다 타고난 제 복으로 산다는 말.

먹고 자는 것도 잊었다.
몹시 골몰하여 먹고 자는 것까지도 잊고 있었다는 뜻.

먹고 자는 식충이도 복을 타고난다.
놀고 먹으며 사는 사람도 저 먹을 복은 타고난다는 뜻.

먹고 자시고 할 것도 없다.
분량分量이 너무 적어서 어찌할 도리가 없다는 뜻.

먹고 죽기다.
기를 쓰고 열심히 먹는다는 뜻.

먹고 죽으나 굶어죽으나 죽기는 일반이다.
잘 살던 사람이나 못 살던 사람이나 죽을 때는 다 마찬가지라는 뜻.

먹고 죽은 놈이 굶어죽은 놈보다 낫다.
고생하다 죽은 사람보다 편히 지내다 죽은 사람이 낫다는 뜻.

먹고 죽자 해도 없어서 못 먹는다.
굶주린 사람이 한 끼라도 마냥 먹어 보고 죽고 싶어도 한 끼 먹을 것도 없다는 뜻.

먹기는 김서방이 먹고, 주정은 이서방이 한다.
이익을 본 사람은 가만히 있는데 구경한 사람이 좋아한다는 뜻.

먹기는 발장撥長이 먹고, 뛰기는 말더러 뛰란다.
실제로 애쓴 사람은 아무런 보수를 받지 못하고, 애도 쓰지 않은 사람이 이익을 차지한다는 말.

먹기는 배디(背的)가 먹고, 뛰기는 파발마把撥馬가 뛴다.
애는 남이 쓰고, 거기서 나온 이익은 제가 차지한다는 뜻.
* 배디: 옛날 서신을 전하던 사람.
* 파발마: 옛날 공무로 급행하는 사람이 타던 말.

먹기는 아귀餓鬼같이 먹고, 일은 정승같이 한다.
먹기는 많이 먹으면서 일은 도무지 않는다는 뜻.
* 아귀: 굶주린 귀신.

먹기는 혼자 먹어도 일은 혼자 못한다.
음식은 혼자 먹을 수 있어도 큰일은 혼자 할 수 없다는 뜻.

먹기는 파발把撥이 먹고, 뛰기는 역마驛馬가 뛴다.
수고한 사람은 아무런 보수도 받지 못하고, 수고하지 않은 사람이 이익을 독차지하게 되었다는 뜻.

먹기는 홍중군洪中軍이 먹고, 뛰기는 파발마가 뛴다.
수고하는 사람은 늘 수고만 하고, 이익을 보는 사람은 따로 있다는 뜻.

먹기 싫은 음식은 개나 주지만 사람 싫은 것은 백 년 원수다.
먹기 싫은 음식은 안 먹으면 되지만, 보기 싫은 사람은 죽을 때까지 원수라는 뜻.

먹기 싫은 음식은 먹어도 보기 싫은 사람은 못 본다.
보기 싫은 사람과는 두 번 다시 친해질 수 없다는 말.

먹는 개는 때리지 않는다.
아무리 잘못한 일이 있더라도 음식을 먹을 때는 꾸짖거나 때려서는 안 된다는 뜻.

먹는 것과 여색에 염치가 없다.
먹는 것과 여자를 몹시 밝힌다는 뜻.

먹는 것도 없으면서 바쁘기만 하다.
먹지도 못하고 분주하게 일만 한다는 뜻.

먹는 것보다 더 큰 것은 없다.
사람은 먹어야 살기 때문에 먹는 것이 가장 중요하다는 말.

먹는 것은 개같이 먹어도 잠자리는 가려 자랬다.
먹는 것보다 자는 것이 더 중요하다는 뜻.

먹는 것은 민중들의 근본이다.
민중들은 배부르게 먹는 것을 으뜸으로 삼는다는 말.

먹는 것은 여럿이 먹고 자는 것은 혼자 자야 한다.
음식은 여러 사람이 함께 먹어야 맛이 있고, 잠은 혼자 자야 편히 잔다는 뜻.

먹는 것을 하늘로 삼는다.
먹지 않으면 죽기 때문에 먹는 것이 가장 중요하다는 뜻.

먹는 것이 가장 소중하다.
먹어야 살 수 있기 때문에 먹는 것이 가장 중요하다는 뜻.

먹는 것이 남는 것이다.
먹는 장사를 하는 사람은 식구들이 먹는 것이 이득이라는 뜻.

먹는 것이 하늘이다.
먹는 것이 하늘과 같이 가장 중요하다는 뜻.

먹는 데는 감돌이, 일에는 배돌이다.
먹는 것은 밝히면서도 일하는 데는 꾀를 부리며 하지 않는다는 뜻.

먹는 데는 걸신乞神이고, 노는 데는 귀신이며, 일하는 데는 등신이다.
마냥 먹기만 하고 놀면서 할 일은 조금도 않는 쓸모없는 인간이라는 뜻.

먹는 데는 귀신이요, 일하는 데는 등신이다.
먹을 상만 밝히고 일은 도무지 하지 않는 사람을 일컫는 말.

먹는 데는 귀신이요, 일하는 데는 장승이다.
먹을 상만 밝히고 일은 전혀 하지 않는다는 말.

먹는 데는 남이요, 궂은 일에는 일가다.
먹을 것이 생기면 남처럼 모르는 척하다가 궂은 일이 생기면 일가들을 찾아가서 간청한다는 뜻.

먹는 데는 빠지지 않는다.
얻어먹을 데만 있으면 빼놓지 않고 찾아다니며 얻어먹는다는 말.

먹는 데는 앞장서고, 일하는 데는 뒷장선다.
먹는 데는 남보다 더 밝히면서도 일하는 데는 이 핑계 저 핑계 대면서 빠진다는 뜻.

먹는 데는 파발이요, 일에는 송곳이다.
먹는 데는 남보다 먼저 덤벼 먹으면서도 일할 때는 꽁무니를 뺀다는 뜻.

먹는 데는 친구요, 궂은 일에는 친척이다.
식도락食道樂하는 데는 친구가 좋고, 궂은 일을 당했을 때는 친척이 좋다는 말.

먹는 데는 형제도 없다.
구차한 형제간에는 자기 목구멍이 급하기 때문에 형제간에도 음식을 나누어 먹지 못한다는 뜻.

먹는 데 빠져 본 일 없고, 일하는 데 참견해 본 일 없다.
먹는 데는 찾아다니며 꼭 얻어먹어도 일하는 데는 한번도 참가하지 않고 먹고 놀기만 한다는 뜻.

먹는 물에 돌 던지면 저승 가서 눈썹으로 다 건져야 한다.
먹는 우물에 돌을 던지면 죽어서 벌을 받게 되므로 우물에는 돌을 넣지 말라는 뜻.

먹는 속은 꽹과리 속이다.
먹는 데는 용하게 알고 잘 찾아다니는 사람을 이르는 말.

먹다가 굶어죽겠다.
아무리 먹어도 배가 불러지는 음식이 아니라는 말.

먹다가 보니 개떡수제비다.
아무것도 모르고 좋아하다가 정신차려 보니 변변치 않은 것이라는 말.

먹다가 볼 일도 못 본다.
먹는 일에 골몰하여 할 일도 못하게 되었다는 말.

먹다 죽은 대장부나 밭갈이하다 죽은 소나 죽기는 일반이다.
잘 먹고 살던 사람이나 고생만 하던 사람이나 죽기는 매일반이라는 뜻.

먹다 판난다.
식도락食道樂만 하다가 패가敗家한다는 뜻.

먹던 술도 떨어진다.
늘 하는 숟가락질도 하다가 떨어뜨릴 때가 있듯이, 능숙한 일도 하다가 실수할 수 있으니 조심하라는 뜻.

먹성 좋은 소가 부리기도 좋다.
소나 사람이나 먹성이 좋아야 건강하기 때문에 일도 잘할 수 있다는 뜻.

먹어도 마르기만 한다.
아픈 사람은 잘 먹어도 살이 찌지 않는다는 말.

먹어도 맛을 모른다.
마음이 불안정할 때는 음식맛도 모르게 된다는 말.

먹어도 살로 안 간다.
걱정이 너무 많아서 먹어도 마르기만 한다는 뜻.

먹어 보지도 않고 맛없다고 한다.
내용도 모르고 경험도 없는 사람이 우겨대기만 한다는 뜻.

먹어 본 놈이 잘 먹는다.
음식은 많이 먹어 본 사람이라야 맛도 잘 알고 먹기도 많이 먹는다는 뜻.

먹어야 산다.
먹고 살 수 있는 직장이 있어야 한다는 뜻.

먹어야 양반 노릇도 한다.
배가 고프면 그 좋은 양반 노릇도 못하게 되듯이, 배를 곯지 않아야 사람 구실도 할 수 있다는 뜻.

먹어야 체면도 지킨다.
굶주리면 체면도 지키지 못하게 된다는 말.

먹으라면 개도 똥을 안 먹는다.
평소에 하던 것도 남이 시키면 안한다는 뜻.

먹으려고 해도 먹을 수가 없다.
먹고는 싶어도 먹을 수 없는 사정이라는 뜻.

먹으면서도 맛을 모른다.
(1) 내용도 모르고 행동만 기계적으로 한다는 뜻.
(2) 정신을 차리고 행동을 해야 내용을 알게 된다는 뜻.

먹은 개는 짖지 않는다.
뇌물을 먹으면 말을 못하게 된다는 뜻.

먹은 것도 삭이기를 잘해야 한다.
뇌물을 받아도 이것을 잘 소화시키지 못하면 탈이 난다는 뜻.

먹은 놈이 똥도 싼다.
(1) 빚도 진 사람이 갚아야 한다는 뜻.
(2) 죄도 진 사람이 벌을 받게 된다는 뜻.

먹은 놈이 힘도 쓴다.
배부르게 먹어야 일도 잘한다는 뜻.

먹은 물에 뜸이 없다.
뇌물이나 선물을 주면 그에 대한 보답이 있게 마련이라는 뜻.

먹은 죄는 꿀종지로 하나다.
꿀종지에 담긴 꿀이 얼마 되지 않듯이, 먹은 죄는 대단치 않다는 뜻.

먹은 죄는 대꼭지로 하나다.
굶주린 사람이 남의 것을 먹은 죄는 대꼭지에 담은 것처럼 대단치 않다는 뜻.

먹은 죄는 없다.
굶주려 죽게 된 사람은 남의 음식을 훔쳐먹어도 죄가 안 된다는 뜻.

먹은 죄는 종지굽으로 하나다.
굶주린 사람이 훔쳐먹은 죄는 용서받을 수 있다는 뜻.

먹을 것만 보면 사지四肢를 못 쓴다.
먹는 것에만 눈이 어두워 다른 생각은 조금도 않고 먹을 것만 생각한다는 뜻.

먹을 것만 보면 세 치 앞도 못 본다.
먹을 것에 환장하여 다른 생각은 조금도 못한다는 뜻.

먹을 것 없다는 놈이 먹는 데는 번개다.
먹지 못하고 굶주린 사람은 먹을 것만 보면 체면도 없이 덤벼든다는 뜻.

먹을 것 없는 제사에 갓만 부순다.
먹지도 못하는 일을 하다가 손해만 보았다는 뜻.

먹을 것 없는 제사에 절만 한다.
먹지도 못하면서 헛수고만 하였다는 뜻.

먹을 것은 적고, 일은 많다.
일은 많이 하고, 이에 대한 보수는 적다는 뜻.

먹을 것을 보면 사지四肢를 못 쓴다.
(1) 굶주린 사람은 먹을 생각밖에 하지 않는다는 뜻.
(2) 먹을 상을 몹시 밝힌다는 뜻.

먹을 것이 없어서 귀까지 먹었나?
귀먹은 사람을 조롱하는 말.

먹을 때는 개도 안 때린다.
잘못이 있어도 먹을 때는 때리지 말고 편히 먹게 하라는 뜻.

먹을 때는 개도 욕하지 않는다.
먹을 때는 감정을 내지 말고 즐겁게 먹으라는 뜻.

먹을 때는 귀신이요, 일할 때는 굼벵이다.
먹는 것만 밝히고 일은 게으르게 한다는 뜻.

먹을 때는 적어야 하고, 일할 때는 많아야 한다.
먹는 것은 약간 적게 먹는 것이 좋고, 일은 많이 하는 것이 좋다는 말.

먹을 떡에도 살 박아 먹으랬다.
곧 먹어 없앨 떡에도 떡살을 찍어 보기 좋게 해서 먹듯이, 무슨 일이나 이왕 할 바에는 보기 좋게 하라는 뜻.
 * 살: 떡살.

먹을 상만 밝힌다.
할 일은 하지 않고 먹는 데만 관심을 가진다는 뜻.

먹을 상 밝히면 얕보인다.
먹는 데 너무 밝히면 인격적으로 무시를 당한다는 말.

먹을수록 냠냠이요, 줄수록 양양이다.
대우를 잘해 줄수록 점점 더 교만해진다는 뜻.

먹을수록 냠냠한다.
먹을수록 욕심을 내고 더 먹고 싶어한다는 뜻.

먹을 콩으로 알고 덤빈다.
남의 것을 먹으려고 탐내는 사람을 비유하는 말.

먹을 콩인 줄 안다.
(1) 만만히 보고 먹으려고 덤빈다는 뜻.
(2) 먹지도 못할 것을 먹으려고 덤빈다는 뜻.

먹자는 귀신은 먹여야 한다.
마음씨 나쁜 사람이 요구하는 것을 안 들어 주면 더 큰 피해가 있으므로 미워도 들어 주어야 한다는 뜻.

먹자는 놈 못 당한다.
먹는 것을 보고 달라는 사람은 안 줄 수가 없다는 뜻.

먹자는 놈하고 하자는 놈은 못 당한다.
있는 것을 보고 떼쓰는 사람은 안 줄 수가 없다는 뜻.

먹자판이다.
우선 있는 대로 먹고 보자는 판이라는 뜻.

먹잘 것 없는 닭갈비다.
보기에는 그럴듯하면서도 실속이 없다는 뜻.

먹잘 것 없는 음식이 뜨겁기만 하다.
쓸모가 전혀 없다는 말.

먹잘 것 없는 음식이 맵기만 하다.
한 가지만 나쁜 것이 아니라 모두가 나쁘다는 뜻.

먹잘 것 없는 잔치가 소문만 났다.
아무 실속도 없는 일이 소문만 크게 났다는 뜻.

먹잘 것 없는 잔치에 말만 많다.
아무 소득도 없는 일에 말썽만 많다는 뜻.

먹잘 것 없는 제사에 밤잠만 못 잔다.
아무 소득도 없는 일에 헛수고만 한다는 뜻.

먹잘 것 없는 제사에 절만 한다.
아무 실속 없는 일에 수고만 한다는 뜻.

먹잘 것 없이 일만 바쁘다.
실속 없는 일이 바쁘기만 하다는 뜻.

먹지도 못하는 버섯이 봄부터 난다.
되지 못한 것이 일찍부터 싸다닌다는 말.

먹지도 못하는 버섯이 3월에 돋는다.
되지도 못한 것이 남보다 먼저 나선다는 뜻.

먹지도 못하는 버섯이 탐스럽기는 하다.
되지 못한 것이 겉모양은 아름답게 치장한다는 뜻.

먹지도 못하는 열매가 많이 열린다.
착한 사람보다 악한 사람이 더 번성한다는 뜻.

먹지 못하는 감 찔러나 본다.
자신이 못 가질 바에야 심술이나 부린다는 말.

먹지 못하는 밥에 재나 뿌린다.
기대에 어긋났을 때는 심술이나 부린다는 말.

먹지 못하는 제사에 갓망건만 부순다. (제주도)
소득도 없는 일을 하다가 도리어 손해만 당한다는 뜻.

먹지 못하는 제사에 절만 한다.
먹지도 못하는 일에 수고만 한다는 뜻.

먹지 못하는 풀이 5월에 겨우 난다.
되지도 못한 것이 게다가 동작까지 느리다는 뜻.

먹지 않겠다고 침 뱉은 우물 다시 먹는다.
두 번 다시 보지 않을 것처럼 하고도 훗날 가서 또 사정한다는 뜻.

먹지 않고 잘 걷는 말 없다.
밑천 안 들이고 잘 되는 일은 없다는 뜻.

먹지 않는 씨아가 소리는 크다.
(1) 못난 사람일수록 잘난 체하고 큰소리를 친다는 뜻.
(2) 아무것도 모르면서 아는 척하고 떠든다는 뜻.

먹지 않는 종이요, 투기 없는 아내다.
(1) 매우 바람직한 존재라는 뜻.
(2) 자기 본위의 욕구라는 뜻.

먹지 않아도 배가 부르다.
먹을 것이 너무 많아서 보기만 해도 배가 부르다는 뜻.

먹지 않은 약이 효력 있을까?
무슨 일이나 원인이 있어야 결과도 있다는 말.

먼저 따먹는 놈이 임자다.
임자 없는 물건은 먼저 차지하는 사람의 것이 된다는 뜻.

먼저 먹는 것이 장땡이다.
먹을 것이 있으면 먼저 먹는 것이 유리하다는 뜻.

먼저 먹은 후 답답이다.
(1) 남보다 먼저 먹고 나면 남이 먹을 때 먹고 싶다는 뜻.
(2) 욕심을 내어 남보다 먼저 하려다가는 도리어 실패한다는 뜻.

메밀가루 한 숟갈도 못 얻어먹는다. (제주도)
제주도에서는 산후 지혈제로 메밀가루를 물에 타서 먹는 풍습이 있는데, 너무도 가난하고 외로워서 이것조차 못 얻어먹는다는 뜻.

목구멍 고개가 자물통 고개다.
먹지 않고서는 살 수가 없다는 뜻.
* 자물통 고개: 황천 고개.

목구멍에 때도 못 벗긴다.
음식을 배부르게 먹지 못하고 겨우 맛만 보았다는 뜻.

목구멍이 포도청捕盜廳이다.
(1) 먹지 않으면 못 산다는 뜻.
(2) 굶주렸을 때는 염치없이 덤빈다는 뜻.

몸은 개천에 있어도 입은 관청에 있다.
가난하지만 잘 먹고 지내려고 한다는 뜻.

몸이 되면 입도 된다.
일을 많이 하면 먹는 것도 잘 먹게 된다는 뜻.

못된 음식이 뜨겁기만 하다.
맛도 없는 음식이 뜨겁기만 하듯이 못난 사람이 못난 짓만 한다는 뜻.

못 보아 못 먹고, 안 주어 못 먹고, 없어서 못 먹는다.
(1) 음식만 보면 체면이나 염치도 없이 덤벼든다는 뜻.
(2) 못 먹는 음식이 없이 먹성이 매우 좋다는 뜻.

무드럭 입에는 들깻묵이 제격이다.
(1) 음식은 자기 처지에 알맞게 먹어야 한다는 뜻.
(2) 시시한 음식을 먹으며 하는 말.

무슨 보니 무슨 보니 해도 식보食補가 제일이다.
건강에는 여러 가지 좋은 보약이 있지만 가장 좋은 것은 영양식품을 먹는 것이라는 뜻.

물배만 채운다.
굶주린 사람이 밥은 못 먹고 물만 먹는다는 뜻.

물 장수가 먹고 난 상이다.
일제 때 북청 물 장수가 서울에서 아침저녁으로 물을 길어 주고 식사는 물 받는 집에서 돌아가면서 얻어먹는데 밥과 반찬을 씻은 듯이 다 먹었다는 데서 유래된 말로서, 식사를 맛있게 다 먹고 빈 상이 되었을 때 하는 말.

묽게 먹고 가늘게 싼다.
돈을 많이 벌려고 욕심내지 말고 수입이 적으면 절약해서 살라는 뜻.

밤 음식은 적게 먹도록 하라.
잘 자리에 음식을 많이 먹으면 도리어 해롭다는 말.

밥·국·찌개·숭늉은 부뚜막에 데워야 맛이 있다.
밥·국·찌개·숭늉 등은 부뚜막에 데워야 가장 먹기 좋은 온도가 되어 맛있다는 뜻.

밥은 봄같이 먹고, 국은 여름같이 먹고, 장은 가을같이 먹고, 술은 겨울같이 먹으랬다.
음식맛은 재료·솜씨·양념에도 달렸지만 온도에 따라서도 영향을 받게 되므로 밥은 따뜻하게 먹어야 하고, 국은 따끈따끈하게 먹어야 하며, 장은 서늘하게 먹어야 하고, 술은 데우지 않고 먹어야 맛이 좋다는 뜻.

배가 고프면 아무 음식이나 마구 먹는다.
굶주린 사람은 아무 음식이나 닥치는 대로 먹는다는 뜻.

배가 고프면 음식을 가리지 않는다.
굶주린 사람은 아무 음식이나 있기만 하면 먹는다는 뜻.

배가 남산만하다.
(1) 음식을 많이 먹어 배가 부르다는 뜻.
(2) 임신부가 산월이 가까워 배가 부르다는 뜻.

배가 터지도록 먹는다.
음식을 지나치게 많이 먹는다는 뜻.
↔ 사흘에 죽 한 끼도 못 먹는다.

배로 먹고 등으로 먹는다.
굶주린 사람이 음식을 많이 먹는 것을 비유하는 말.

백성은 먹는 것이 하늘이다.
백성(농민)들은 배부르게 먹는 것이 제일 큰 소원이라는 뜻.

뱀장어가 눈은 작아도 저 먹을 것은 다 본다.
몸집은 작아도 자기 할 일은 다한다는 뜻.

뱃속 벌레가 놀라겠다.
맛있는 음식을 모처럼 많이 먹었다는 뜻.

벌기는 함부로 벌어도 먹기는 깨끗이 먹으랬다.
고생스럽게 번 돈이라도 먹는 데는 깨끗하게 먹도록 쓰라는 뜻.

범의 차반이다.
(1) 음식을 많이 먹기도 하고 굶기도 많이 한다는 뜻.
(2) 음식을 잘 먹었다 못 먹었다 한다는 뜻.

변학도 잔치에 이도령 상이라. (춘향전)
변사또 생일잔치에 다른 사람 상에는 진수성찬이 가득하건만, 이도령 상에는 먹다 남은 음식 몇 가지 놓듯이 상차림이 매우 엉성하다는 뜻.

보고도 먹지 못한다.
굶주린 사람이 음식을 보고도 못 먹듯이 애만 탄다는 뜻.

보고도 못 먹는 것은 그림의 떡이다.
(1) 그림의 떡처럼 보기만 하고 먹지는 못한다는 뜻.
(2) 나하고는 아무 관계가 없다는 뜻.

보기 좋은 음식도 별수없다.
겉모양이 좋아서 속도 좋은 줄 알았는데 기대했던 것과는 달리 변변치 못하다는 뜻.

보름에 죽 한 끼도 못 먹은 놈 같다.
건강이 지극히 쇠약한 사람을 비유하는 말.

보식補食이 보약補藥보다 낫다.
약으로 보신하는 것보다 음식으로 보신하는 것이 낫다는 뜻.

부른 배가 더 답답하다.
음식을 지나치게 과식하면 속이 답답하여 괴롭다는 뜻.

부처님도 먹어야 좋아한다.
사람은 누구나 잘 먹는 것을 희망한다는 뜻.

빨리 먹는 음식에 목메인다.
(1) 음식을 빨리 먹으면 체하기 쉽다는 뜻.
(2) 빨리하는 일은 거칠다는 뜻.

사또 상 같다.
옛날 원님 음식상마냥 잘 차린 상을 비유하는 말.

사람은 날 때 저 먹을 것을 타고난다.
사람은 날 때 저마다 식복을 타고나기 때문에 굶어죽지는 않는다는 뜻.

사람은 죽어 귀신이 돼도 먹을 것을 찾는다.
(1) 사람은 죽은 뒤에도 제삿밥을 먹는다는 뜻.
(2) 먹는 것보다 더 중요한 것은 없다는 뜻.

산더미 같은 고기요, 숲 같은 포다.
맛있는 음식이 가득하다는 뜻.

삶은 개고기 뜯어먹듯 한다.
음식을 매우 맛있게 먹는 것을 비유하는 말.

삶은 밤을 많이 먹으면 살찐다.
몸이 허약한 사람이라도 삶은 밤을 계속해서 먹으면 살이 찐다는 뜻.

삼수갑산을 가는 변이 있어도 우선 먹고 볼 판이다.
아무리 급한 일이 있어도 우선 먹고 난 다음에 한다는 뜻.

상다리가 부러지겠다.
상다리가 부러질 정도로 음식을 많이 차렸다는 뜻.

상에 가득히 차린 진귀한 음식이다.
(1) 진귀한 음식으로 푸짐하게 차린 상이라는 뜻.
(2) 호의호식한다는 뜻.

상전 배부르면 종 배고픈 줄 모른다.
배부른 사람은 배고픈 사람의 사정을 몰라 준다는 뜻.

새남터를 나가도 먹어야 한다.
죽을 때까지 먹어야 한다는 뜻.
* 새남터: 옛날 한강 백사장에 있었던 사형장.

새 중에는 먹새가 제일 무섭다.
사람은 먹는 문제가 가장 크다는 뜻.

새 중에는 먹새가 제일 크다.
사람은 먹고 사는 문제가 가장 크다는 뜻.

새 한 마리로 백 놈을 갈라먹인다.
적은 음식을 가지고도 여러 사람에게 고루 나누어 준다는 뜻.

색깔이 나쁜 음식은 먹지 않는다.
음식은 맛도 중요하지만 색깔도 중요하다는 뜻.

생기면 먹고 안 생기면 안 먹는다.
(1) 먹을 것을 구하지 않고 주기만 기다린다는 뜻.
(2) 일을 적극적으로 하지 않고 소극적으로 한다는 뜻.

생일날 잘 먹으려고 열흘 전부터 굶는다.
생일날 잘 먹으려고 미리부터 굶듯이, 현실을 무시하고 욕심내다가는 실패한다는 뜻.

설움엔 먹어야 살찌고, 걱정엔 안 먹어야 살찐다.
서럽다고 안 먹으면 마르기 때문에 먹어야 하고, 걱정이 있을 때 먹으면 소화불량으로 살이 빠지게 되므로 먹지 말라는 뜻.

세상에서 가장 미련한 놈은 먹기내기하는 놈이다.
먹기내기를 하면 무리하게 많이 먹어 위장이 상하기 때문에 미련한 행위라는 뜻.

소같이 먹는다.
음식을 매우 많이 먹는다는 뜻.

소처럼 마시고, 말처럼 먹는다.
음식을 소나 말처럼 많이 먹는다는 뜻.

소하고 남자는 집어 주어야 먹는다.
남자는 여자가 음식을 해주는 대로 먹기 때문에 남자가 잘 먹고 못 먹는 것은 여자 손에 달렸다는 뜻.

수달과 곰은 발바닥만 핥아먹고 산다.
수달과 곰은 먹이가 없을 때는 제 발바닥을 핥아먹고도 살지만, 인간은 식량 없이는 못 산다는 뜻.

수달마냥 발바닥 핥아먹고 산다더냐?
수달은 먹이가 없어도 살지만, 인간은 식량 없이는 못 산다는 뜻.

수염이 댓 자라도 먹어야 양반이다.
아무리 지체가 좋고 인품이 잘났어도 굶주리게 되면 행세를 못한다는 뜻.

수염이 댓 자 오 치라도 먹어야 양반 노릇도 한다.
아무리 점잖해도 먹지 못하고 굶주리면 양반 행세를 못한다는 뜻.

숟가락 댈 것도 없다.
음식이 너무 적어서 먹을 것이 없다는 뜻.

숟가락만 들고 다닌다.
자신이 노력해서 먹지 않고 남에게서 얻어먹기만 한다는 뜻.

숟가락 없이는 먹어도 부지깽이 없이는 못 먹는다.
(1) 숟가락이 없으면 손가락으로 먹어도 되지만, 부지깽이 없이는 밥을 짓지 못한다는 뜻.
(2) 하찮게 여기는 사람도 중요한 역할을 한다는 뜻.

숟가락이 많아야 음식도 맛이 있다.
음식은 여러 사람이 먹어야 맛이 있다는 말.

숟가락이 많아야 음식도 맛있다.
음식은 혼자 먹는 것보다 여러 사람이 함께 먹어야 맛이 난다는 뜻.

숟가락질을 배웠으면 젓가락질도 배워야 한다.
음식을 먹는 데는 예절을 지켜야 한다는 뜻.

시장할 때 먹으면 고기반찬 맛이다.
음식은 굶주렸을 때 먹으면 유별나게 맛이 있다는 뜻.

식구는 주인 양미간만 쳐다본다.
가난한 집 식구들은 항상 가장의 눈치만 보고 하루하루를 살아간다는 뜻.

식보食補가 약보藥補보다 낫다.
음식을 잘 먹어 영양을 섭취하는 것이 보약을 먹는 것보다 더 낫다는 뜻.

식복食福이 있는 놈은 자다가도 제삿밥을 얻어먹는다.
먹을 복이 있는 사람은 어디를 가나 먹을 것이 저절로 생긴다는 뜻.

식복이 있는 놈은 자빠져도 떡판에 자빠진다.
식복이 있는 사람은 무슨 짓을 하거나 먹을 것이 생긴다는 뜻.

식사 때가 아닌 음식은 먹지 않는다.
(1) 밥을 하루 세 끼씩 정상적으로 먹는다는 뜻.
(2) 식사 이외의 간식은 하지 않는다는 뜻.

식사중에 다듬이질을 하면 귀먹는다.
조용히 먹어야 할 식사 분위기를 소란스럽게 해서는 안 된다는 뜻.

식사중에 입 안의 음식이 보이면 복이 나간다.
식사중에 보기 흉한 꼴을 남에게 보이면 식복이 나간다는 뜻.

식사하며 이야기를 하면 가난하다.
옛날 예절에는 식사중에 말하지 않았던 데서 유래된 말.

식성은 사람마다 다르다.
사람마다 기호에 맞는 음식이 다르다는 뜻.

식충食蟲이다.
밥만 먹고 일은 하지 않는 사람을 비유하는 말.

신선마냥 감로甘露만 먹고 사는 줄 아나!
이슬만 먹고 사는 신선처럼 농촌에서 농사를 안 짓고 살 수 있느냐는 뜻.
* 감로: 나뭇잎에 맺힌 단 이슬.

싫은 매는 맞아도 싫은 음식은 못 먹는다.
먹기 싫은 음식은 아무리 해도 먹지 못한다는 뜻.

싫증이 나도록 먹는다.
음식을 지나치게 많이 먹어 더 먹을 수 없게 되었다는 뜻.

아가리에 자시오 할 때는 마다더니 처먹으라니까 먹는다.
좋은 말로 할 때는 듣지 않다가, 나중에 나쁜 말로 하니까 듣는다는 말.

아귀餓鬼같이 먹고, 굼벵이같이 일한다.
먹을 상은 밝히면서도 일하는 데는 게으르다는 뜻.

아귀 먹듯 한다.
음식을 미련하게 많이 먹는다는 뜻.

아무 때 먹어도 김서방이 먹을 것이다.
내버려두어도 언젠가는 자기에게 돌아올 것이니 걱정할 필요가 없다는 뜻.

아이들 보는 데서는 찬물도 못 먹는다.
아이들은 찬물을 먹어도 맛있는 것 먹는 줄 알고 떼를 쓴다는 뜻.

악양루岳陽樓도 식후경이다.
경치가 아름다운 악양루도 배가 불러야 구경을 한다는 뜻.
* 악양루: 중국 호남성 악양현에 있는 성루.

안 보아 못 먹고, 없어서 못 먹는다.
먹을 것만 보면 수단과 방법을 가리지 않고 먹는다는 뜻.

안종남安鍾男이 왼소 한 마리 다 먹는다고. (황해도)
옛날 황해도의 전설적 인물이었던 안종남이 왼소 한 마리를 다 먹었듯이 대식가를 비유하는 말.

안 주어 못 먹고, 없어 못 먹는다.
주는 사람이 없어서 못 먹고, 없어서 못 먹지 있기만 하면 먹는다는 뜻.

안 주어 못 받지 손 작아 못 받을까?
무엇이나 주기만 하면 다 받는다는 말.

안 주어서 못 먹는다.
먹고는 싶어도 주는 사람이 없어서 못 얻어먹는다는 말.

앉아서 놀고 먹으면 태산도 못 당한다.
벌지는 않고 놀고 먹으면 돈이 많아도 감당을 못한다는 뜻.

약과 먹기다.
(1) 맛도 좋고 즐겁기만 하다는 뜻.
(2) 일하기가 매우 쉽다는 뜻.

양고랑에 든 소다.
먹을 복이 많은 사람을 가리키는 말.

양반도 세 끼만 굶으면 된장맛 좀 보자고 한다.
아무리 점잖은 사람이라도 굶주리면 행세를 못한다는 뜻.

양반은 가는 데마다 상床이고, 상놈은 가는 데마다 일이다.
양반은 가는 데마다 음식 대접을 받고, 상놈은 어디를 가나 일만 한다는 뜻.

양반은 먹는 것으로 세월을 보내고, 상놈은 일하는 것으로 세월을 보낸다.
양반은 식도락으로 세월을 보내고, 상놈은 밤낮으로 일하며 세월을 보낸다는 뜻.

양식 떨어지자 입맛 난다.
무엇을 좋아하게 되자 낭패가 된다는 뜻.

어꾸수하다.
(1) 음식맛이 순하고 구수하다는 뜻.
(2) 하는 말이 비위에 맞는다는 뜻.

어줍잖은 호박나물에 심정이 상한다.
하찮은 음식이라도 차별을 두면 눈꼴이 틀린다는 뜻.

언제나 코 아래 입이 말썽이다.
없는 사람은 언제나 먹을 걱정만 한다는 뜻.

언제 먹어도 김서방이 먹을 것이다.
(1) 언제 해도 책임진 사람이 할 것이니 이왕이면 속히 하자는 뜻.
(2) 제게 돌아올 이문은 그냥 두어도 제게로 돌아온다는 뜻.

얻어먹는 데서 벌어먹는다.
얻어 온 음식에서 빌어먹듯이 소견이 옹색하고 융통성이 없다는 뜻.

얻어먹을 것도 사돈네 노랑강아지 때문에 못 얻어먹는다.
얻어먹을 것도 중간에서 방해를 해서 못 얻어먹는다는 뜻.

얻어먹지 못하는 제사에 갓망건만 부순다.
일만 해주고 얻어먹지도 못하고 도리어 손해만 보았다는 뜻.

얻어먹지 못하는 제사에 절만 한다.
얻어먹기 위해 일을 도와 주고도 못 얻어먹고 헛수고만 한다는 뜻.

열 번 권하면 열 숟가락은 먹는다.
열 번 권하면 먹기 싫은 것도 열 숟가락은 먹듯이, 친절히 권하면 안 될 일도 된다는 뜻.

열 숟가락을 합치면 한 그릇이 푼푼하다.
여러 사람이 한 사람을 도와 주기는 쉽다는 뜻.

열이 먹다가 아홉이 죽어도 모르겠다.
먹는 데만 정신이 팔릴 정도로 맛이 좋은 음식이라는 뜻.

옆구리에 섬 찬 놈 집어넣듯이 먹는다.
음식을 빨리 먹으면서도 많이 먹는 사람을 비유하는 말.
* 섬: 곡식 담는, 짚으로 엮은 먹서리.

옆구리에 섬 찼나?
음식을 많이 먹는 사람을 놀리는 말.

옷은 살만 가리면 되고, 음식은 허기만 면하면 된다.
옷은 비단이 아니라도 몸만 가리면 되고, 음식은 허기를 면할 정도로 먹으며 검소한 생활을 한다는 뜻.

우물 길에서 차반 받는다.
생각지도 않은 먹을 복이 생겼다는 뜻.

원산元山 손님이 소박맞았다.
밥상에 오른 명태보다 더 좋은 생선이 있기 때문에 명태를 먹지 않는다는 뜻.
* 원산 손님: 명태의 별명.

위 족족, 아래 골고루.
음식을 어른들에게는 넉넉히 드리고, 아랫사람들에게는 골고루 공평하게 분배하여 모두가 만족한다는 뜻.

유월 열이튿날 새끼돼지를 먹으면 보약보다 낫다.
음력 6월 12일에 어린 돼지고기를 삶아먹으면 보신이 된다는 뜻.

음식 같지 않은 개떡에 입천장만 덴다.
대수롭지 않은 것한테 큰 봉변을 당하였다는 뜻.

음식과 남녀간의 정은 인간 최대의 욕정이다.
많은 욕심 중에서 식욕과 성욕은 인간의 2대 본성이라는 뜻.

음식 끝에 마음 상한다.
음식 먹는 데 차별을 두면 마음이 상하게 된다는 뜻.

음식도 음식 같잖은 것이 뜨겁기만 하다.
사람도 사람 같지 않은 것이 유세만 부린다는 뜻.

음식 든 길짐은 무거운 줄을 모른다.
먹을 것이 든 길짐은 먹을 욕심에 짐 무거운 줄도 모르듯이, 자기와 이해관계가 있는 것은 고된 것도 모르게 된다는 뜻.

음식 먹기 싫은 건 개나 주지만, 사람 싫은 건 죽어야 안 본다.
음식 싫은 건 안 먹을 수도 있지만, 사람 보기 싫은 것은 죽을 때까지 원수라는 뜻.

음식 먹는 것도 세각각이다.
(1) 같은 음식이라도 사람에 따라 먹는 방법이 다르다는 뜻.
(2) 같은 일이라도 배운 솜씨나 성격에 따라 달리할 수도 있다는 뜻.

음식 먹을 때는 떠들지 않는다.
식사할 때는 조용히 먹어야 한다는 뜻.

음식 못된 것이 뜨겁기만 하다.
사람 못된 것이 성만 내고 덤빈다는 뜻.

음식 상을 밝히면 미움을 받는다.
먹을 상을 너무 밝히면 남에게 미움을 받게 된다는 뜻.

음식 싫은 건 개나 주지만 사람 싫은 건 어쩔 수 없다.
아내를 한 번 잘못 얻으면 남을 줄 수도 없고 버릴 수도 없어서 참고 산다는 뜻.

음식 싫은 건 개나 주지만 사람 싫은 건 죽어야 안 본다.
음식 먹기 싫은 건 없애 버릴 수도 있지만, 사람 보기 싫은 건 죽을 때까지 속을 썩이게 된다는 뜻.

음식 싫은 건 억지로도 먹지만 계집 싫은 건 억지로 못 산다.
먹기 싫은 음식은 억지로 먹을 수 있지만, 보기 싫은 아내는 함께 살 수가 없다는 말.

음식은 갈수록 줄고, 말은 갈수록 보태진다.
말은 옮겨질 적마다 보태지기 때문에 조심해야 한다는 뜻.

음식은 남을 주어도 돈은 남을 주지 않는다.
(1) 이웃간에 음식은 나누어 먹어도 돈은 나누어 쓰지 않는다는 뜻.
(2) 음식으로는 인심얻기가 쉬워도 돈으로는 인심얻기가 어렵다는 뜻.

음식은 둘수록 줄고, 말은 할수록 많아진다.
말은 하면 할수록 늘게 되기 때문에 말을 삼가라는 뜻.

음식은 마구 먹고, 잠은 가려 자랬다.
음식은 마구 먹어야 배곯는 일이 없고, 잠자리는 조용해야 편히 잘 수 있다는 뜻.

음식은 만드는 것을 보지 않아야 깨끗하다.
음식은 만드는 현장을 보지 말아야 깨끗하고 맛이 난다는 뜻.

음식은 많아도 남고 적어도 남는다.
음식은 많으면 으레 남게 되고, 적은 경우에는 먹다가 서로 양보하게 되므로 남게 된다는 뜻.

음식은 반드시 절제해서 먹어야 한다.
음식은 지나치게 잘 먹으려고 하지 말고 간소하게 먹어야 한다는 뜻.

음식은 소리를 내면서 먹지 않는다.
음식을 먹을 때는 소리가 나지 않도록 해야 한다는 뜻.

음식은 여럿이 먹어야 맛이 있고, 잠은 혼자 자야 편하게 잔다.
음식은 혼자 먹는 것보다 여러 사람이 먹어야 맛이 있고, 잠은 조용히 혼자 자야 편하게 잘 수 있다는 뜻.

음식은 적어도 남고 많아도 남는다.
음식이 적을 때는 서로 양보하기 때문에 남게 되고, 많을 때는 다 먹을 수가 없어서 남는다는 뜻.

음식은 정성이다.
음식은 정성을 들여 만들어야 맛이 있다는 뜻.

음식은 함께 먹고, 잠은 따로 자랬다.
먹는 것은 차별을 두지 말고 함께 먹고, 잠자리는 따로 해야 한다는 말.

음식은 혼자 먹고, 일은 여러 사람이 하랬다.
음식은 혼자 먹어야 마음대로 먹을 수 있고, 일은 여러 사람이 해야 피로도 모르고 능률도 오른다는 뜻.

음식을 먹을 때는 가려먹거나 버려서는 안 된다.
식사를 할 때는 맛있는 것만 가려먹거나, 맛없는 것을 먹다가 버려서는 안 된다는 뜻.

음식을 밝히면 천해진다.
남에게 음식 얻어먹기를 좋아하는 사람은 천대받는다는 뜻.

음식을 사치하면 살림을 망친다.
음식을 분수에 넘치게 잘 먹으면 살림을 망치므로 분수에 맞게 하라는 뜻.

음식을 전혀 먹지 못한다.
병이 위독하여 음식을 조금도 먹지 못하고 있다는 뜻.

음식을 절제하여 몸을 가꾸도록 하라.
폭음暴飮하거나 폭식暴食하지 말고 항상 건강에 유의해야 한다는 뜻.

음식 장사는 먹는 것이 남는 것이다.
음식 장사를 하여 돈을 못 벌더라도 가족들이 먹고 산 것만도 번 것이라는 뜻.

음식 장사는 풍흉이 없다.
음식 장사는 풍년이 들면 경제적으로 여유가 있으므로 손님이 많게 되고, 흉년이 들면 굶주림을 풀기 위하여 찾아오는 사람이 많게 되므로 풍흉의 영향을 별로 받지 않는다는 뜻.

음식 흉보는 것은 호래자식, 글 흉보는 것은 양반의 자식. (제주도)
음식이 좋으니 나쁘니 흉보는 것은 예의가 없는 사람이 하는 짓이고, 글을 흉보는 것은 글공부를 한 양반의 자식이 하는 짓이라는 뜻.

이도 나기 전에 갈비 뜯는다.
자신의 실력도 모르고 일을 무모하게 한다는 뜻.

이도 아니 나서 콩밥 먹는다.
되지도 않을 짓을 무리하게 한다는 뜻.

이도 아니 나서 황밤 씹는다.
무리하게 하는 일은 성사될 수가 없다는 뜻.

이도 안 난 것이 뼈다귀 먹는다.
자신의 실력도 모르고 무슨 일을 경솔하게 한다는 뜻.

이 복 저 복 해도 식복이 제일이다.
식복을 타고나야 일생을 잘 먹고 살 수 있으므로 식복이 가장 좋다는 뜻.

이 빠진 그릇에 음식을 담아 먹으면 복이 나간다.
이 빠진 그릇으로 음식을 담아 먹으면 재수가 없다는 뜻.

이 새 저 새 해도 먹새가 제일 크다.
새 중에서 제일 큰 새는 조류鳥類에 있는 것이 아니라 먹새(음식)라는 뜻.

임금님 수라상에도 불티 묻은 음식은 올라간다.
밥을 지을 때 발생하는 불티는 흔히 음식에 들어가는데, 이것은 먹어도 무방하다는 뜻.

임연수어 쌈 싸먹다가 천석꾼이 망했다.
옛날 강원도 동해안에 사는 부자가 비싼 임연수어 쌈만 먹다가 망했다는 이야기에서 나온
말로서, 임연수어 쌈이 매우 맛 좋고 비싸다는 뜻.

입만 가지고 다닌다.
남에게 얻어먹기를 좋아하는 사람을 조롱하는 말.

입만 알고 목구멍은 모른다.
음식을 겨우 맛만 보았기 때문에 배고픈 것은 여전하다는 뜻.

입 안 말 다 듣자면 고래등 같은 기와집도 하루아침에 넘어간다.
먹고 싶은 음식을 다 먹다가는 아무리 큰부자라도 패가한다는 뜻.

입에 넣은 것이 안 넘어가랴.
음식은 입에 넣어 씹으면 저절로 넘어가게 된다는 뜻.

입에 〈잡수시오〉 할 때는 안 먹다가, 아가리에 〈처먹어라〉 해야 먹는다.
좋은 말로 할 때는 듣지 않다가 욕질을 하며 꾸짖어야 듣는다는 뜻.

입이 서울이다.
(1) 입으로 말을 잘한다는 뜻.
(2) 음식을 맛있게 먹었다는 뜻.

입이 원수다.
먹는 것을 해결 못하고 고생한다는 뜻.

입처럼 간사한 것은 없다.
맛있는 것을 먹으면 좋아하다가도 맛없는 것을 먹으면 싫어하듯이, 입은 음식에 대한 반응
이 민감하다는 뜻.

자기 배부르면 남 배고픈 줄 모른다.
배부른 사람은 배고픈 사람의 사정을 모른다는 뜻.

자시고 말고 할 것도 없다.
음식이 너무 적어서 먹고 말고 할 것이 없다는 뜻.

〈자시오〉 할 때는 마다하더니 아가리에 〈넣어라〉 하니 먹는다.
후대할 때는 아니하다가 박대할 때 하듯이 눈치가 없으면 손해만 본다는 뜻.

〈자시오〉 할 때는 안 먹고 〈처먹어라〉 해야 먹는다.
(1) 좋은 말로 할 때는 안 듣고, 나쁜 말로 해야 듣는다는 뜻.
(2) 무슨 일에 기회를 포착할 줄 모른다는 말.

잔뜩 먹고 뱃장구만 친다.
배부르게 먹고 한가히 잠이나 자면서 세월을 보낸다는 뜻.

잔칫상 받으려고 사흘 굶는다.
잘 먹으려고 미리부터 굶듯이 미래를 위하여 현재를 무시한다는 뜻.

잘 먹고 잘 입어 못난 놈 없다.
잘 먹고 잘 입으면 얼굴도 고와지고 겉도 화려하여 인품이 좋게 보인다는 뜻.

잘 먹고 죽은 귀신이 외모도 낫다.
(1) 사람은 잘 먹어야 인물이 난다는 뜻.
(2) 음식은 타박하지 말고 잘 먹으라는 뜻.

잘 먹는 놈 껄껄하고, 못 먹는 놈 툴툴한다.
잘 먹고 잘 사는 사람은 즐겁게 살고, 못 먹고 못 사는 사람은 불평을 한다는 뜻.

〈잡수시오〉 하면 안 먹고, 〈처먹어라〉 하면 먹는다.
처음에 좋게 말할 때는 안 먹다가 나중에 욕을 하면서 먹으라면 먹듯이, 손해 보는 짓만 한다는 뜻.

저녁 두 번 먹는다.
저녁을 먹고 놀다가 밤참을 또 먹는다는 뜻.

저 먹자니 싫고, 개 주자니 아깝다.
욕심 많고 인색한 사람은 저 안 먹는 것을 남도 안 주다가 썩히듯이, 손해 보는 짓만 한다는 뜻.

저 먹자니 싫고, 남 주자니 아깝다.
너무 인색한 사람은 손해 보는 짓만 한다는 뜻.

적게 먹고 많이 씹어라.
음식은 충분히 씹어서 먹어야 위의 부담도 적고 영양분도 잘 흡수된다는 뜻.

적게 먹으면 부처님이다.
음식을 과식하지 말고 알맞게 먹으라는 뜻.

젓가락 댈 것도 없다.
음식이 너무 적어서 먹을 것이 없다는 뜻.

제 배가 부르니 평양 감사가 조카로 보인다.
고생하던 사람이 넉넉해지면 교만하게 되어 사람을 멸시한다는 뜻.

제 배부르면 종 배고픈 줄을 모른다.
돈 있는 사람은 고생하는 사람의 사정을 모른다는 뜻.

제사 음식 나누어 먹듯 한다.
제사 음식을 나누어 먹듯이 음식을 고루 나누어 먹는다는 뜻.

제사 음식에 머리카락이 들어가면 귀신이 먹지 않는다.
제사 음식은 정성을 들여 깨끗하게 만들어야 한다는 뜻.

제석帝釋 아저씨도 먹어야 한다.
사람은 누구나 먹지 않으면 못 살기 때문에 노력하여 벌어야 한다는 뜻.
* 제석: 무당이 섬기는 신.

좋은 음식 먹고 헛소리한다.
비싼 밥 먹고 허튼 짓만 하는 사람을 조롱하는 말.

주는 것도 못 먹는다.
남이 주는 것도 못 받아먹는 무능한 사람이라는 뜻.

주는 대로 먹는 신세다.
음식은 주는 대로 먹고, 일은 시키는 대로 하는 순종자라는 뜻.

주면 먹고 안 주면 안 먹는 식이다.
주면 먹고 안 주면 안 먹듯이 불평 없이 참는다는 뜻.

죽어 귀신이 돼도 먹을 것은 찾는다.
사람은 살아서만 먹는 것이 아니라 죽어서도 제삿밥을 먹는다는 뜻.

죽을 때 죽어도 먹던 것은 먹어야 한다.
나중에는 어떻게 되든지 간에 배가 고픈 사람은 우선 먹어야 한다는 말.

진수성찬珍羞盛饌을 발로 차도 할 말은 있다.
잘 차린 음식상을 발로 차서 못 먹게 해도 할 말은 있듯이, 잘못을 저지른 사람도 나름대로 이유는 있다는 뜻.

진수성찬이라도 죽고 나면 제상祭床이라.
음식은 살아 있는 동안에 잘 먹고 살라는 뜻.

창자에 기별도 않는다.
음식을 겨우 맛만 보아 먹으나마나하다는 뜻.

창자에 소식도 없다.
음식을 맛만 보았기 때문에 뱃속에 넘어가는 것이 없어서 기갈을 못 면한다는 뜻.

천하장사도 먹어야 맥을 쓴다.
아무리 힘이 센 사람이라도 먹어야 활동을 한다는 뜻.

첫술에 배부르랴.
음식은 조금 먹어서는 기갈을 못 면한다는 뜻.

촌놈은 똥배 부르면 그만이다.
농민들은 배부르고 춥지 않으면 만족한다는 뜻.

촌놈은 밥그릇 높은 것만 따진다.
농민들은 배부르게 먹는 것으로 낙을 삼는다는 뜻.

촌놈은 배부르고 등 따스하면 제일이다.
농민들은 배부르게 먹고 겨울에 춥지 않게 지내는 것으로 만족한다는 뜻.

칠첩반상七疊飯床이다.
푸짐하게 잘 차려 놓은 상이라는 뜻.

커도 한 그릇 작아도 한 그릇이다.
흉년이 들면 어른이나 아이나 다같이 한 그릇씩 먹게 된다는 뜻.

코 아래 진상이다.
없는 사람은 먹고 살기가 고달프다는 뜻.

코 아래 진상이 제일이다.
없는 사람은 먹는 문제가 가장 힘들다는 뜻.

콩 주워먹듯 한다.
무엇을 쉴 새 없이 계속해서 먹는다는 말.

하늘이 무너져도 먹어야 산다.
세상이 망해도 먹고 살아야 한다는 뜻.

한 끼 잘 먹자고 사흘 굶는다.
조그만 일에 구애되어 크게 고생한다는 뜻.

한 놈이 먹을 건 백 놈이 먹어도, 백 놈이 먹을 건 한 놈이 못 먹는다.
적은 양은 여러 사람이 조금씩 나누어 먹을 수 있지만, 많은 양은 한 사람이 단번에 먹을 수 없듯이 욕심을 너무 내서는 안 된다는 뜻.

한 달에 떡보숭이 세 번, 떡국 세 번 한 집은 망한다.
떡보숭이나 떡국을 자주 해먹으면 식량이 헤프기 때문에 망한다는 뜻.

한 번 식사에 만 냥이 든다.
음식을 진수성찬으로 먹는 사람을 비유하는 말.

한창때는 돌을 먹어도 삭힌다.
젊은 시절에는 무슨 음식을 먹어도 소화를 잘 시킨다는 뜻.

항우項羽도 먹어야 장수다.
아무리 힘센 사람이라도 먹지 않으면 힘을 못 쓴다는 말.
 * 항우: 중국 초한楚漢 때 초나라의 임금.

허기진 놈은 음식을 가리지 않는다.
굶주린 사람은 음식을 가리지 않고 마구 먹는다는 뜻.

허기진 사람은 아무것이나 잘 먹는다.
굶주린 사람은 우선 배를 채우기 위하여 가리지 않고 닥치는 대로 먹는다는 뜻.

2
음식맛

가을 상추는 문 걸어잠그고 먹는다.
가을 목화밭에 간식으로 심은 상추의 맛은 별미라는 데서 유래된 말.

가을 아욱국은 계집 내쫓고 먹는다.
(1) 가을 아욱국은 맛이 매우 좋다는 뜻.
(2) 봄 아욱보다 가을 아욱이 더 맛이 좋다는 뜻.

가을 아욱국은 사위만 준다.
가을 아욱국은 사위만 줄 정도로 맛이 좋다는 뜻.

간도 모르고 짜다 한다.
아무것도 모르면서 이러니저러니 아는 척한다는 뜻.

감칠맛이 있다.
이제까지 느끼지 못했던 새로운 맛을 느끼게 된다는 뜻.

같은 음식이라도 짜다는 사람 있고 싱겁다는 사람 있다.
사람의 성격은 저마다 다르기 때문에 동일한 방법으로 비위를 다 맞추지 못한다는 뜻.

개는 맨밥을 먹어도 사람은 맨밥을 못 먹는다.
밥은 반찬 없이는 싱거워서 맛이 없다는 뜻.

개살구도 맛들일 탓이다.
맛없는 음식도 여러 번 먹으면 새로운 맛이 생긴다는 뜻.

개장국에 초 친 맛이다.
개장국은 얼큰해야 하는데 초를 쳐서 시게 하여 맛을 버렸다는 뜻.

검은 고기가 맛은 있다.
검은 쇠고기의 맛이 누런 쇠고기보다 맛이 낫다는 뜻.

검은 소가 맛이 좋다.
쇠고기는 검은 암쇠고기가 맛이 좋다는 뜻.

고기는 대가리 쪽이 맛있고, 짐승은 꼬리 쪽이 맛있다.
물고기는 머리 쪽이 맛이 있고, 길짐승은 꼬리 쪽 고기가 맛이 있다는 뜻.

고기는 씹어야 맛이고, 말은 해야 맛이다.
고기는 씹을수록 맛이 나고, 말은 충분히 해야 속이 풀린다는 뜻.

고기는 씹어야 맛이다.
고기는 잘 씹어먹어야 제 맛이 난다는 뜻.

고기맛 본 중이 구유를 핥는다.
고기맛을 처음 본 중이 외양간 구유까지 핥듯이 고기맛에 반한다는 뜻.

고드름에 초 친 맛이다.
싱거운 고드름에 초를 쳐서 시큰하게 만들 듯이 맛을 더욱 나쁘게 하였다는 뜻.

구미가 난다.
입맛이 좋아 먹고 싶은 마음이 생긴다는 뜻.

구미가 당긴다.
(1) 음식이 먹고 싶다는 뜻.
(2) 무슨 일이 하고 싶다는 뜻.

구미를 돋우다.
(1) 입맛이 나게 한다는 뜻.
(2) 무슨 일을 하도록 한다는 뜻.

군밤맛과 샛서방맛은 못 잊는다.
음식에서 군밤맛이 가장 좋고, 바람난 여자는 바람피우는 것이 가장 즐겁다는 뜻.

굴비 굽는 냄새에 나갔던 며느리가 되돌아온다.
쫓겨난 며느리가 굴비 굽는 냄새를 맡고 돌아올 정도로 맛이 좋다는 뜻.

기갈飢渴이 감식甘食이다.
배고픈 사람은 아무 음식이나 다 맛있게 먹는다는 뜻.

깨소금맛이다.
깨소금처럼 맛이 매우 좋다는 뜻.

깻묵도 맛들일 탓이다.
맛없는 깻묵도 늘 먹어 버릇하면 맛이 생기듯이, 하기 싫은 일도 참고 해나가면 취미가 생기게 된다는 뜻.

꿀단지를 핥는 격이다.
(1) 꿀은 먹지 못하고 단지만 핥듯이 진미를 알지 못한다는 뜻.
(2) 일을 건성으로 한다는 뜻.

끓는 국맛 모른다.
(1) 당황하여 행동하면 옳은 판단을 하기 어렵다는 뜻.
(2) 아무 영문도 모르고 행동한다는 뜻.

나무 껍데기 씹는 맛이다.
나무 껍데기 씹듯이 아무 맛도 없다는 뜻.

날속한이 이마 씻은 물 같다.
고깃국이라고는 이마 씻은 물처럼 맹물이라는 뜻.
* 속한俗漢: 성품과 인격이 낮은 사람.

노수路需 떨어지자 입맛 난다.
돈이 떨어져 굶주리게 되면 먹고 싶은 것도 많고 음식맛도 더 난다는 뜻.
* 노수: 여비.

단것은 적게 먹고, 신것을 많이 먹는다.
젊어서는 일반적으로 신음식을 좋아한다는 뜻.

닭고기맛은 첫째가 미주알이고, 둘째가 똥집이고, 셋째가 날개다.
닭고기 중에서 제일 맛이 좋은 부분은 첫째가 똥구멍이고, 둘째가 똥집이고, 셋째가 날개 순이라는 뜻.

당장 먹기는 곶감이 달다.
나중에야 어떻게 된 간에 우선 먹기는 곶감이 좋다는 뜻.

대추를 통째로 삼킨 격이다.
대추는 씹어먹어야 단데 통째로 삼키듯이 참맛을 모르고 판소리를 한다는 뜻.

덕물산德物山 성계육成桂肉을 먹어 봐야 고기맛을 안다.
개성의 덕물산 도당都堂에서 이성계李成桂에게 피살된 최영崔瑩의 혼을 위로하는 굿을 하는 데 쓰이는 돼지고기를 성계육(이성계의 고기)이라 한 데서 유래된 말로서, 적의 살코기를 먹어 원한을 푼다는 뜻.

도끼 삶은 물 같다.
도끼 삶은 물처럼 아무 맛도 없이 싱겁다는 뜻.

돈 떨어지자 입맛 난다.
돈이 떨어져 굶주리게 되면 입맛도 더 나고 먹고 싶은 것도 많다는 뜻.

돌 삶은 국물맛이다.
맹물에 돌 삶은 국물처럼 아무 맛도 없이 싱겁기만 하다는 뜻.

둘이 먹다가 하나가 죽어도 모르겠다.
음식맛이 매우 좋다는 것을 풍자적으로 이르는 말.

뒤주 밑이 긁히면 밥맛은 더 난다.
양식이 떨어져 굶주리게 되면 밥 생각이 더 나게 된다는 뜻.

뒤주에 쌀이 떨어지면 밥맛이 더 난다.
식량이 떨어지면 밥맛이 더 나듯이 없어지게 되면 생각이 더 난다는 뜻.

뒷맛이 씁쓸하다.
음식을 먹고 나면 쓴맛이 남듯이 일을 마무리한 뒤에도 미진한 점이 있다는 뜻.

뒷입맛이 쓰다.
말은 하였지만 결과가 좋지 못하여 기분이 나쁘다는 뜻.

등 푸른 고기가 맛이 좋다.
등이 푸른 물고기류가 맛이 좋다는 뜻.

땡감도 맛들일 탓이다.
맛이 없는 음식도 늘 먹게 되면 새로운 맛이 생긴다는 뜻.

떫기는 오뉴월 산살구맛이다.
여름철에 아직 덜 익은 산살구처럼 맛이 매우 시다는 뜻.

떫기로 고욤 하나 못 먹을까.
아무리 떫어도 고욤 하나는 먹을 수 있듯이 사소한 고난은 누구나 참을 수 있다는 뜻.

떫은 배도 맛들일 탓이다.
맛없는 음식도 늘 먹게 되면 새로운 맛이 나게 된다는 뜻.

떫은 배도 씹어 볼 만하다.
처음 하는 일이 싫더라도 계속하면 능률이 오르고 재미도 나게 된다는 뜻.

뜨거운 국맛 모른다.
(1) 뜨거운 음식은 맛을 볼 수가 없다는 뜻.
(2) 남을 얕보다가는 혼을 당하게 된다는 뜻.
(3) 일은 서두르지 말고 차분하게 하라는 뜻.

말똥을 놓아도 손맛에 달렸다고. (제주도)
음식 재료가 나쁜 것이라도 요리 솜씨에 따라 맛있게 할 수도 있다는 뜻.

말은 해야 맛이고, 고기는 씹어야 맛이다.
말은 서로 충분히 해야 의사소통이 잘 되고, 고기는 씹어야 맛이 난다는 뜻.

맛도 들기 전에 군둥내부터 난다.
(1) 음식이 맛도 들기 전에 변미하였다는 뜻.
(2) 어린아이가 다 자라기도 전에 못되어 버렸다는 뜻.

맛없는 국이 뜨겁기만 하다.
사람답지도 못하면서 까다롭게만 논다는 뜻.

맛없는 음식은 여러 사람이 먹어야 한다.
음식은 여러 사람이 먹으면 맛이 더 난다는 말.

맛없는 음식이 뜨겁기만 하다.
사람답지 못한 주제에 거만하기만 하다는 뜻.

맛없는 음식이 맵기만 하다.
못난 사람일수록 까다롭게 군다는 뜻.

맛없는 음식이 짜기만 하다.
어느 모로 보나 아무 쓸모도 없는 존재라는 뜻.

맛은 소금이 낸다.
보기에는 대단치 않은 존재이지만 가장 핵심적인 역할을 하고 있다는 말.

맛이 같지 않으면 입에 맞는 것이 있다.
음식맛이 여러 가지가 있으면 입에 맞는 음식도 있듯이, 사람도 여러 사람이 있으면 서로 뜻이 맞는 사람이 있다는 뜻.

맛이 없는 것도 맛있게 먹는다.
맛이 없는 음식도 먹음직스럽게 먹는다는 말.

맛있는 떡 먹다가 맛없는 떡 못 먹는다.
맛있는 음식만 먹던 사람은 맛없는 음식은 못 먹는다는 뜻.

맛있는 샘물은 반드시 마르게 된다.
맛있는 샘물은 먹는 사람이 많기 때문에 먼저 마르듯이, 재능이 있는 사람은 먼저 죽게 된다는 뜻.

맛있는 우물이 먼저 마른다.
맛 좋은 우물은 퍼가는 사람이 많아서 먼저 마르듯이, 재능이 있는 사람은 과로하게 되므로 먼저 죽는다는 뜻.

맛있는 음식도 늘 먹으면 물린다.
아무리 좋은 일이라도 늘 하게 되면 싫증이 나게 된다는 뜻.

맛있는 음식도 식기 전에 먹어야 한다.
무슨 일이나 좋은 기회를 놓쳐서는 안 된다는 뜻.

맛있는 음식에 체한다.
(1) 맛있는 음식은 과식하기 쉬우므로 주의하라는 뜻.
(2) 좋은 일에는 방해가 있게 마련이라는 뜻.

맛있는 음식이 뱃속에 남는다.
맛있는 음식은 그 영양가가 건강을 돕듯이, 좋은 책을 보면 지식이 풍부하게 된다는 뜻.

맛 좋고 값싼 갈치 자반이다.
맛도 좋고 값도 싸듯이 무슨 일이 두 가지 다 좋다는 뜻.

맛 좋은 실과는 겉모양도 곱다.
맛 좋은 실과는 겉모양도 곱듯이, 사람도 마음이 착한 사람은 겉모양도 단정하게 가진다는 뜻.

맛 좋은 음식도 늘 먹으면 좋은 줄 모른다.
아무리 좋은 것도 항상 접촉하면 좋은 줄을 모르고 싫어진다는 뜻.

맛 좋은 음식에는 독이 있다.
좋은 일에는 방해가 있게 마련이라는 말.

맛 좋은 음식은 좀 덜어서 남에게 맛보게 하라.
좋은 음식은 남에게 나누어 주도록 하라는 뜻.

맛 좋은 준치는 가시가 많다.
(1) 좋은 일에는 방해가 많다는 뜻.
(2) 무슨 일이나 다 좋은 것은 없다는 뜻.

맵고 짜다.
음식이 맵고 짜기만 하여 맛이 없다는 뜻.

맹물맛이다.
(1) 음식맛이 매우 싱겁다는 뜻.
(2) 싱거운 사람을 비유하는 말.

맹물에 고드름 탄 맛이다.
맹물에 고드름을 탄 물처럼 싱겁다는 뜻.

맹물에 도끼 삶은 맛이다.
맹물에 도끼 삶은 물처럼 아무 맛도 없고 싱겁기만 하다는 뜻.

맹물에 돌 삶은 맛이다.
맹물에 돌 삶은 물처럼 싱겁기만 하다는 뜻.

맹물에 조개 끓인 맛이다.
아무 맛도 없이 싱겁기만 하다는 뜻.

맹물에 조약돌 삶은 맛이다.
음식이 아무 맛도 없다는 뜻.

맹물에 차돌 삶은 맛이다.
(1) 아무 맛이 없다는 뜻.
(2) 매우 싱겁다는 뜻.

맹물에 초 탄 맛이다.
(1) 물에 초를 탄 것처럼 싱겁고 시다는 뜻.
(2) 건방지고 싱거운 사람을 비유하는 말.

먹어 봐야 맛도 안다.
무슨 일이나 직접 해봐야 실무적으로 알게 된다는 뜻.

먹잘 것 없는 음식이 짜기만 하다.
변변치 못한 음식이 짜기만 하여 먹고 싶지 않다는 뜻.

먹지 않으면 맛도 모른다.
무슨 일이나 직접 해봐야 그 내용도 잘 알게 된다는 말.

며느리는 음식 맛보는 것도 주전부리라고 한다.
며느리가 미우면 음식에 간을 맞출 때 맛보는 것조차도 주전부리한다고 험담을 한다는 뜻.

물에 물 탄 맛이다.
물에 물 탄 것처럼 아무런 맛이 없다는 뜻.

밥·국·찌개·숭늉은 부뚜막에서 데워야 맛이 있다.
부뚜막 솥을 중심으로 하여 밥은 앞쪽, 찌개는 뒤쪽, 국과 숭늉은 양옆에 놓고 데우면 먹기에 가장 알맞은 온도가 된다는 뜻.

밥맛 떨어진다.
기분이 몹시 불쾌하여 밥맛이 없다는 뜻.

밥맛 없는 소리는 하지도 말랬다.
남이 들어서 기분 나쁠 말은 아예 하지를 말라는 뜻.

밥맛 없는 소리만 한다.
눈치 없이 남이 듣기 싫어하는 말만 한다는 뜻.

밥맛이 없다.
(1) 입맛이 없어서 못 먹는다는 뜻.
(2) 기분이 나빠서 밥을 못 먹는다는 뜻.

밥맛이 없을 때는 입맛으로 먹고, 입맛이 없을 때는 밥맛으로 먹는다.
음식을 못 먹을 때는 밥맛이나 입맛을 다 내서 억지로라도 먹어야 한다는 뜻.

밥맛이 없을 때는 입맛으로 먹는다.
밥맛이 없을 때는 입맛이 당기는 음식을 먹으라는 뜻.

밥을 먹어도 그 맛을 모른다.
늘 밥을 먹어도 그 맛을 모르듯이, 늘 하는 일의 본질도 모르고 건성으로 한다는 뜻.

밥을 먹어도 밥맛이 없다.
마음에 근심이 많으면 밥맛도 떨어지게 된다는 뜻.

방귀에 초 친 맛이다.
구린 방귀에다 신 초를 친 것과 같이 맛이 매우 고약하다는 뜻.

백 사람의 입맛을 다 맞출 수는 없다.
사람의 구미는 저마다 다르기 때문에 한 가지 음식으로 여러 사람의 입맛을 다 맞출 수 는 없다는 뜻.

보기 좋은 떡이 맛도 좋다.
음식이 보기에 좋으면 기분이 좋아서 맛도 더 난다는 뜻.

보기 좋은 음식이 맛도 좋다.
음식이 보기에 깨끗하면 기분이 좋아 음식맛이 더 난다는 뜻.

보리죽에 물 탄 맛이다.
맛없는 보리죽에 물을 타듯이 맛없는 음식을 더욱 맛없게 한다는 뜻.

비상전에 가서도 입맛은 본다.
먹는 데 가면 어디를 가나 얻어먹을 수 있다는 뜻.

산천어국은 둘이 먹다가 하나가 죽어도 모른다.
산천어국의 맛이 매우 좋다는 것을 비유하는 말.

산천어 굽는 냄새에 나갔던 며느리가 되돌아온다.
쫓겨난 며느리가 산천어 굽는 냄새를 맡고 되돌아올 정도로 산천어의 맛이 좋다는 뜻.

상두꾼은 연폿국에 반한다.
연폿국에 술을 먹으면 맛이 매우 좋다는 뜻.

생선은 대가리 쪽이 맛이 있고, 짐승은 꼬리 쪽이 맛이 있다.
생선은 머리 쪽이 맛이 있고, 짐승은 반대로 꼬리 쪽이 맛이 있다는 뜻.

소태 씹는 맛이다.
근심 걱정으로 입맛을 잃고 억지로 식사를 한다는 뜻.

솜 씹는 맛이다.
솜을 씹는 것같이 아무런 맛도 없다는 뜻.

수박 겉핥기다.
(1) 수박 속은 먹지 않고 겉만 핥고 맛없다고 하듯이, 본질을 모르고 탓만 한다는 뜻.
(2) 내용도 모르고 일을 건성으로 한다는 뜻.

술에 물 탄 맛이다.
(1) 술에 물을 탄 것처럼 싱겁다는 뜻.
(2) 음식을 더욱 맛없게 하였다는 뜻.

술은 기분으로 먹고, 음식은 맛으로 먹는다.
술은 기분이 좋으면 좋아서 먹고 나쁘면 풀기 위해서 먹으며, 음식은 맛이 좋아야 많이 먹는다는 뜻.

숭늉에 물 탄 맛이다.
(1) 숭늉에 물을 탄 것처럼 싱겁기만 하다는 뜻.
(2) 음식을 더욱 맛없게 하였다는 뜻.

시거든 떫지나 말거나 떫거든 시지나 말아야지.
이리 보나 저리 보나 사람 됨됨이가 어느 한 군데도 쓸모가 없다는 뜻.

시거든 떫지나 말고 얽거든 검지나 말지.
어느 모로 보아도 쓸모라고는 하나도 없다는 뜻.

시기는 개미 똥구멍이다.
(1) 음식맛이 몹시 시다는 뜻.
(2) 사람의 행동이 매우 건방지다는 뜻.

시기는 모과 잔등이다.
(1) 음식맛이 몹시 시다는 뜻.
(2) 사람의 행동이 몹시 건방지다는 뜻.

시기는 초병 마개다.
초맛과 같이 매우 시다는 뜻.

시장할 때 먹으면 고기반찬맛이다.
음식은 굶주렸을 때 먹으면 유별나게 맛이 있다는 뜻.

신 모과(木瓜)도 맛들일 탓이다.
처음에는 싫던 것도 차차 재미를 붙이면 좋아진다는 뜻.

신 배도 맛들일 탓이다.
처음에 싫던 일도 재미를 붙이면 정이 든다는 뜻.

신 살구도 맛들일 탓이다.
맛없는 신 살구도 늘 먹게 되면 새로운 맛이 생기게 된다는 뜻.

신음식에 초 친다.
신음식에 초를 치듯이 맛없는 음식을 더욱 맛없게 한다는 뜻.

쌀독이 바닥나면 밥맛은 더 난다.
굶주리면 밥맛은 더 나게 된다는 뜻.

썩은 콩 씹는 맛이다.
음식맛이 매우 고약한 것을 비유하는 말.

쓰고 단맛도 모른다.
(1) 음식맛이 좋고 나쁜 것도 모른다는 뜻.
(2) 분위기가 좋고 나쁜 것을 모른다는 뜻.

쓰기가 소태 같다.
소태와 같이 맛이 몹시 쓰다는 뜻.
* 소태: 소태나무의 껍질.

쓴맛 단맛 다 보았다.
(1) 음식맛을 고루 다 보았다는 뜻.
(2) 온갖 고락을 다 겪었다는 뜻.

쓴맛을 모르는 사람은 단맛도 모른다.
고생을 안해 본 사람은 참된 즐거움도 모른다는 뜻.

쓴 배도 맛들일 탓이다.
마음에 들지 않는 일도 늘 하여 익혀 놓으면 싫어지지 않는다는 뜻.

쓴 외도 맛들일 탓이다.
처음에 싫은 일도 재미를 붙이면 정이 든다는 뜻.

씹을수록 맛이 난다.
음식은 충분히 씹어야 제 맛이 난다는 뜻.

아그배도 맛들일 탓이다.
처음에 싫던 일도 재미를 붙이게 되면 좋아진다는 뜻.

양념맛이다.
(1) 전보다 달라지게 좋아지도록 하였다는 뜻.
(2) 양념맛이 좋아야 음식맛도 좋다는 뜻.

양념을 많이 치면 음식맛 버린다.
아무리 좋은 것도 정도가 지나치면 도리어 나쁘게 된다는 뜻.

양초를 씹는 맛이다.
무미담담無味淡淡한 싱거운 맛이라는 뜻.

여름 숙주나물맛 변하듯 한다.
여름철에 녹두나물맛이 잘 변하듯이 변하기가 쉽다는 뜻.
* 숙주나물: 녹두나물이 신숙주申叔舟가 변절하듯이 잘 변미한다는 데서 유래된 말.

열에 하나도 입에 맞는 음식이 없다.
음식이 많아도 입에 맞는 맛있는 음식은 없다는 뜻.

열이 먹다가 아홉이 죽어도 모르겠다.
여러 사람이 함께 먹다가 다 죽어도 모를 정도로 음식맛이 매우 좋다는 뜻.

오뉴월 감주맛 변하듯 한다.
(1) 여름 감주처럼 맛이 쉽게 변한다는 뜻.
(2) 변덕스러운 사람을 비유하는 말.

오뉴월 아그배도 맛들일 탓이다.
좋고 나쁜 것은 버릇들이기에 달렸다는 뜻.

오뉴월 장마 끝물 오이 꼭지 씹는 상이다.
장마 끝물에 딴 오이 꼭지의 쓴맛에 찌푸린 듯한 얼굴.

옹솥밥이 맛은 좋다.
옹기솥은 보온성이 뛰어나서 밥맛도 좋다는 뜻.

우선 먹기는 곶감이 달다.
장래는 어떻게 되든 간에 당장 좋으니까 한다는 뜻.

우선 먹기는 사탕이 달다.
별 실속은 없어도 당장 좋으니까 한다는 뜻.

음식 만드는 것은 안 보고 먹어야 맛이 있다.
음식을 만드는 것을 보면 다소 불결한 것도 볼 수 있으므로 안 보고 먹어야 맛이 있다는 뜻.

음식맛은 부엌데기가 먼저 보게 마련이다.
음식은 만드는 사람이 먼저 맛을 본다는 뜻.

음식맛은 손맛이다.
음식은 요리 만드는 사람의 솜씨가 좋아야 맛이 있다는 뜻.

음식맛은 오대五代 부자라야 안다.
음식 솜씨는 오대(약 1백50년)를 내려오면서 음식을 잘해 먹은 부잣집이라야 좋다는 뜻.

음식은 맛으로 먹고, 술은 기분으로 먹는다.
음식은 맛이 좋아야 먹고, 술은 기분이 좋을 때나 나쁠 때에 먹는다는 뜻.

음식은 맛이 생명이다.
(1) 음식은 맛이 좋아야 많이 먹는다는 뜻.
(2) 맛없는 음식은 굶주린 사람 외에는 먹지 않는다는 뜻.

음식은 여럿이 먹어야 맛이 있다.
음식은 혼자 먹는 것보다 여러 사람이 함께 먹어야 더 맛이 있다는 뜻.

음식은 적어야 맛이 있다.
음식은 조금 더 먹었으면 할 때까지가 맛이 가장 좋을 때라는 뜻.

음식을 싱겁게 먹으면 털이 많이 난다.
염분이 있으면 풀이 자라지 못하는 데서 유래된 말로서, 음식을 짜게 먹으면 해롭다는 뜻.

인절미에 조청 찍은 맛이다.
인절미도 맛이 있는데, 더구나 조청까지 묻혀서 더욱 맛이 좋다는 뜻.

임연수어 껍질쌈 3년에 천석꾼이 망한다. (강원도)
(1) 맛 좋은 임연수어의 껍질쌈은 큰부자도 오래 먹지 못할 정도로 값이 비쌌다는 뜻.
(2) 식생활을 너무 호화롭게 하면 망한다는 뜻.

임연수어 껍질쌈은 셋이 먹다가 둘이 죽어도 모른다.
임연수어의 껍질쌈은 함께 먹던 사람이 죽어도 모를 정도로 맛이 매우 좋다는 뜻.

입맛 나자 노수路需 떨어진다.
한창 재미나는 판에 돈이 떨어져 곤란하게 되었다는 뜻.

입맛 나자 쌀 떨어진다.
(1) 한창 좋을 때 돈이 떨어진다는 뜻.
(2) 일이 서로 빗나간다는 뜻.

입맛 나자 양식 떨어진다.
입맛이 나서 밥을 많이 먹게 되자 양식이 떨어져 더욱 시장기를 느낀다는 뜻.

입맛도 없고, 잠도 못 잔다.
근심 걱정이 많아서 밥맛도 없고, 잠도 못 잔다는 뜻.

입맛만 다신다.
음식을 배부르게 먹지 못하고 겨우 맛만 보다가 말았다는 뜻.

입맛이 쓰다.
일을 하고 난 후에도 기분이 매우 나쁘다는 뜻.

입맛이 없으면 밥맛으로 먹고, 밥맛이 없으면 입맛으로 먹는다.
입맛이 없어서 음식이 먹기 싫더라도 밥은 억지로라도 먹어야 활동할 수 있다는 뜻.

입맛이 없으면 밥맛으로 먹는다.
입맛이 없어도 밥은 정상적으로 먹어야 한다는 뜻.

입은 맛있는 것을 먹고 싶어한다.
음식은 맛있는 것을 먹고 싶어하는 것이 사람의 상정이라는 뜻.

입은 맛있는 음식을 좋아한다.
누구나 음식은 맛있는 것을 먹고 싶어한다는 뜻.

장인 이마 씻은 물 같다.
고깃국이 기름기도 없는 멀건 국이라는 뜻.

전어 굽는 냄새에 나갔던 며느리가 다시 돌아온다.
쫓겨난 며느리가 전어 굽는 냄새를 맡고 되돌아올 정도로 전어맛이 좋다는 뜻.

정어리 굽는 냄새에 나갔던 며느리가 되돌아온다.
소박맞은 며느리가 정어리 굽는 냄새를 맡고 되돌아올 정도로 정어리맛이 좋다는 뜻.

조기를 구우면 나갔던 며느리가 돌아온다.
조기(굴비)를 구워먹으면 맛이 매우 좋다는 것을 비유하는 말.

좋은 음식도 먹어 봐야 맛을 안다.
음식맛은 먹어 보지 않고서는 모른다는 뜻.

중이 고기맛을 보면 법당에 파리를 안 남긴다.
중이 고기맛을 알게 되면 법당 파리가 안 남을 정도로 반한다는 뜻.

중이 고기맛을 보면 절에 빈대를 안 남긴다.
고기맛을 본 중은 빈대까지도 잡아먹을 정도로 고기맛에 반한다는 뜻.

중이 고기맛을 보면 촌에 내려가 외양간 널판도 핥는다.
중이 고기맛을 보면 촌 외양간 구유까지 핥아먹을 정도로 미친다는 뜻.

중 이마 씻은 물 같다.
고깃국이 기름기도 없이 멀건 것을 비유하는 말.

짜잖은 놈은 짜게 먹고, 맵잖은 놈은 맵게 먹는다.
음식은 자기 입맛에 간을 맞추어 먹게 된다는 뜻.

짠것 먹은 놈이 물켠다.
어떤 결과가 나타난 것은 원인이 있기 때문이라는 뜻.

짠것은 적게 먹고, 신것은 많이 먹는다.
짠음식은 많이 먹으면 해롭지만 신음식은 많이 먹어도 좋다는 뜻.

쩍하면 입맛이라고.
한 마디만 들어도 바로 눈치를 챌 수 있다는 뜻.

쩍하면 입맛이요, 쳐다보면 절터다.
듣고 보기만 하면 다 알 수 있다는 말.

찬물에 차돌 삶은 맛이다.
맹물에 차돌을 삶은 물처럼 싱겁기만 하다는 뜻.

척하면 삼척이요, 쩍하면 입맛이다.
척하면 강원도 삼척인 줄 알고, 쩍하면 입맛인 줄 알 듯이 눈치가 매우 빠르다는 뜻.

첫맛에 가오리국이다.
처음부터 하는 짓이 매우 못마땅하다는 뜻.

초가집 음식에도 기와집 음식보다 맛있는 것이 있다.
(1) 가난한 집 음식이 부잣집 음식보다 더 맛있는 것도 있다는 뜻.
(2) 못난 사람이 하는 일이 잘난 사람이 하는 일보다 나은 것도 있다는 뜻.

코 아래 진상이다.
먹는 것이 가장 즐겁다는 뜻.

코 아래 진상이 제일이다.
먹는 것보다 더 즐거운 것은 없다는 뜻.

탐스러운 실과가 맛도 좋다.
먹음직한 과실이 맛도 좋듯이 겉이 좋으면 속도 좋다는 뜻.

피밥이 이밥보고 맛없다는 격이다.
(1) 맛없는 음식이 맛있는 음식을 흉본다는 뜻.
(2) 못난 사람이 잘난 사람을 흉본다는 뜻.

후추알을 통째로 삼킨 격이다.
후추알을 통째로 삼켜서 후추의 참맛을 모르듯이 실속은 모르고 겉만 안다는 뜻.

3
감식甘食

개가 약과 먹듯 한다.
개가 약과를 먹듯이 매우 맛있게 먹는다는 뜻.

걸신乞神들린 놈 밥 먹듯 한다.
굶주린 사람이 밥을 먹듯이 잠시 동안에 다 먹는다는 뜻.

걸신처럼 먹는다.
굶주린 귀신처럼 음식을 매우 빨리 먹는다는 뜻.

게걸들린 놈 밥 먹듯 한다.
굶주린 사람이 밥을 먹듯이 정신 없이 밥을 먹는다는 뜻.
* 게걸: 마구 먹으려는 욕심.

게눈 감추듯 한다.
(1) 음식을 매우 빨리 먹는다는 뜻.
(2) 동작이 매우 빠르다는 뜻.

고래 물 마시듯 한다.
고래가 물 마시듯이 순식간에 많은 음식을 먹어치운다는 뜻.

굶주린 놈 밥 퍼먹듯 한다.
굶주린 사람이 밥을 먹듯이 순식간에 다 먹어치운다는 뜻.

굶주린 호랑이 날고기 먹듯 한다.
굶주린 호랑이가 날고기를 먹듯이 잠깐 사이에 다 먹는다는 뜻.

귀신 제삿밥 먹듯 한다.
귀신이 제삿밥 먹듯이 잠깐 사이에 먹는다는 뜻.

기갈飢渴든 놈 밥 먹듯 한다.
배고프고 목마른 사람이 밥을 먹듯이 음식을 마구 먹는다는 뜻.

기갈이 감식이다.
배고프고 목마른 때 먹는 음식은 아무 음식이나 맛있게 먹는다는 뜻.

남양南陽 원님 굴회 먹듯 한다.
남양 원님이 남양의 명물인 굴회를 마시듯이 잠깐 사이에 다 먹어치운다는 뜻.

돼지 비지 먹듯 한다.
돼지가 비지 먹듯이 음식을 맛있게 먹는다는 뜻.

두꺼비 파리 잡아먹듯 한다.
두꺼비가 파리를 잡아먹듯이 순식간에 먹는다는 뜻.

둘이 먹다가 하나가 죽어도 모르겠다.
함께 먹던 사람이 죽는 것도 모를 정도로 맛이 좋은 음식이라는 뜻.

마파람에 게눈 감추듯 한다.
(1) 음식을 매우 빨리 먹는다는 뜻.
(2) 동작이 매우 빠르다는 뜻.
* 마파람: 남쪽에서 부는 바람.

뱃속에 거지가 들었나.
뱃속에 거지가 있는 것처럼 빨리 먹으면서도 많이 먹는다는 뜻.

뱃속의 벌레가 놀라겠다.
오랫동안 굶던 끝에 많이 먹어 뱃속이 놀라게 된다는 뜻.

사냥개 언 똥 먹듯 한다.
밤을 새운 사냥개가 굶주린 나머지 언 똥조차 맛있게 먹듯이, 음식을 매우 맛있게 먹는다는 뜻.

섬 찬 놈 섬에 담듯 한다.
음식을 먹는 것이 아니라 그릇에 담듯이 매우 빨리 먹는다는 뜻.

시장이 반찬이다.
굶주렸을 때 먹는 음식은 맛이 있다는 뜻.

시장이 팥죽이다.
시장할 때 먹는 음식은 특별히 맛이 있다는 뜻.

어혈瘀血진 도깨비 개천물 마시듯 한다.
어혈진 도깨비가 개울물 퍼먹듯이 물을 많이 먹는다는 뜻.
* 어혈: 피가 잘 순환이 안 되어 생기는 병.

언청이 굴회 먹듯 한다.
언청이가 굴회를 마시듯이 빨리 먹는다는 뜻.

연희궁衍喜宮 까마귀 골수박 파먹듯 한다.
음식을 정신 없이 마구 먹는 것을 비유하는 말.
* 연희궁: 서울 신촌에 있던 고궁.

옆구리에 섬 찬 놈 집어넣듯이 먹는다.
음식에 기갈들린 사람처럼 빨리 먹으면서도 많이 먹는다는 뜻.

해변 까마귀 골수박 파먹듯 한다.
음식을 보고 정신 없이 먹는 것을 비유하는 말.

허기진 강아지 물똥 먹듯 한다.
굶주린 사람이 음식을 먹듯이 정신 없이 음식만 먹는다는 뜻.

허기진 놈 밥 퍼먹듯 한다.
허기진 사람이 밥을 먹듯이 마구 퍼먹는다는 뜻.

혓바닥째로 넘어간다.
허기진 사람이 밥을 매우 빨리 먹는다는 뜻.

호랑이 날고기 먹듯 한다.
호랑이가 날고기를 먹듯이 순식간에 먹는다는 뜻.

II
밥편

4 밥

가는 밥 먹고 가는 똥 누랬다.
(1) 수입이 적으면 지출도 줄여서 수지 균형을 맞추도록 하라는 뜻.
(2) 수입을 늘리려고만 애쓰지 말고 지출을 줄이라는 뜻.

가는 밥 먹고 속 편하게 살랬다.
많이 벌려고 애쓰지 말고 쓰는 것을 줄이는 것이 편안하게 생활하는 방법이라는 뜻.

가마솥이 검다고 밥도 검을까.
(1) 외양과 마음은 다르다는 뜻.
(2) 외양보다는 마음이 얌전하다는 뜻.

개는 맨밥을 먹어도 사람은 맨밥을 못 먹는다.
밥은 반찬이 좋아야 맛있게 먹는다는 뜻.

객지밥을 먹어 봐야 세상 인심도 안다.
객지에서 고생을 해봐야 세상 물정을 올바르게 알 수 있다는 뜻.

객지밥을 먹어 봐야 제 집 좋은 줄을 안다.
객지에서 고생을 해봐야 제 집이 좋았다는 것을 깨닫는다는 뜻.

거지가 밥술이나 먹게 되면 거지 밥 한술 안 준다.
가난하던 사람이 잘 살게 되면 가난한 사람들을 더 냉대한다는 뜻.

거지도 부지런해야 더운밥을 얻어먹는다.
부지런하게 일을 하면 그만한 대가가 있다는 뜻.

게걸들린 놈 밥 먹듯 한다.
굶주린 사람이 밥을 먹듯이 정신 없이 음식을 먹는다는 뜻.

경기京畿 밥 먹고, 청흥淸興 구실 한다.
경기도 밥을 먹고 충청도 일을 하듯이 자기 할 일도 모른다는 뜻.
* 청흥: 죽산과 정천 도계道界.

고기는 먹어 본 놈이 많이 먹고, 밥은 굶주린 놈이 많이 먹는다.
고기는 먹어 본 사람이라야 많이 먹고, 밥은 배고픈 사람이 많이 먹는다는 뜻.

고양高陽 밥 먹고, 양주楊州 구실 한다.
밥은 고양에서 먹고 일은 엉뚱하게 양주 가서 하듯이 자기 할 일도 잘 모른다는 뜻.

고운 일하면 고운 밥 먹는다.
일을 잘하면 밥도 잘 먹게 된다는 뜻.

고추장이 밥보다 많다.
밥은 적고 고추장만 많이 주듯이 균형 있게 일을 하지 못한다는 뜻.

공밥을 먹는다.
밥을 얻어먹으며 남의 신세를 진다는 뜻.

광주리에 담은 밥도 엎어질 수 있다.
믿고 있던 일도 잘못되어 그르칠 때가 있다는 뜻.

국가밥을 먹는다.
관리가 되어 국가에서 녹(월급)을 먹게 되었다는 뜻.

군불에 밥 익혀먹는다.
(1) 밑천을 들이지 않고 손쉽게 이득을 본다는 뜻.
(2) 남의 일 해주는 김에 제 일도 한다는 뜻.

굶기를 밥 먹듯 한다.
밥을 예사로 굶고 살아 죽을 지경이라는 뜻.

굶기를 부잣집 밥 먹듯 한다.
밥을 연일 먹지 못하고 굶어죽게 되었다는 뜻.

굶주리면 나물밥도 진미로 된다.
허기진 사람은 맛없는 음식도 달게 먹는다는 뜻.

굶주린 사람은 밥짓는 동안도 참지 못한다.
굶주린 사람은 잠시도 참기가 어렵다는 뜻.

굶주림을 고치는 것은 밥이고, 병을 고치는 것은 약이다.
허기진 사람은 밥을 먹어야 살고, 병든 사람은 약으로 고쳐야 산다는 뜻.

귀한 자식은 매로 키우고, 미운 자식은 밥으로 키운다.
귀여운 자식은 엄하게 버릇을 들여야 하고, 미운 자식은 잘 먹여 달래서 버릇을 들이라는 뜻.

그 밥에 그 나물이다.
(1) 서로 격이 맞는다는 말.
(2) 하나를 보면 다른 것도 짐작할 수 있다는 말.

급히 데운 밥이 쉬 식는다.
작은 솥 밥이 빨리 되기는 하지만 식는 것도 빨리 식듯이, 사람도 부아를 잘 내는 사람은 풀어지기도 쉽게 풀어진다는 뜻.

급히 먹는 밥에 목메인다.
빨리 먹는 밥에 목이 메이듯이 준비 없이 급히 서두르는 일은 성사될 수 없다는 말.

급히 먹는 밥에 체한다.
빨리 먹는 음식에 체하듯이 아무 계획도 없이 급히 하는 일은 반드시 실패한다는 뜻.

급히 먹는 밥은 똥이 거칠다.
밥을 빨리 먹으면 소화가 잘 안 되듯이 빨리하는 일은 거칠게 된다는 뜻.

기갈든 놈 밥 먹듯 한다.
허기진 사람이 밥을 먹듯이 음식을 빨리 먹는다는 뜻.

기갈든 사람은 밥을 가리지 않고, 추운 사람은 옷을 가리지 않는다.
허기진 사람은 아무 음식이나 마구 먹고, 추운 사람은 아무 옷이나 있는 대로 입는다는 뜻.

기갈든 사람은 밥을 가리지 않는다.
굶주린 사람은 닥치는 대로 아무 음식이나 먹는다는 뜻.

기갈은 밥으로 고치고, 병은 약으로 고친다.
굶주린 사람은 밥을 먹어야 해결되고, 병든 사람은 약을 먹어야 낫는다는 뜻.

기다란 쪽박에 밥 많이 담긴다.
(1) 몸이 호리호리한 사람이 밥을 많이 먹는다는 뜻.
(2) 외양보다 밥을 많이 먹는 사람을 비유하는 말.

꼬락서니가 밥 빌어먹을 짓만 한다.
하는 짓마다 안 될 짓만 하여 망할 징조라는 뜻.

나그네 얼굴 봐가며 바가지로 밥 주고, 주인 모양 봐가면서 손으로 밥 준다.
음식 접대는 그 사람의 인품에 알맞게 해야 한다는 뜻.

나라님도 밥을 먹어야 임금이다.
위세가 당당한 임금도 먹어야 임금 노릇을 한다는 뜻.

나라밥을 먹는다.
관리가 되어 국가의 녹을 먹게 되었다는 뜻.

나 못 먹는 밥이라고 재 뿌린다.
내가 안 먹을 밥이라고 남도 못 먹게 재를 뿌리듯이 심술 많은 사람을 비유하는 말.

날아다니는 까막까치도 제 밥은 있다.
날짐승들도 저 먹을 것은 있는데 하물며 사람이 굶어서야 되겠느냐는 뜻.

남의 군불에 밥짓는다.
남의 덕에 힘 안 들이고 쉽게 일을 한다는 뜻.

남의 밥 콩이 더 커보인다.
같은 밥이라도 남의 밥 콩이 더 커보이듯이 남의 것은 욕심이 생긴다는 뜻.

남자가 바가지 밥을 먹으면 가난하다.
아무리 가난해도 가장의 식기로는 그릇을 사용하라는 뜻.

남자가 바가지에 밥을 먹으면 수염이 안 난다.
가장이 집에서 밥을 먹을 때는 바가지에 담아 먹지 말고 그릇에 담아 먹어 가장의 체면은 지키라는 뜻.

남편 밥은 누워서 먹고, 아들 밥은 앉아서 먹고, 딸 밥은 서서 먹는다.
여자는 남편이 벌어다 주는 돈은 임의롭게 쓸 수 있지만, 아들이 주는 돈은 약간의 부담감이 있으며, 딸이 주는 돈은 눈치가 보인다는 뜻.

남편 밥은 아랫목에서 먹고, 아들 밥은 윗목에서 먹고, 딸 밥은 부엌에서 먹는다.
여자는 남편에게 의지하는 것은 아무 부담감이 없지만, 아들에게 의지하는 것은 약간의 부담감이 생기며, 딸에게 의지하는 것은 눈치가 보인다는 뜻.

낯짝에 밥풀 하나 안 붙었다.
관상이 가난한 상이라 고생할 팔자라는 뜻.

내 밥 먹은 개가 내 발뒤꿈치 문다.
내 덕을 본 사람이 배은망덕背恩忘德을 한다는 뜻.

내 밥 먹은 놈이 내 흉 더 본다.
내 사정을 잘 아는 가까운 사람이 내 흉을 더 보게 된다는 말.

내 밥 먹은 놈이 더 무섭다.
친한 사람을 적으로 만드는 것은 대단히 위험하다는 뜻.

내 밥 먹은 놈이 도둑질한다.
내용을 잘 아는 사람이 도둑질도 한다는 뜻.

내 밥 준 개가 내 발등 문다.
자기가 사랑하면서 도와 주어 키운 사람이 도리어 자기를 해친다는 말.

내 배 부르면 종의 밥 못 짓게 한다.
배부른 사람은 배고픈 사람의 사정을 몰라 준다는 뜻.

내전 밥 떠놨다.
밥상을 받고도 먹지 않을 때 일깨워 주는 말.
* 내전 밥: 무꾸리에 쓰는 밥. 즉 머리 아플 때 접시밥을 머리맡에 두었다가 자고 나서 버리면 아픈 머리가 낫는다는 밥.

내주장이 밥은 굶지 않는다.
여자가 주축이 되어 살림하는 집은 식생활의 어려움이 없다는 뜻.

네 밥 콩이 크니 내 밥 콩이 크니 한다.
하찮은 것을 가지고 쓸데없이 시비를 한다는 뜻.

노는 놈 밥 아니 준다.
일하지 않고 노는 사람에게는 밥을 주지 말라는 뜻.

뉘 집에 밥이 끓는지 죽이 끓는지도 다 안다.
이웃 사람들의 실정을 구체적으로 다 안다는 말.

늘 먹는 밥맛을 모른다.
한 번 습관이 되면 좋고 나쁜 것을 모르게 된다는 뜻.

늙은이에게는 밥이 지팡이다.
늙은이는 밥을 잘 먹어야 기동을 한다는 뜻.

늦은 밥 먹고 파장罷場 간다.
좋은 때를 다 놓치고 늦게야 일을 시작한다는 뜻.

다 된 밥에 재 뿌린다.
다 이루어진 일을 방해한다는 뜻.

단밥에 단잠이다.
(1) 밥을 달게 먹으면 잠도 달게 잔다는 뜻.
(2) 밥을 잘 먹고 잠을 잘 자면 건강하다는 뜻.

달력 봐가면서 밥 먹는다.
밥을 정상적으로 먹지 못하고 굶을 때가 많다는 뜻.

대보름 저녁에는 오곡밥을 먹어야 길하다.
음력 정월 대보름날 저녁에는 오곡밥을 먹어야 복을 많이 받는다는 뜻.

더운밥 먹고 헛소리만 한다.
비싼 밥 먹고 쓸데없는 말만 한다는 뜻.

도시락 밥에 표주박 물이다.
도시락 밥을 먹고 표주박에 담은 물을 마시듯이 간소한 식사라는 뜻.

된밥을 좋아하는 사람은 오래 산다.
된밥을 잘 먹는 사람은 위가 좋기 때문에 장수한다는 뜻.

된장 먹고 밥 먹는다.
밥을 먹고 된장을 먹는 것이 순서인데 순서를 바꾸어 한다는 뜻.

뒤주 밑이 긁히면 밥맛은 더 난다.
양식이 떨어지면 굶을 걱정을 하게 되므로 밥을 더 먹게 된다는 뜻.

뒤주 밑이 바닥나면 밥맛은 더 난다.
식량이 떨어지면 밥맛이 더 나듯이 무엇이나 없어지게 되면 더 생각이 난다는 뜻.

뒤주에 쌀이 떨어지면 밥맛이 더 난다.
무엇이나 없어지게 되면 더 생각이 난다는 말.

뒷간에서 밥 찾는다.
(1) 어처구니없는 분수를 떤다는 뜻.
(2) 당치도 않은 행동을 한다는 뜻.

드러누워서 밥을 먹으면 소가 된다.
식사를 할 때는 단정히 앉아서 먹어야지 소처럼 누워서 먹지 말라는 뜻.

들어온 밥상이다.
기다리던 밥상이 들어와 밥을 먹게 되었다는 뜻.

들쥐 밥맛보기다.
들쥐는 밥을 얻어먹기가 어렵듯이 매우 어려운 일이라는 뜻.

딴 가마밥을 먹는다.
한집에서 함께 밥을 먹다가 서로 딴살림을 하게 되었다는 뜻.

똥은 곁에 놓고 밥을 먹어도 사람은 곁에 놓고 혼자 먹지 않는다.
자기 집에서 밥을 먹을 때는 함께 있는 사람은 다 대접하라는 뜻.

막술에 목멘다.
마지막 숟가락에 목이 메듯이 무슨 일이나 마무리를 잘해야 한다는 뜻.

말 태워 놓고 밥짓는다.
무슨 일을 제때에 하지 않고 임박해서야 허둥지둥한다는 뜻.

매부妹夫 밥그릇이 커보인다.
(1) 욕심이 있으면 같은 것이라도 남의 것이 더 좋아 보인다는 뜻.
(2) 여자는 친정동생보다는 자기 남편을 더 소중하게 여긴다는 뜻.

먹기 싫은 밥에 재 뿌린다.
자신이 먹기 싫다고 남도 못 먹도록 재를 뿌리듯이 심술이 사나운 사람을 비유하는 말.

먹다 남은 밥이다.
(1) 먹을 수도 없고 버릴 수도 없다는 뜻.
(2) 존재 가치가 없다는 뜻.

먹다 남은 쉰밥 저 먹자니 싫고 개 주자니 아깝다.
욕심이 대단히 많고 몹시 인색한 사람을 비유하는 말.

먹을 복이 있으면 자다가도 제삿밥을 얻어먹는다.
먹을 복이 있는 사람은 자다가 생각지도 않은 제삿밥이 생기듯이, 운이 좋은 사람은 하는 일이 뜻밖에 잘된다는 뜻.

모르게 먹는 밥에 체한다.
남모르게 하는 일은 탈이 나게 된다는 뜻.

못 먹는 밥에 재나 뿌린다.
자신이 못 먹는다고 남도 못 먹도록 재를 뿌리듯이 심술이 몹시 많다는 뜻.

못 먹는 밥에 흙이나 뿌린다.
내가 못 먹는다고 심술이 나서 남도 못 먹도록 흙을 뿌린다는 뜻.

문지방을 타고 앉아서 밥을 먹으면 빌어먹는다.
문 밖에서 밥을 먹는 것은 거지이므로 밥은 방 안에서 밥상에 놓고 먹으라는 뜻.

물 만 밥에 목멘다.
무슨 일을 너무 안일하게 하다가는 실수하게 된다는 뜻.

물 먹는 것도 각각이고, 밥 먹는 것도 각각이다.
습성이나 행동은 사람마다 다 다르다는 말.

미운 아이 밥 많이 주랬다.
미울수록 후대하여 포섭한 다음에 잘 가르치라는 뜻.

미운 아이 밥으로 키운다.
미운 아이에게는 배부르게 후대하여 친하게 된 뒤에 잘 가르치라는 뜻.

미운 자식 밥 더 주랬다.
미운 자식은 꾸짖는 것보다는 밥을 주어 가까이하면서 버릇을 잘 들이라는 뜻.

미운 자식 밥으로 키운다.
미운 사람일수록 후대하여 포섭하라는 뜻.

바가지 밥 보고 계집 쫓아낸다.
바가지 밥 보고 밥 많이 먹는다고 쫓아내지만 사실은 밥그릇보다 많이 안 든다는 뜻.

바쁘게 먹는 밥에 체한다.
빨리 먹는 밥에 체하듯이 급히 하는 일은 거칠게 마련이라는 뜻.

바빠 먹는 밥에 목메인다.
급히 먹는 밥에 목이 메듯이 서둘러 하는 일은 잘될 수 없다는 뜻.

받아 놓은 밥상이다.
이미 결정된 일이기 때문에 피하려고 해도 피할 수 없다는 뜻.

받은 밥상 발로 찬다.
자신이 손해되는 행동을 한다는 뜻.

밥값보다도 고추장값이 더 비싸다. (제주도)
비싸야 할 것이 싸고, 싸야 할 것이 비싸다는 뜻.

밥 구경도 못한다.
굶주린 사람이 밥을 먹기는커녕 구경조차 못한다는 뜻.

밥 구경을 한다.
굶주린 사람이 겨우 밥을 먹게 되었다는 뜻.

밥 구경한 지가 오래다.
오랫동안 먹지도 못하고 굶주렸다는 뜻.

밥·국·찌개·숭늉은 부뚜막에서 데워야 맛이 있다.
부뚜막 솥을 중심으로 하여 밥은 앞쪽, 찌개는 뒤쪽, 국과 숭늉은 양옆에 놓고 데우면 먹기에 가장 알맞은 온도가 된다는 뜻.

밥 군 것이 떡 군 것만 못하다.
(1) 아무리 좋은 일이라도 처리를 잘해야 결과가 좋다는 말.
(2) 바꿈질을 잘못하면 손해만 본다는 뜻.

밥그릇만 축낸다.
밥만 먹고 일은 하지 않는 식충이라는 뜻.

밥그릇 싸움만 한다.
모자라는 밥을 서로 더 먹으려고 욕심을 낸다는 뜻.

밥그릇 앞에서 굶어죽는다.
자기 앞에 있는 밥도 당겨서 먹지 못하고 죽듯이, 몹시 게으르고 주변이 없는 사람을 비유하는 말.

밥그릇을 포개고 먹으면 겹상주가 된다.
밥을 두 그릇 먹은 것처럼 포개 놓고 먹지 말라는 뜻.
* 겹상주: 부모상을 겹쳐서 당한 상주.

밥그릇이 높으니까 생일인 줄 안다.
대접을 좀 잘해 주니까 큰 영광으로 생각한다는 뜻.

밥그릇이 높으면 제일인 줄 안다.
사리를 분별하지 못하는 바보를 비유하는 말.

밥그릇이 앞에 가고, 촌수가 뒤에 간다.
인척관계보다는 이해관계가 앞선다는 뜻.

밥 대신 술로 산다.
술꾼은 밥 대신 술만 먹는다는 뜻.

밥도 부지런해야 얻어먹는다.
밥을 얻어먹는 거지도 제 시간에 부지런히 다녀야 얻어먹듯이, 부지런하지 못하면 무슨 일이나 성공하지 못한다는 뜻.

밥도 쉬면 못 먹는다.
음식은 쉬면 못 먹기 때문에 너무 많이 장만하지 말라는 뜻.

밥도 아니고 죽도 아니다.
이것도 아니고 저것도 아닌 얼간이라는 뜻.

밥 두 사발 먹는 사람은 있어도 신 두 켤레 신는 사람은 없다.
무슨 일이나 그 한도가 있다는 뜻.

밥만 먹고는 못 산다.
(1) 사람이 살자면 먹고 사는 것 이외에 자유가 있어야 한다는 뜻.
(2) 사람은 밥 먹는 것 외에 성생활도 해야 한다는 뜻.

밥 많이 먹는 놈은 미련하다.
밥을 과식하면 배탈이 난다는 것을 알면서도 많이 먹는 것은 어리석은 짓이라는 뜻.

밥맛 떨어진다.
몹시 불쾌하여 밥맛이 없다는 뜻.

밥맛 없는 소리는 하지도 말랬다.
남이 들어서 기분 나쁜 말은 아예 하지도 말라는 뜻.

밥맛 없는 소리만 한다.
눈치도 없이 남이 싫어하는 말만 한다는 뜻.

밥맛 없다.
비위에 거슬리는 것을 보아 밥맛이 없다는 뜻.

밥맛이 없을 때는 입맛으로 먹고, 입맛이 없을 때는 밥맛으로 먹는다.
음식을 못 먹을 때는 밥맛이나 입맛을 다 동원해서라도 먹으라는 말.

밥맛이 없을 때는 입맛으로 먹는다.
밥맛이 없어 먹지 못할 때는 무리를 해서라도 먹어야 한다는 뜻.

밥 먹고 물 안 먹는 사람은 오래 산다.
밥 먹고 물 안 먹는 사람은 위가 든든하기 때문에 오래 산다는 뜻.

밥 먹고 바로 그 자리에 누우면 죽어서 소 된다.
식사를 한 뒤에는 눕지 말고 가벼운 운동을 하라는 뜻.

밥 먹고 술 먹으나 술 먹고 밥 먹으나 뱃속에 들어가 똥오줌 되기는 매일반이다.
밥과 술은 먹는 순서를 바꾸어도 지장이 없듯이, 어떤 일은 선후를 뒤바꾸어도 지장이 없다는 뜻.

밥 먹고 숭늉 안 마신 기분이다.
서로 말을 하고 난 후에 뒷맛이 개운하지 못하다는 뜻.

밥 먹고 죽벌이한다.
소견이 좁고 주변이 없는 사람을 비유하는 말.

밥 먹기를 돌다리 뛰어넘듯 한다.
식사를 정상적으로 못하고 굶기도 하고 먹기도 한다는 뜻.

밥 먹는 개는 때리지 않는다.
개도 먹을 때는 때리지 않듯이, 아무리 잘못한 사람이라도 먹일 것은 편히 먹이고 처벌하라는 뜻.

밥 먹는 개는 안 때린다.
아무리 잘못이 있더라도 식사중에는 때리거나 꾸짖지 않는다는 뜻.

밥 먹는 개는 쫓지 않는다.
식사를 하는 사람은 범죄자라도 다 먹은 후에 체포하라는 뜻.

밥 먹는 것도 각각이요, 잠 자는 것도 각각이다.
버릇은 사람마다 다 다르다는 뜻.

밥 먹는 것도 아깝다.
(1) 놀고 먹는 사람을 두고 하는 말.
(2) 얄미운 사람을 두고 하는 말.

밥 먹는데 나가면 미움을 받는다.
여러 사람이 식사하는 도중에 나가게 되면 소란해지므로 속으로 미움을 받는다는 뜻.

밥 먹는 소리를 내면 식복이 나간다.
음식을 먹을 때 입에서 소리를 내는 것은 예의에 어긋난다는 뜻.

밥 먹던 숟가락으로는 개도 안 때린다.
식사 도구는 함부로 하지 말고 소중하게 간직하라는 뜻.

밥 먹으며 이야기하면 가난하다.
식사할 때는 잡담하지 말고 조용히 먹으라는 뜻.

밥 먹으면 장 떠먹게 마련이다.
한 가지 일을 하게 되면 그와 관련된 일도 으레 하게 된다는 뜻.

밥 먹은 놈하고 입맞춘 폭도 안 된다.
음식을 먹기는 하였으나 맛보듯이 먹어서 시장하기는 매일반이라는 뜻.

밥 먹은 자리 뜨지도 않고 눕는다.
밥을 먹자마자 그 자리에 누워서 자듯이 몹시 게으른 사람을 비유하는 말.

밥 먹을 때는 개도 안 때린다.
식사는 즐거운 기분으로 하도록 분위기가 조성되어야 한다는 뜻.

밥 먹을 때는 말하지 않는다.
음식을 먹을 때는 말해 가면서 먹지 말라는 뜻.

밥 먹을 때 떠들면 복이 나간다.
식사중에는 꼭 할 말만 하고 조용히 먹어야 한다는 뜻.

밥 먹을 줄은 알겠지.
손재주가 몹시 없는 사람을 보고 하는 말.

밥 먹음도 일 차림이다.
밥을 먹어야 일도 하기 때문에 밥 먹는 것도 작업의 일환이라는 뜻.

밥 못 먹는 인왕산 호랑이도 산다.
밥이 아니라 다른 대용식을 먹고도 살 수 있다는 뜻.

밥 바가지가 떨어진다.
직장에서 일자리를 잃게 되었다는 뜻.

밤밥 먹었다.
밤에 밥 먹고 동네 사람들도 모르게 도망친다는 뜻.

밥벌레다.
아무 일도 않고 밥만 소비하는 인간이라는 뜻.

밥벌이를 한다.
직장에 취직하여 밥을 먹게 되었다는 뜻.

밥보다 고추장이 더 많다.
많아야 할 것이 적고 적어야 할 것이 많듯이 일이 뒤바뀌었다는 뜻.

밥부대다.
밥만 먹고 아무 일도 않는 사람을 가리키는 말.

밥 비벼먹은 그릇에 물을 부어 놓으면 저승에 가서 부모님을 만난다.
밥을 먹은 뒤에는 설거지하기 쉽도록 도와 주라는 뜻.

밥 빌어다 죽 쑤어먹겠다.
손해 볼 짓만 어리석게 한다는 뜻.

밥 빌어먹기는 장타령이 제일이다.
체면만 차리지 않으면 못할 것이 없다는 뜻.

밥 빌어서 죽 쑤어먹을 놈이다.
게으르고 소견이 없는 어리석은 사람을 비유하는 말.

밥사발은 눈물이요, 죽사발은 웃음이다.
잘 먹고 불행한 것보다는 못 먹고 행복한 것이 낫다는 뜻.

밥상 받듯 한다.
무슨 일을 매우 손쉽게 처리한다는 뜻.

밥상보에 붙은 밥풀이다.
상보에 붙은 몇 알의 밥풀마냥 아무 도움도 되지 않는 존재라는 뜻.

밥상 치는 놈치고 살림 제대로 하는 놈 없다.
밥상을 쳐서 음식을 못 먹게 하는 사람은 벌을 받아서 잘 살지 못한다는 뜻.

밥 선 것은 사람을 살려도 의원 선 것은 사람을 죽인다.
밥을 설게 지은 것은 먹을 수 있지만, 의원이 서투르면 사람만 죽인다는 뜻.

밥 세 끼보다 더 좋아한다.
몹시 좋아해서 밥도 먹지 않고 즐긴다는 뜻.

밥 속에 떡 들었다.
(1) 재수가 매우 좋다는 뜻.
(2) 좋은 일이 겹쳤다는 뜻.

밥솥에 개 드러눕겠다.
양식이 떨어져서 밥을 못하고 굶주린다는 뜻.

밥솥에 고기가 논다.
양식이 떨어져 밥을 못하게 되니까 솥에서 고기가 노닌다는 뜻.

밥솥에 청동녹이 앉았다.
밥솥에 녹이 슬도록 오랫동안 밥을 짓지 못하고 굶고 산다는 뜻.

밥숟가락을 놓았다.
숟가락질을 못하게 되었다 함은 곧 죽었다는 뜻.

밥숟갈에 떡 얹어 준다.
밥을 주고 또 떡까지 주듯이 고마운데다가 또 고맙게 해준다는 뜻.

밥술을 쥐고 산다.
식사 때가 따로 있지 않고 종일 먹기만 한다는 뜻.

밥술이나 두고 먹으니까 수염 치장만 한다.
가난하게 살다가 돈을 벌면 거만해진다는 말.

밥술이나 먹게 되니까 눈에 보이는 것이 없나 보다.
없던 사람이 돈을 조금 버니까 교만해졌다는 뜻.

밥술이나 먹게 되니까 두 계집도 모자란다고 한다.
고생하다가 돈을 벌게 되자 첩을 여럿 거느린다는 뜻.

밥술이나 먹게 되니까 콧대만 높아진다.
가난하던 사람이 부자가 되면 매우 교만해진다는 뜻.

밥술이나 먹게 되었다.
가난하던 사람이 알뜰하게 살아서 돈을 약간 저축하게 되었다는 뜻.

밥 싸가지고 다니며 말리겠다.
해서는 안 될 일을 하기 때문에 그저 보고만 있을 수가 없다는 뜻.

밥 아니 먹어도 배부르겠다.
너무나 기쁘기 때문에 밥을 안 먹어도 배가 부를 것이라는 뜻.

밥알을 세다.
밥알을 세어먹듯이 좀스럽고 인색한 사람을 비유하는 말.

밥알 하나가 귀신 열을 쫓는다.
병들었을 때 굿하는 것보다 음식을 잘 먹는 것이 낫다는 뜻.

밥 얻어먹을 짬은 있어도 추수하는 데 갈 짬은 없다.
놀고 먹으면서도 농번기에 일을 하지 않는 게으름뱅이라는 뜻.

밥 없는 상이다.
반드시 있어야 할 가장 중요한 것이 없다는 뜻.

밥 없는 아침상이다.
실속은 없고 겉치장만 하였다는 뜻.

밥에는 파리가 먼저 앉고, 뒷간에는 개가 먼저 간다.
이득이 있는 곳에는 모리배들이 먼저 모인다는 뜻.

밥에 쌀보다 돌이 적기는 적다.
옛날에는 벼타작을 흙과 모래가 있는 마당에서 하였고, 또한 쌀에서 돌을 선별하지 않고 도정搗精하였기 때문에, 쌀 함박으로 쌀을 잘 일지 않으면 밥에 돌이 많았다는 말.

밥 위에 떡이다.
좋은데다가 더 좋은 것을 주니 더 바랄 것이 없다는 뜻.

밥으로 치를 나그네 떡으로 치른다.
돈 쓰는 솜씨가 서투르면 낭비를 하게 된다는 뜻.

밥은 굶어도 속이 편해야 산다.
마음 편한 것이 가장 좋다는 뜻.

밥은 굶어도 집안이 편해야 한다.
가난하게 살더라도 집안이 화목해야 행복한 가정이라는 뜻.

밥은 굶주린 사람이 많이 먹고, 고기는 먹어 본 사람이 많이 먹는다.
밥은 가난한 사람들이 많이 먹고, 고기는 부잣집 사람들이 많이 먹는다는 뜻.

밥은 동쪽 집에서 먹고, 잠은 서쪽 집에서 잔다.
(1) 두 가지 일을 한꺼번에 하려고 한다는 뜻.
(2) 정처없이 떠도는 신세라는 뜻.

밥은 때가 지나면 쉰다.
남은 밥은 쉬기 전에 굶주린 사람에게 주라는 뜻.

밥은 뜸이 들면 먹고, 남녀는 눈이 맞으면 정이 든다.
밥은 다 익으면 먹고, 남녀간에는 뜻이 맞으면 정이 든다는 뜻.

밥은 배부르게 주어야 하고, 술은 취하도록 주어야 한다.
음식을 줄 바에는 상대방이 흡족하여 즐거워하도록 주어야 고맙게 생각한다는 뜻.

밥은 봄같이 먹고, 국은 여름같이 먹고, 장은 가을같이 먹고, 술은 겨울같이 먹으랬다.
음식맛은 재료·솜씨·양념에도 달렸지만 온도에 따라서도 영향을 받게 되므로 밥은 따뜻하게 먹어야 하고, 국은 따끈따끈하게 먹어야 하며, 장은 서늘하게 먹어야 하고, 술은 데우지 말고 먹어야 맛이 있다는 뜻.

밥은 봄같이 먹으랬다.
밥은 뜨겁지도 차지도 않고 따뜻해야 맛이 좋다는 뜻.

밥은 빨리 먹고, 똥은 늦게 누랬다.
밥은 먹기 싫은 밥 먹듯이 느리게 먹지 말고 맛있게 먹어야 하고, 똥은 천천히 다 배설하라는 뜻.

밥은 열 곳에 가 먹어도 잠은 한 곳에서 자랬다.
밥은 일정한 곳에서 먹지 않더라도 거처는 일정한 곳에서 해야 한다는 뜻.

밥은 주는 대로 먹고, 일은 하라는 대로 하랬다.
옛날 머슴살이를 잘하려면 음식은 주는 대로 말없이 먹고, 일은 시키는 대로 순종해야 한다는 뜻.

밥은 주는 대로 먹고, 잠은 가려 자랬다.
음식은 마구 먹지만 잠자리는 가려야 한다는 뜻.

밥은 한 숟갈 주면 정이 없다.
밥은 상대방이 흡족하게 먹도록 주어야 고맙게 생각한다는 뜻.

밥을 굶어도 속이 편해야 산다.
가난할지라도 가정이 화목하고 근심 걱정이 없으면 산다는 뜻.

밥을 금강산 바라보듯 한다.
밥을 금강산 구경 가듯이 가끔 먹는다는 뜻.

밥을 남겨 줄 양반은 강 건너서 봐도 안다.
사람이 후하고 박한 것은 보기만 해도 알 수 있다는 말.

밥을 뒤쪽에서부터 먹으면 인덕이 없어진다.
밥은 누구나 앞에서부터 먹지 뒤에서부터 먹지 않듯이, 남이 하지 않는 짓을 하는 사람은 인화人和하지 못한다는 뜻.

밥을 먹고도 그 맛을 알지 못한다.
밥은 늘 먹어도 그 맛을 모르듯이 늘 하는 일의 본성을 모르고 있다는 뜻.

밥을 먹어도 밥맛이 없다.
마음이 불안하면 밥을 먹어도 밥맛이 없다는 뜻.

밥을 먹지 않아도 배가 부르다.
기분이 매우 좋아서 밥을 먹지 않아도 배고픈 줄을 모른다는 뜻.

밥을 빌어다 죽을 쑤어먹겠다.
(1) 게을러서 아무 일도 못할 사람이라는 뜻.
(2) 소견 없는 짓만 한다는 뜻.

밥을 빌어먹는 데는 장타령이 제일이다.
밥을 빌어먹는 수단으로서는 각설이 타령이 제일 좋다는 뜻.

밥을 빌어먹어도 고향에서는 빌어먹지 말랬다.
대대손손 조상이 살던 고향에서 거지 노릇을 하면 조상에게 불명예스럽기 때문에 고향에서는 빌어먹지 말라는 뜻.

밥을 주다.
굶주린 사람에게 밥을 준다는 뜻.

밥을 죽이라고 우긴다.
(1) 밥과 죽을 분간하지 못한다는 뜻.
(2) 모르면서도 우김질을 잘한다는 뜻.

밥을 치면 떡이 되지만, 애매한 사람을 치면 도둑이 된다.
무고한 사람을 고문하여 죄인을 만들면 벌을 받게 된다는 뜻.

밥을 함부로 먹고, 국을 소리내면서 먹는다.
음식을 먹을 때 예절도 지키지 않고 마구 먹는다는 뜻.

밥이 끓는지 국이 끓는지 안다.
남의 집 부엌에서 밥이 끓는지 국이 끓는지 다 알 정도로 그 집 사정을 잘 안다는 뜻.

밥이 나오나 옷이 나오나.
아무 소득도 없는 일로 시간만 낭비한다는 뜻.

밥이 다 된 가마는 끓지 않는다.
밥이 다 되면 끓지 않듯이 일이 끝나면 조용하다는 뜻.

밥이 되든 떡이 되든 상관 말아라.
남이야 무슨 일을 하든지 상관하지 말라는 뜻.

밥이 될지 죽이 될지 모른다.
앞으로 일이 어떻게 될는지 예상치 못한다는 뜻.

밥이 분이고, 옷이 날개다.
먹기를 잘해야 얼굴에 화기가 있고, 옷을 잘 입어야 풍채가 있다는 뜻.

밥이 분粉이다.
먹기를 잘 먹어야 얼굴에 살이 찌고 화기가 있게 된다는 뜻.

밥이 살로 가다.
근심 걱정이 없어져서 먹는 것이 살로 된다는 뜻.

밥이 약보다 낫다.
보약 먹는 것보다는 음식을 잘 먹는 것이 낫다는 뜻.

밥이 얼굴에 더적더적 붙었다.
얼굴이 복 있게 생겼기 때문에 잘 살 수 있는 상이라는 뜻.

밥이 없으면 얻어먹고, 숟가락이 없으면 손으로 먹고, 집이 없으면 정자나무 밑에서 자도 부부간에 정만 있으면 산다.
부부간에는 정만 두터우면 의식주가 곤란해도 견디고 살 수 있다는 뜻.

밥이 일한다.
밥을 먹어 배가 불러야 일을 잘할 수 있다는 뜻.

밥이 지팡이다.
밥을 먹어야 허리를 펴고 일을 한다는 뜻.

밥이 질다.
무슨 일이 마음에 꼭 들도록 되지 않았다는 뜻.

밥인지 죽인지 솥뚜껑을 열어 봐야 안다.
밥인지 죽인지는 솥뚜껑을 열어 봐야 알 듯이 무슨 일이나 결과를 봐야 정확히 안다는 뜻.

밥주걱으로 뺨 맞는다.
내주장으로 사는 부부는 아내에게 매여 산다는 뜻.

밥주걱은 밥주걱 구실을 하고, 삽은 삽 구실을 한다.
사람마다 자기가 맡은 일은 충실히 해야 한다는 뜻.

밥 주고 떡 준다.
남에게 여러 가지로 은덕을 베푼다는 말.

밥 주고 숟가락 뺏는다.
선심을 쓴 뒤에 해를 끼친다는 뜻.

밥 주고 죽 얻어먹는다.
밥 주고 죽을 얻어먹듯이 손해 보는 일만 한다는 뜻.

밥주머니다.
밥이나 먹을 줄 알지 아무 일도 못하는 사람이라는 뜻.

밥주머니에 술포대다.
일은 하지 않고 밥과 술만 먹으며 노는 사람이라는 뜻.

밥주머니에 옷걸이다.
밥이나 먹고 옷이나 입고 다니며 빈들빈들 놀기만 하는 사람을 이르는 말.

밥줄이 끊어지다.
일자리를 잃고 실업자가 되었다는 뜻.

밥타박하면 식복이 나간다.
멀쩡한 밥을 타박하는 사람은 식복도 화가 나서 나간다는 뜻.

밥타박 호래자식, 글타박 양반자식.
밥타박은 교양이 없는 사람이 하고, 글타박은 공부를 한 양반자식이 한다는 뜻.

밥탁이 떨어졌다.
직장에서 해고되어 밥줄이 끊어졌다는 뜻.

밥통이 떨어졌다.
일자리를 잃은 실업자가 되었다는 뜻.

밥티 두 낱 붙은 데 없이 까분다.
너무 경솔하여 아무 일도 못하고 굶어죽을 팔자라는 뜻.

밥티 하나 붙은 데 없이 까분다.
관상학적으로 빈골로 생겨서 고생할 팔자라는 뜻.

밥티 한 낱 붙은 데 없다.
얼굴 생김새가 매우 가난한 상이라는 뜻.

밥 팔아 똥 사먹겠다.
(1) 무슨 일을 하는 것이 못 쓰게만 한다는 뜻.
(2) 소견이 없는 사람을 비유하는 말.

밥 팔아 죽 사먹는다.
하는 행동이 망할 짓만 한다는 뜻.

밥 퍼주고 밥 못 얻어먹는다.
제 밥을 다 주고도 저는 못 먹듯이 어리석은 짓만 한다는 뜻.

밥 퍼주고 주걱으로 뺨 맞는다.
제 것 주고 뺨 맞듯이 어리석은 짓만 한다는 뜻.

밥 푸다가 주걱으로 이 죽인다.
밥 푸는 주걱으로 이를 죽이듯이 더러운 짓을 예사로이 한다는 뜻.

밥 푸다 말고 주걱을 남 빌려 주겠다.
무슨 일을 한참 하다가 중단하고 만다는 뜻.

밥풀로 새 잡겠다.
얕은 꾀로 일을 한다는 뜻.

밥풀로 잉어 낚는다.
하찮은 밑천을 가지고 큰 이득을 얻었다는 뜻.

밥풀 물고 새 새끼 부른다.
일하기가 매우 쉽다는 뜻.

밥풀이 식기에 안 붙으면 비가 올 징조다.
(1) 저기압일 때는 그릇 표면에 습기가 있어서 밥풀이 안 붙는다는 뜻.
(2) 밥풀이 그릇에 붙지 않는 것으로 비 올 것을 예측할 수 있다는 뜻.

밥풀이 얼굴에 더덕더덕 붙었다.
얼굴만 봐도 식복이 있어서 잘 살 수 있을 것이라는 뜻.

밥풀 하나 붙은 데가 없다.
관상을 보아도 어디 하나 복이 든 데가 없다는 뜻.

밥 한 그릇에 두 술이 없다.
조금 모자라도 완전한 것이 될 수 없다는 뜻.

밥 한 끼를 주어도 은덕이다.
조그마한 베풂도 은덕은 은덕이라는 뜻.

밥 한 끼 얻어먹고 천금으로 갚는다.
중국 한나라 때 한신韓信이 젊은 시절에 빨래하는 여자에게 밥 한 끼를 얻어먹고 나중에 출세하여 천금으로 은혜를 갚았다는 설화에서 유래된 말로서, 사소한 은혜라도 반드시 갚아야 한다는 뜻.

밥 한술에 힘 되는 줄은 몰라도 글 한 자는 힘이 된다.
밥 한 숟가락 더 먹고 덜 먹은 것은 힘쓰는 데에 별 영향이 없지만, 글 한 자는 일의 성패를 결정하는 힘이 된다는 뜻.

밥 한 알이 귀신 열을 쫓는다.
금권은 살아서나 죽어서나 세다는 뜻.

밥 함지 옆에서 굶어죽는다.
주변이 없고 융통성이 없는 사람을 비유하는 말.

밥 해먹을 쌀은 없어도 떡 해먹을 쌀은 있다.
밥 해먹는 것보다 떡 해먹기를 더 바란다는 뜻.

배고픈 데는 밥이 약이다.
굶주림을 해결하는 데는 밥이 제일 빠르다는 뜻.

배고픈 사람에게 밥 준다.
굶주린 사람에게 밥을 주어 구제한다는 뜻.

배는 밥으로 채워야지 말로는 못 채운다.
굶주림은 말로는 해결 못하기 때문에 밥으로 해결해야 한다는 뜻.

배부른 놈에게는 고량진미를 주어도 별 맛을 모른다.
항상 맛있는 음식만 먹은 사람에게는 별미를 주어도 맛있는 줄을 모른다는 뜻.

배부른 상전이 하인 밥 못하게 한다.
배부른 사람은 배고픈 사람의 사정을 모른다는 뜻.

뱃속은 밥으로 채우지 말로는 못 채운다.
무슨 일이나 행동으로 해야지 말로 하는 것은 아무 소용이 없다는 뜻.

버린 밥으로 잉어 낚는다.
밑천도 들이지 않고 큰 이득을 얻었다는 뜻.

변학도 잔치에 이도령 밥상이다.
변학도의 생일 잔칫날 거지로 위장한 이도령에게 거지 대접을 하듯이 박대한다는 뜻.

보채는 아이 밥 한술 더 주랬다.
무슨 일에나 조르고 덤비는 사람을 더 잘해 준다는 뜻.

보채는 아이 밥 한술 더 준다.
가만히 있지 않고 계속 조르면 어쩔 수 없이 들어 주게 된다는 뜻.

볼에 밥풀 하나 안 붙었다.
관상으로 볼 때 얼굴이 빈상이라 가난을 면치 못할 것이라는 뜻.

봉홧불에 밥지어 먹겠다.
(1) 행동이 매우 민첩하다는 뜻.
(2) 되지도 않을 일을 한다는 뜻.

부모 밥도 어렸을 때고, 형의 밥도 어렸을 때다.
부모나 형에게 의지하는 것도 어렸을 때나 하지 장성하면 독립해야 한다는 뜻.

비빔밥과 보지는 질어야 맛이 좋다.
비빔밥도 질게 비빈 것이 맛이 있고, 여자의 음부도 물기가 있어야 성감이 좋다는 뜻.

비싼 밥 먹고 험한 걱정한다.
쓸데없는 걱정은 하지 말라는 뜻.

비싼 밥 먹고 헛소리만 한다.
쓸데없는 헛소리만 하는 사람을 보고 핀잔하는 말.

빌어먹는 놈이 콩밥 마다할까?
얻어먹는 사람은 아무 음식이나 다 잘 먹는다는 뜻.

빨리 먹는 밥에 목메인다.
급히 먹는 밥은 체하기가 쉽듯이 급히 하는 일은 잘 되지 않는다는 뜻.

빨리 먹은 콩밥 똥 눌 때 봐야 안다.
무슨 일이든지 급히 하면 좋은 성과가 없다는 뜻.

사또 밥상에 지렁종지 같다.
조그마한 간장종지가 상 중앙에 자리잡고 있듯이 가장 중요한 자리를 점령하고 있다는 뜻.

사람은 밥이 분이고, 옷이 날개다.
잘 먹어야 인물이 나고 잘 입어야 몸매가 아름답다는 뜻.

사람은 일을 해야 밥맛이 난다.
일을 해서 에너지를 소비해야 밥맛이 나게 된다는 뜻.

사람이 밥 빌어먹는 구멍은 3천여 가지다.
사람이 일을 하는 직종은 매우 다양하다는 뜻.

사랑이 밥 먹여 준다더냐.
사랑에 빠져서 일도 않고 다니는 사람에게 책망하는 말.

사위 밥 담듯 한다.
장모가 사위더러 밥 많이 먹으라고 눌러가면서 많이 담는다는 뜻.

사위 밥은 발로 눌러 담고, 머슴 밥은 피워 담는다.
사위 밥은 많이 먹으라고 꾹꾹 눌러 담고, 머슴 밥은 양식이 아까워서 살살 피워 담는다는 뜻.

사위 밥 한 그릇은 동네 사람이 먹고도 남는다.
장모는 사위더러 많이 먹으라고 꾹꾹 눌러 담기 때문에 사위가 그 밥을 다 못 먹는다는 뜻.

사잣밥을 목에 매달고 다닌다.
사람은 언제 어디서 죽을지 모른다는 뜻.
* 사잣밥: 저승에서 오는 사자使者에게 대접하는 밥.

사잣밥을 싸가지고 다닌다.
죽을 각오를 하고 나들이를 한다는 뜻.

삼장三醬만 있으면 밥은 먹는다.
밥은 삼장인 된장·간장·고추장만 있으면 먹을 수 있다는 말.

상판때기 보니 볼에 밥풀 하나 안 붙었다.
얼굴이 빈상이라 고생을 면할 길이 없다는 뜻.

서 푼 밥 먹는 놈이 심부름은 잦다.
이문이 적은 장사가 신역만 고되다는 뜻.

성난 년 밥 굶기다.
화가 나서 밥을 안 먹으면 자신만 해롭듯이 화가 났을 때는 참고 안정하라는 뜻.

세 번 만에 지은 밥이 선밥이다.
밥짓는 솜씨가 매우 서툴러서 선밥을 잘한다는 뜻.

소금밥에 정 붙는다.
가난한 집에서 성의껏 해주는 음식이 매우 고마워 더 친해진다는 뜻.

소금밥이다.
구차하여 반찬 없이 소금을 반찬삼아 먹는다는 뜻.

속이 편해야 밥 먹은 것도 살로 된다.
근심 걱정이 없어야 밥을 먹어도 살로 간다는 뜻.

손꼽아가며 밥 먹는다.
밥을 정상적으로 먹지 못하고 가끔가다가 한 번씩 먹는다는 뜻.

손에 붙은 밥풀이다.
손에 붙은 밥풀처럼 마음대로 할 수 있다는 뜻.

손자 밥 떠먹고 천정 쳐다보기다.
염치없는 짓을 하고는 열없이 딴전만 본다는 뜻.

손자 뺨에 붙은 밥풀도 떼어먹겠다.
낯간지럽고 염치없는 행동을 한다는 뜻.

손자 자지에 붙은 밥풀을 떼어먹는다.
손자 자지에 붙은 밥풀까지도 떼어먹을 정도로 염치없이 낯간지러운 짓을 한다는 뜻.

솥은 검어도 밥은 희다.
겉모양은 더러워도 속은 깨끗하다는 뜻.

솥이 검기로 밥도 검으랴?
겉모양은 못생겼어도 마음씨는 얌전하다는 뜻.

술 마시고 밥 먹으나 밥 먹고 술 마시나, 뱃속에 들어가 똥오줌 되기는 일반이다.
(1) 어떤 일은 순서를 바꾸어 해도 별 손해가 없다는 뜻.
(2) 술은 언제 먹어도 좋다는 뜻.

쉰밥도 개 주기는 아깝다.
저는 먹지 않으면서도 남 주는 데는 인색하다는 뜻.

쉰밥도 고양이 주기는 아깝다.
욕심 많고 인색한 사람은 음식이 썩을망정 남은 주지 않는다는 뜻.

시장할 때 밥 생각나듯 한다.
굶주린 사람은 밥 생각 외에는 아무 생각도 없다는 뜻.

시집 밥은 겉살이 찌고, 친정 밥은 뼛살이 찐다.
여자는 시집살이는 고되지만 친정에 가면 마음이 편하다는 뜻.

시집 밥은 겉살이 찌고, 친정 밥은 속살이 찐다.
시집살이하는 것보다는 친정살이하는 것이 편안하다는 뜻.

시집 밥은 피밥이고, 친정 밥은 쌀밥이다.
시집살이하는 사람은 항상 불안하기 때문에 밥맛이 없다는 뜻.

식당개 3년이면 밥을 짓는다.
아무리 둔한 사람이라도 늘 보고 들으면 하게 된다는 뜻.

식복食福이 있는 놈은 자다가도 제삿밥을 얻어먹는다.
먹을 복이 있는 사람은 어디를 가나 먹을 것이 저절로 생긴다는 뜻.

식은밥 신세다.
찬밥이 푸대접을 받듯이 신세가 몰락하였다는 뜻.

식은밥에 뜨거운 국이다.
찬밥에는 뜨거운 국이 제격이듯이 일이 잘 조화되었다는 뜻.

식은밥이 밥인가, 명태 반찬이 반찬인가?
음식을 푸대접하는 것을 허물하는 말.

식지食紙에 붙은 밥풀이다.
밥상 덮는 종이에 붙은 밥풀마냥 대수롭지 않다는 뜻.

싫은 매는 맞아도 싫은 밥은 못 먹는다.
싫은 매는 억지로 맞을 수 있지만 먹기 싫은 음식은 억지로 못 먹는다는 뜻.

싫은 밥은 있어도 싫은 술은 없다.
먹기 싫은 밥은 있어도 먹기 싫은 술은 없다는 뜻.

싸라기밥으로 자랐나?
존대할 사람에게 존대어를 하지 않고 반말을 하는, 버릇이 없는 사람을 보고 하는 말.

싸라기밥을 먹어도 말 잘하는 판수라.
겉으로 보기에는 초라하지만 말은 잘한다는 뜻.

싸라기밥을 먹었나?
반말을 잘하는 사람을 보고 하는 말.

싸전에 가서 밥 달란다.
성미가 몹시 급한 사람을 가리키는 말.

쌀독이 바닥나면 밥맛은 더 난다.
식량이 떨어져 굶주리게 되면 밥맛이 더 난다는 뜻.

쌀 없이 밥짓기다.
필요한 조건이 갖추어지지 않고는 일이 성사되지 않는다는 뜻.

아들네 집에 가 밥 먹고, 딸네 집에 가 물 마신다.
아들 재산보다 딸 재산을 더 아껴 준다는 뜻.

아들 밥은 앉아 먹고, 딸 밥은 서서 먹고, 남편 밥은 누워 먹는다.
여자는 남편이 벌어다 주는 돈이 제일 좋다는 말.

아들 밥은 윗목에서 먹고, 남편 밥은 아랫목에서 먹는다.
아들에게 의존하는 것보다 남편에게 의존하는 것이 더 편안하다는 뜻.

아무 때 먹어도 김가가 먹을 밥이다.
먹을 임자가 정해진 밥이라는 뜻.

아이 보는 사람은 속밥을 주랬다.
어린아이 보는 일이 매우 힘들다는 뜻.

아이 어미 밥 두 그릇 먹는다.
젖먹이 아이를 가진 어머니는 식사를 많이 하게 된다는 뜻.

아침밥 먹고 새벽길 떠난다.
무슨 일을 미리 준비하지 않고 있다가 기회를 놓친다는 뜻.

아침에는 밥 먹고, 저녁에는 죽 먹는다.
양식이 떨어지지 않고 죽이라도 먹는 집은 부농층에 속한다는 뜻.

아침밥, 저녁죽은 먹는다.
1년 내내 양식이 떨어지지 않고 사는 사람은 부농층에 속한다는 뜻.

앓으며 먹은 밥은 피가 되고, 울면서 먹은 밥은 살이 된다.
앓으면서 먹은 밥은 건강이 회복되는 힘이 되고, 울면서 먹은 밥은 소화가 잘 되어 더 큰 힘이 된다는 뜻.

앓으며 먹은 밥은 피로 된다.
앓는 환자가 밥을 먹는 것은 건강 회복에 도움이 된다는 뜻.

약은 혼자 먹고, 밥은 나누어 먹으랬다.
병 때문에 먹는 약은 혼자 먹어야 하지만, 밥은 손님과 나누어 먹어야 한다는 뜻.

양주 밥 먹고, 고양 일한다.
품삯은 김서방에게서 받고 일은 이서방 일을 하듯이 엉뚱한 짓을 한다는 뜻.

어느 밥의 콩이 큰가 한다.
욕심 많은 사람은 같은 밥그릇 중에서도 큰 밥그릇만 찾는다는 뜻.

어린아이를 귀여워하면 코 묻은 밥을 얻어먹는다.
어린아이를 귀여워하면 손해 보는 경우가 있다는 뜻.

어린아이 자지에 붙은 밥알도 뜯어먹겠다.
염치없는 사람은 손자 밥의 밥풀도 뜯어먹는다는 뜻.

어린아이 친하면 코 묻은 밥 먹는다.
못된 사람과 가까이 지내면 이로울 것이 하나도 없다는 뜻.

언제 먹어도 김서방이 먹을 밥이다.
임자가 있는 음식은 그 임자만이 먹을 수 있다는 뜻.

얻어먹는 놈에게 밥상 차려 주니까 떠먹여 달란다.
없는 사람을 도와 주면 점점 더 도와 달라고 한다는 뜻.

얼굴에 밥풀 하나 안 붙었다.
얼굴이 빈상이라 고생을 면할 수 없다는 뜻.

없는 놈은 소금밥 대접도 못한다.
구차하면 손님에게 반찬 없는 소금밥도 대접하지 못해 체면이 서지 않는다는 뜻.

없는 집 밥 굶듯 한다.
무슨 일이 자주 발생한다는 뜻.

여자는 밥상 들고 문지방 넘어오면서도 열두 번 변한다.
여자의 마음은 잘 변한다는 뜻.

여자는 손에 묻은 밥풀이다.
여자의 팔자는 남편 손에 달려 있다는 뜻.

여편네가 바가지로 밥 먹는 것 보고 내쫓는다.
밥 많이 먹는 아내라고 내쫓았지만, 사실은 바가지 밥이 사발 밥보다 많지 않다는 뜻.

열 숟가락 모으면 사발 밥이 된다.
여러 사람이 조금씩 모으면 그 양이 많아진다는 뜻.

열이 어울러 밥 한 그릇이다.
여러 사람이 조금씩만 거두면 없는 사람 하나는 구제할 수 있다는 뜻.

열이 한술씩 모은 밥이 한 그릇 푼푼하다.
(1) 적은 것도 모이면 많아진다는 뜻.
(2) 여러 사람이 협동하면 힘이 강해진다는 뜻.

염불에는 마음이 없고, 잿밥에만 정신이 있다.
맡은 일은 하지 않고 먹을 생각만 한다는 뜻.

영감 밥은 누워 먹고, 아들 밥은 앉아 먹고, 딸 밥은 서서 먹는다.
여자는 남편이 벌어다 주는 돈이라야 아무 부담감 없이 쓸 수 있다는 뜻.

영감 밥은 발뒤꿈치로 꽉꽉 밟아 담고, 머슴 밥은 송긍송글 피워 담는다.
남편은 밥을 많이 담아 주고, 머슴은 식량을 아끼느라고 조금 담아 준다는 뜻.

영감 밥은 아랫목에서 먹고, 아들 밥은 윗목에서 먹고, 딸 밥은 부엌에서 먹는다.
여자는 남편이 주는 돈은 자기 돈 쓰듯 해도 마음이 편하지만, 아들이 주는 돈은 약간 편하지 못하며, 딸이 주는 돈은 눈치가 보인다는 뜻.

오뉴월에는 밥 먹은 자리도 뜨기 싫다.
오뉴월 농번기에는 일에 시달리고 잠도 부족하여 밥을 먹고 나면 잠만 자고 싶다는 뜻.

오대산五臺山에 가서 밥을 먹지 못하면 사흘을 앓는다.
옛날 강원도 강릉江陵 사람들이 월정사月精寺에 가서 밥을 못 먹으면 한이 된다는 데서 나온 말.

오 푼 밥 먹는 놈이 심부름은 잦다.
남을 이롭게는 못하면서 피해만 끼친다는 뜻.

온 쌀밥은 못 먹고 싸라기밥만 먹고 자랐나?
반말을 잘하는 사람에게 핀잔하는 말.

옹솥〔甕釜〕 밥이 맛은 좋다.
옹기솥은 보온성이 뛰어나서 밥맛이 좋다는 뜻.

용수에 담은 찰밥도 엎질러지겠다.
복 없는 사람은 좋은 운이 닥쳐도 그것을 오래 지니지 못한다는 뜻.

울면서 먹은 밥은 살로 되고, 앓으면서 먹은 밥은 피로 된다.
슬프거나 병들었을 때는 먹기만 잘하면 정신적으로나 육체적으로 회복된다는 뜻.

울면서 먹은 밥은 살로 된다.
슬플 때는 굶지 말고 먹어야 건강이 유지된다는 뜻.

이마에 사잣밥을 붙이고 다닌다.
항상 죽을 준비를 하고 다닌다는 뜻.

이미 받아 놓은 밥상이다.
미리 준비하여 놓은 음식이라 틀림없이 먹게 된다는 뜻.

이삭밥에도 가난이 든다.
가을이 되어도 이삭밥을 먹는 처지에 있는 사람은 형편이 나아질 수가 없다는 뜻.

이삭밥이 더 먹힌다.
가난한 사람은 밥밖에 먹을 것이 없기 때문에 밥을 더 먹게 된다는 뜻.

익은 밥 먹고 서툰 일만 한다.
비싼 밥 먹고 엉뚱한 일만 한다는 뜻.

익은 밥 먹고 선소리 한다.
공연히 쓸데없는 헛소리만 한다는 말.

익은 밥 먹기다.
굶주린 사람이 밥을 먹듯이 일이 매우 수월하다는 뜻.

익은 밥에 재 끼얹는 격이다.
다 된 일을 그르쳐 놓는다는 뜻.

익은 밥은 날로 돌아갈 수 없다.
한 번 결말이 난 일은 아무리 해도 소용이 없다는 뜻.

익은 밥은 다시 설게 할 수 없다.
(1) 한 번 지은 밥은 다시 설게 할 도리가 없다는 뜻.
(2) 한 번 한 일은 다시 바로잡을 수 없다는 뜻.

인왕산 차돌을 먹을망정 사돈네 밥은 안 먹는다.
아무리 곤란해도 사돈에게 의존하고 살 수는 없다는 뜻.

일 않는 놈이 밥은 두 그릇 먹는다.
일을 싫어하는 사람이 먹는 것은 더 밝힌다는 뜻.

일 전錢 오 리厘 밥 먹고 한 푼 모자라 백 번 사정한다.
대단치도 않은 일에 필요 이상으로 굽신거린다는 뜻.

임금도 밥에 날아든 불티는 먹는다.
밥지을 때 생기는 불티는 흔히 들어가는 것일 뿐 아니라, 인체에 해로운 것이 아니기 때문에 먹어도 무방하다는 뜻.

임 없이 먹는 밥은 돌 반 뉘 반이다.
임하고 함께 먹던 밥은 그렇게 맛이 좋았건만, 임이 가신 후 혼자 먹는 밥은 돌이나 뉘가 섞인 것처럼 맛이 없다는 뜻.
* 뉘: 겨가 벗겨지지 않은 벼알갱이.

입에 들어가는 밥도 제 손으로 떠넣어야 들어간다.
사람은 자신이 노력을 해야 먹고 살 수가 있다는 뜻.

입에 붙은 밥풀이다.
⑴ 입에 붙은 밥풀처럼 임의로 할 수 있다는 뜻.
⑵ 입에 붙은 밥풀은 언제 어떻게 될지 모르듯이 앞일을 모른다는 뜻.

입이 밥 빌어 오지 밥이 입을 빌어 온다더냐.
⑴ 빌려 달라는 사람이 가지러 와야지 빌려 주는 사람이 가져다 주기를 바래서야 되겠느냐는 뜻.
⑵ 순서가 뒤바뀌었다는 뜻.

자다가 오장五臟이 밥 찾는다.
별안간 아무 관계도 없는 엉뚱한 소리를 한다는 뜻.

자식 밥은 먹어도 사위 밥은 못 먹는다.
자식에게는 으레 의존하고 살지만 사위에게는 의존하기가 거북하다는 뜻.

자식을 귀하게 기르려면 객지밥을 먹이랬다.
자식을 잘 기르려면 호강스럽게 기르지 말고, 객지에서 고생도 시켜서 세상 인심도 알도록 하라는 뜻.

잦힌 밥에 재 뿌리기.
다 된 밥에 재를 뿌려 먹지 못하게 하듯이 심술이 매우 많다는 뜻.

잦힌 밥에 흙 뿌리기다.
매우 심술궂은 짓을 한다는 말.

잦힌 밥이다.
밥이 다 되어 바로 먹을 수 있게 되었다는 뜻.

잦힌 밥이요, 말 탄 서방이다.
기다리던 일이 모두 끝이 나서 기쁘다는 뜻.

재齋에는 정신이 없고 잿밥에만 정신이 있다.
자신이 맡은 본임무에는 정신이 없고 먹는 데만 정신이 있다는 뜻.

저 못 먹는 밥에 재 뿌린다.
자신이 못 먹게 된 앙심으로 밥에 재를 뿌리듯이 심술이 몹시 사납다는 뜻.

저 아이 밥 주라는 것이 나 밥 달라는 소리다.
(1) 말을 빗대서 한다는 뜻.
(2) 말은 듣는 사람이 듣기를 바르게 들어야 한다는 뜻.

적은 밥이 남는다.
적은 밥을 여러 사람이 먹으면 서로 양보하기 때문에 남게 된다는 뜻.

적은 밥이 쉰다.
적은 밥에는 관심이 없기 때문에 먹지 않고 있다가 쉰다는 뜻.

전라도 옥백미玉白米 밥이다.
전라도 만경평야萬頃平野에서 생산된 쌀로 지은 맛있는 밥이라는 뜻.

전주 비빔밥이다.
옛날부터 전라도 전주 비빔밥은 명물이었다는 뜻.

절에 간 색시 재에는 뜻이 없고 잿밥에만 뜻이 있다.
재 올리는 데는 관심이 없고 잿밥 먹을 궁리만 한다는 뜻.

점심 싸가지고 다니며 말린다.
잘못하는 사람의 버릇을 고치기 위하여 열성으로 따라다닌다는 뜻.

접시 밥도 담을 탓이다.
접시 밥도 담기에 따라 더 담을 수도 있고 덜 담을 수도 있다는 뜻.

정월 대보름날 아침에 개에게 밥을 주면 가난해진다.
정월 대보름날은 개를 굶기는 날인데 밥을 주면 벌을 받아 가난해진다는 뜻.

정월 대보름날 아침에 오곡밥을 먹어야 길하다.
정월 대보름날 아침에는 오곡을 섞어서 지은 밥을 먹어야 운수가 좋다는 말.

정월 대보름에 밥을 얻어먹으면 무병하다.
아이들의 명을 길게 하기 위하여 정월 대보름날 아침에 그 아이들을 이웃에 보내서 밥을 얻어 온다는 뜻.

제 밥그릇은 제가 지고 다닌다.
자기의 먹을 복은 자기가 가지고 있다는 뜻.

제 밥 덜어 줄 샌님은 물 건너기 전부터 안다.
인정 있는 사람은 먼 데서 봐도 알 수 있다는 뜻.

제 밥 먹고 상전 빨래한다.
옛날 종은 제 밥 먹고 상전 일을 예사로 한다는 뜻.

제 밥 먹고 상전 일한다.
제 돈 써가며 보수도 없는 일을 한다는 말.

제 밥 먹고 컸는데 남의 말 들을 리가 없다.
제 밥 먹는 사람이 남의 지배를 받지 않는 것은 당연하다는 뜻.

제 밥 먹고 큰집 일한다.
제 돈 써가며 보수 없는 남의 일을 한다는 뜻.

제 밥 먹은 개가 발꿈치 문다.
자기가 도와 준 사람이 자기를 해친다는 말.

좀노구솥 밥은 설수록 좋다.
옛날 식구가 많은 집에서 식량을 절약하려고 좀노구솥(작은 솥)으로 밥을 하였더니 밥이 모자라서 며느리가 먹을 것이 없게 되었다. 그러자 며느리가 일부러 밥을 설게 하였더니 먹지 않고 남는 것이 있어서 며느리도 밥을 먹을 수 있게 되었다는 데서 유래된 말로서, 부족한 물건은 질이 나빠야 나누어 가질 수가 있다는 뜻.

주는 밥 먹고 시키는 대로 하랬다.
아무 불평말고 보수는 주는 대로 받고 일은 시키는 대로 복종하라는 뜻.

주린 놈이 밥 치운다.
허기진 사람이 밥은 많이 먹는다는 뜻.

주린 밥에는 밥이 약이다.
굶주린 사람에게는 음식을 주는 것이 제일이라는 말.

쥐꼬리를 쥐면 밥맛이 떨어진다.
더러운 쥐꼬리를 쥐지 말라는 말.

지나가는 불에 밥 익혀먹기다.
우연한 기회를 잘 포착하여 유리하게 이용하였다는 뜻.

지어 놓은 밥도 먹으라는 것 다르고 잡수라는 것 다르다.
같은 음식이라도 존대하지 않고 먹으라는 것과 존대하고 먹으라는 것이 다르다는 뜻.

지에밥 먹은 돼지 벼르듯 한다.
혼을 내주려고 잔뜩 벼르고 있다는 뜻.
* 지에밥: 약밥·인절미를 만들거나 술밑으로 쓰려고 찹쌀 또는 멥쌀을 물에 불려 시루에 찐 밥.

지지죽만 먹다가 동짓날 밥 먹는다. (평안도)
(1) 일이 계획한 대로 되지 않는다는 뜻.
(2) 일이 공교롭게 되었다는 뜻.
* 지지죽: 맛없는 죽. (평안도 방언)

진밥 씹듯 한다.
사소한 일을 가지고 잔소리를 두고두고 오래 한다는 뜻.

집짓기는 밥짓기다.
집은 처음 계획보다 오래 걸려 완공된다는 뜻.

징으로 밥 하나 먹고, 광쇠 하나 못 이긴다.
밥은 많이 먹으면서 일은 아주 못한다는 뜻.
* 광쇠: 염불 때 치는 징 모양의 쇠. 쇠붙이에 광을 내는 데 쓰는 연장.

쪽박 속에 주먹밥이다.
겉보기보다는 실속이 있어 유리하다는 뜻.

차려 놓은 밥상 받듯 한다.
이미 준비된 일을 하듯이 힘 안 들이고 손쉽게 한다는 뜻.

책력 보아가며 밥 먹는다.
굶주린 사람이 밥을 가끔가다 한 번씩 먹는다는 뜻.

처갓집 밥 한 사발은 동네 사람이 다 먹고도 남는다.
사위 밥은 장모가 많이 먹으라고 꾹꾹 눌러 담아 혼자서는 다 못 먹는다는 뜻.

첫술에 배부르랴.
첫 한 숟가락 먹고서는 배가 부르지 않듯이 결과를 봐야 알지 시작을 보고는 모른다는 뜻.

체력 보아가며 밥 먹인다.
상대방을 봐서 그에게 알맞도록 일을 시켜야 한다는 뜻.

촌놈은 똥배 부른 것만 친다.
농민들은 굶지 않고 배부르면 만족한다는 뜻.

촌놈은 밥그릇 높은 것만 안다.
농민들은 배부르게 먹는 것을 낙으로 삼는다는 뜻.

친정 밥은 속살이 찌고, 시집 밥은 겉살이 찐다.
친정에서는 심신이 편하여 밥을 먹으면 살로 가지만, 시집살이는 고되기 때문에 먹은 것도 살로 가지 않는다는 뜻.

친정 밥은 쌀밥이고, 시집 밥은 피밥이다.
친정 밥은 편안하게 먹을 수 있으나, 시집 밥은 눈칫밥이라 먹어도 살이 안 찐다는 뜻.

콩밥 급히 먹은 놈은 뒷간에 가봐야 안다.
콩밥을 급히 먹으면 소화가 잘 안 되듯이 급히 하는 일에는 흠이 있다는 뜻.

콩밥 먹으러 갔다.
일제시대 감옥에서는 콩과 조를 절반씩 섞은 밥을 준 데서 유래된 말로서, 콩밥을 먹는 감옥살이를 한다는 뜻.

퉁노구 밥은 설수록 좋다.
퉁노구는 열전도율이 뛰어나기 때문에 밥이 약간 설었을 때 불을 끄고 뜸을 들여야 밥맛이 좋다는 뜻.
* 퉁노구: 놋쇠로 만든 작은 솥.

평생 소원이 눌은밥 팔자다.
(1) 항상 굶주리고 산다는 뜻.
(2) 늘 궁상스러운 소리를 하는 사람을 조롱하는 말.

피밥이 이밥보고 맛없다는 격이다.
저 못난 줄은 모르고 아무에게나 우쭐댄다는 뜻.

하루 밥 세 끼 먹기는 일반이다.
아무 일을 하거나 먹고 살기는 마찬가지라는 뜻.

하루 세 끼 밥 먹듯 한다.
하루 밥 세 끼는 으레 먹듯이 무슨 일을 예사로 알고 한다는 뜻.

한가마밥 먹었다.
한가마밥 먹고 사는 친한 사이라는 뜻.

한가마밥 먹은 사람이 한울음 운다.
한가마밥을 먹은 친한 사이는 행동이 일치하게 된다는 뜻.

한 돈 오 푼 밥 먹고 한 푼이 모자라 백 번 치사한다.
못 먹을 밥을 먹도록 마련하여 주어 감사하다는 뜻.

한 밥그릇에 두 술은 없다.
한 남자에게는 두 아내가 있을 수 없다는 말.

한 밥그릇은 둘이 먹지 않는다.
밥 한 사발을 두 사람이 먹어서는 안 되듯이, 한 집에 두 아내가 있어서는 안 된다는 뜻.

한밥 먹는다.
생각지도 않았던 좋은 음식을 먹게 되었다는 뜻.

한밥 먹었다.
옛날 포도청捕盜廳 사형집행수는 국가에서 주는 음식이 없었기 때문에 친척이나 친지들에게서 얻어먹고 지냈는데, 단 사형을 집행하는 날에는 진수성찬과 술을 주어 〈한밥 먹인다〉는 데서 유래된 말로서 까닭없이 생기는 음식을 이르는 말.

한밥에 오르고 한밥에 내린다.
잘 먹고 못 먹는 데 따라 살이 오르고 내리고 한다는 뜻.

한솥밥도 되고 질고 한다.
무슨 일에나 잘되고 못될 때가 있다는 뜻.

한솥밥도 타고 설고 한다.
한 솜씨로 하는 일에도 잘된 것이 있고 못된 것이 있다는 뜻.

한솥밥 먹고 송사한다.
한솥밥을 먹는 가까운 사이에도 송사할 일은 송사한다는 뜻.

한솥밥 먹고 한자리에서 잔다.
한집안에서 함께 먹고 함께 자는 한식구라는 뜻.

한솥밥 먹으며 싸운다.
한집안에서 집안 싸움을 한다는 뜻.

한솥밥 먹은 사람은 한울음 운다.
한집 식구끼리는 한마음 한뜻으로 단결된다는 뜻.

한솥밥을 먹는다.
한집안에서 한솥밥을 먹는 친한 사이라는 뜻.

한솥밥을 먹는 처지다.
한솥밥을 같이 먹고 사는 친한 사이라는 뜻.

한솥밥을 먹어 봐야 속도 안다.
한솥밥을 먹으며 함께 살아 봐야 마음을 알 수 있다는 뜻.

한 솥에서 두 가지 밥 못한다.
한꺼번에 두 가지 일은 못한다는 뜻.

한술 밥에 배부를까?
무슨 일이나 처음에는 큰 성과를 얻을 수 없다는 뜻.

한술 밥에 살찌고, 한술 밥에 빠진다.
젊은 사람은 밥 먹는 것에 따라 살이 찌고 빠진다는 뜻.

한술 밥으로는 주린 배를 채우지 못한다.
무슨 일이나 처음에는 큰 효과를 얻을 수 없다는 뜻.

한 푼 밥에도 상 차리고, 오 푼 밥에도 상 차린다.
큰 일이나 작은 일이나 일을 시작할 때는 다 격식을 차려야 한다는 뜻.

함지 밥 보고 계집 내쫓는다.
함지에 담을 정도로 밥을 많이 하는 여자는 살림을 못하기 때문에 쫓겨난다는 뜻.

합천 해인사海印寺 밥이냐?
옛날 해인사에는 승려와 불도가 많아 식사 시간이 늦은 데서 유래된 말로서, 식사 시간이 늦었을 때 하는 말.

흉년 밥은 어른도 한 그릇 아이도 한 그릇이다.
흉년에는 굶주렸기 때문에 아이들도 어른 몫을 먹게 된다는 뜻.

흉년에는 밥 빌어먹겠다.
(1) 수단도 있고 대인관계가 매우 좋은 사람을 비유하는 말.
(2) 힘을 안 들이고도 살 수 있다는 뜻.

흥부 자식들 섬 밥 먹어치운다.
굶주린 흥부 자식들이 밥을 많이 먹듯이 밥을 많이 먹는 사람을 비유하는 말.

흥부 자식 밥 먹듯 한다.
굶주린 흥부 자식들이 서로 더 먹으려고 다투며 먹듯이 음식을 매우 빨리 먹는다는 뜻.

5
쌀밥(이밥)

가을 쌀밥이다.
귀한 물건도 흔하게 되면 귀한 줄을 모르게 된다는 말.

거지도 쌀밥 먹을 날이 있다.
거지도 간혹 쌀밥을 얻어먹을 때가 있듯이 간혹 식복이 있는 날이 있다는 뜻.

굶주린 놈이 이밥 조밥 가린다더냐.
허기진 사람은 음식을 가리지 않고 닥치는 대로 먹는다는 뜻.

굶주린 놈이 흰밥 조밥 가릴까.
굶주린 사람은 맛있는 음식을 요구하지 않고, 맛은 없어도 당장 배부르게 먹을 음식을 바란다는 뜻.

나그네 덕에 이밥 먹는다.
손님 덕분에 이밥을 하게 되어 쌀밥을 먹는다는 뜻.

남대천南大川 게젓에 이밥 먹는다. (강원도)
지리적으로 살기 좋은 곳이라 잘 먹고 호강해 가며 산다는 뜻.

남의 이밥보다 제 집 개떡이 낫다.
아무리 좋은 물건이라도 내 손에 들어오지 않는 남의 것은 아예 바라지도 말고, 나쁜 것이라도 내 것을 소중히 여기라는 뜻.

남의 집 이밥보다 제 집 보리밥이 낫다.
자기의 것이 비록 나쁠지라도 소중히 여기도록 하라는 뜻.

남의 집 이밥보다 제 집 죽이 낫다.
남의 것은 실속이 없지만 제 것은 실속이 있다는 뜻.

내 집 쌀밥보다 이웃 보리밥이 맛있다.
자기의 것보다 남의 것이 더 좋아 보인다는 말.

뉘 절반에 쌀 절반이다.
쌀이라고 쩛은 것이 뉘가 절반이고 쌀이 절반이듯이, 쓸 것과 못 쓸 것이 반반이라는 말.

달리는 놈에게 쌀밥 주랬다.
힘든 일을 하는 사람에게는 음식을 잘 대접하라는 뜻.

못자리판에 가서 이밥 찾는다.
(1) 참을성이 없는 사람을 조롱하는 말.
(2) 성미가 몹시 급한 사람을 비유하는 말.

물 만 이밥에 목이 멘다.
(1) 평소에 잘 되던 일에도 간혹 실패하는 경우가 있다는 뜻.
(2) 너무 걱정이 많거나 몹시 슬퍼서 밥을 물에 말아먹어도 목에 넘어가지 않는다는 뜻.

밭 팔아 논 살 때는 이밥이나 먹자는 것이다.
이제까지 하던 일을 버리고 다른 일을 새로이 시작한 것은 이익을 위한 것이었는데, 처음 뜻대로 되지 않았다는 뜻.

빌어먹는 놈이 이밥 조밥을 가릴까?
얻어먹는 사람이 맛있는 음식만 가려서 먹을 수 없다는 말.

시장한 놈이 이밥 조밥 가릴까?
굶주린 사람은 맛있는 음식을 가리지 않고 당장 먹을 수 있는 음식을 바란다는 뜻.

쌀로 밥을 지었다고 해도 못 믿겠다.
사실을 사실대로 말해도 믿을 수가 없는 불신자不信者라는 뜻.

쌀밥과 고기도 사흘만 내리먹으면 싫증이 난다.
맛있는 음식도 늘 먹으면 맛 좋은 줄을 모르게 된다는 뜻.

쌀밥과 여자는 흴수록 좋다.
쌀밥은 흴수록 맛이 있고, 여자의 살결은 흴수록 곱다는 뜻.

쌀밥에 뉘 섞이듯 했다.
(1) 가끔 하나씩 섞여 있다는 뜻.
(2) 사소한 것이지만 귀찮은 존재라는 뜻.

쌀밥에 콩이나 보리밥에 콩이나 콩은 마찬가지다.
쌀밥에 든 콩이나 보리밥에 든 콩이나 마찬가지이듯이, 본성은 어디를 가나 변하지 않는다는 뜻.

쌀밥을 먹으려면 쌀로 밥을 지어야 한다.
쌀만 있다고 쌀밥을 먹는 것이 아니라 노력을 해야 먹을 수 있다는 뜻.

쌀밥의 콩이나 보리밥의 콩이나 콩은 마찬가지다.
쌀밥에 든 콩이나 보리밥에 든 콩이나 콩의 질은 그대로이듯이, 본질은 어디를 가나 변하지 않는다는 뜻.

쌀알을 세어 밥 한다.
성격이 매우 좀스럽고 인색한 사람을 비유하는 말.

얻어먹는 놈이 이밥 조밥 가릴까?
얻어먹는 처지에 맛있는 음식만을 가려먹을 수는 없다는 뜻.

여름 쌀밥은 꿈에만 봐도 살찐다.
옛날 보리철인 여름에는 부자가 아니고서는 쌀밥을 먹지 못한 데서 이르는 말.

여름 이밥은 보기만 해도 살찐다.
옛날 빈농은 벼를 추수하는 타작마당에서 소작료와 빚을 갚고 나면 남는 것이 없어서 보리와 잡곡을 식량으로 삼았기 때문에 쌀밥이 몹시 먹고 싶다는 뜻.

여름 이밥은 인삼이다.
예전에는 농민들이 벼농사를 지었다 해도 비싼 벼는 다 팔고 보리와 잡곡으로만 식량을 하였기 때문에, 쌀밥은 가을 추수 때나 조금 먹었던 터라 몹시 먹고 싶어했었다는 뜻.

이밥에 팥국이다.
음식을 잘 차리지 못하였다는 뜻.

이밥을 먹으니까 생일인 줄 안다.
한 번 좋은 일이 있으면 언제나 좋은 일이 있을 줄 안다는 뜻.

이밥이나 조밥이나 배 채우기는 일반이다.
맛이야 있거나 없거나 배부르게 먹는 것으로 만족한다는 뜻.

이밥이면 다 잿밥인 줄 아냐?
물건이 같아 보인다고 다 같은 것으로 생각해서는 안 된다.

이밥이면 다 제삿밥인 줄 안다.
같은 물건이라도 용도에 따라 다를 수도 있다는 뜻.

이밥이 분이고, 옷이 날개다.
잘 먹으면 얼굴에 살이 쪄서 분칠한 것같이 되고, 옷을 잘 입으면 사람이 돋보인다는 뜻.

이밥이 분이다.
먹는 것을 잘 먹으면 살도 찌고 살결도 윤이 나서 분을 바른 것같이 예뻐진다는 뜻.

이밥이 아니라 뼈밥이다.
쌀은 농민이 뼈가 부스러지도록 일을 한 소산이라는 뜻.

장작불에 이밥 먹는 고장이다.
(1) 나무도 흔하고 쌀도 많이 생산되어 살기 좋은 고장이라는 뜻.
(2) 예전에는 살기 좋은 고장의 대명사로 사용된 말.

전라도 옥백미玉白米 밥이다.
전라도 만경평야에서 생산되는 옥백미 밥은 맛이 좋다는 뜻.

제사 덕에 이밥 먹는다.
잡곡밥만 먹다가 제사 덕분에 쌀밥을 먹게 된다는 뜻.

제 집 이밥보다 이웃집 보리밥맛이 낫다.
음식은 자기 집에서 늘 먹는 것보다 남의 집에서 모처럼 먹는 것이 맛이 있다는 뜻.

조상 덕에 이밥 먹는다.
(1) 조상의 유산 덕에 잘 먹고 산다는 뜻.
(2) 조상 제사 덕에 이밥을 먹게 된다는 뜻.

친정 밥은 쌀밥이고, 시집 밥은 피밥이다.
친정 밥은 잡곡이라도 속이 편해 살이 찌고, 시집 밥은 이밥이라도 불안하여 마른다는 뜻.

후살이할 때는 이밥 먹자는 속셈이라.
과부가 재혼하는 것은 잘 먹고 잘 살기 위한 목적이라는 뜻.

흉년 이밥은 꿈에만 봐도 살찐다.
흉년에는 보리밥도 제대로 못 먹기 때문에 이밥은 생각지도 못한다는 뜻.

6
찰밥

둥우리의 찰밥이 쏟아지겠다.
(1) 먹으라고 주는 것까지도 놓치고 못 먹는다는 뜻.
(2) 행동이 경솔하다는 뜻.

뒤웅박에 남은 찰밥 쏟겠다.
경망하게 행동하는 것이 무슨 일을 저지르겠다는 뜻.

바구니에 담은 찰밥이 쏟아지겠다.
까부는 꼴을 보니까 언제 어디서 무슨 일을 저지를 징조라는 뜻.

생일날 찰밥을 해먹으면 길하다.
생일날 찰밥을 해먹으면 복이 찰밥처럼 들어붙는다는 뜻.

용수에 담은 찰밥도 엎질러지겠다.
(1) 있을 수 없는 일도 예외적으로 있을 수 있다는 뜻.
(2) 복 없는 사람은 좋은 운도 오래 가지 못한다는 뜻.

차조팥밥은 이밥 밀어 놓고 먹는다.
차조와 팥으로 지은 밥은 이밥보다도 맛이 더 좋다는 뜻.

차지장밥은 이밥하고 안 바꿔 먹는다.
차지장으로 지은 밥은 고량진미라 하여 옛날부터 유명하다는 뜻.

7
보리밥

꽁보리밥도 제때에 못 먹는다.
구차하여 보리밥조차 제대로 먹지 못한다는 뜻.

늙은 존위댁네 보리밥은 잘 짓는다.
(1) 나이 먹은 가난한 집 아주머니는 보리밥만 먹고 살아서 보리밥을 잘 짓는다는 뜻.
(2) 한 가지 일을 오래 하면 능숙하게 된다는 뜻.
* 존위댁: 면面 또는 리里의 어른.

보리밥 먹고 가죽피리만 분다.
보리밥을 먹으면 가죽피리(방귀)가 잦다는 뜻.

보리밥 먹고 방귀뀌기다.
보리밥을 먹으면 가스가 많아서 방귀가 잦다는 뜻.

보리 밥알로 잉어 낚는다.
적은 자본으로 큰 이익을 얻게 되었다는 뜻.

보리밥에는 고추장이 제격이다.
무엇이나 서로 격이 맞지 않으면 어울리지 않는다는 뜻.

보리밥에는 상추쌈이 제격이다.
여름철 보리밥은 상추쌈에 된장이나 고추장을 넣어 먹으면 맛이 좋다는 뜻.

보리밥이 제 티 한다.
보리밥이 제 티를 하듯이 못난 사람이 못난 짓만 한다는 뜻.

사위 밥은 겉보리밥이고, 자식 밥은 이밥이다.
사위집에서 얻어먹는 밥은 부담감이 있지만, 자식 밥은 먹어도 편하다는 뜻.

시골 사람은 굶어도 보리밥을 굶지만, 서울 사람은 굶어도 이밥을 굶는다.
옛날 시골 사람들의 주식은 보리였고, 서울 사람들의 주식은 쌀이었다는 것을 이르는 말.

오뉴월 보리밥에는 새우젓이 제격이다.
여름철 순 꽁보리밥의 반찬으로는 새우젓이 제격이라는 뜻.

8
조 밥

강정江汀 아이들은 조밥 주겠다면 안 울어도 쌀밥 준다면 운다. (제주도)
(1) 귀한 것은 좋아하고 흔한 것은 싫어한다는 뜻.
(2) 제주도 강정은 쌀이 흔하다는 뜻.

밥을 굶어도 조밥을 굶지 말고 흰 쌀밥을 굶어라.
이왕 굶어죽을 바에야 조밥을 먹다 굶어죽지 말고 쌀밥을 먹다 굶어죽으라는 뜻.

소금국에 조밥이다.
구차하여 소금국에 조밥을 말아서 먹으며 겨우 연명한다는 뜻.

식은 조밥이다.
맛없는 조밥이 식으면 더 맛이 없듯이 맛없는 음식을 비유하는 말.

조를 세어 밥을 짓겠다.
좁쌀을 세어 밥을 지을 정도로 인색하다는 말.

조밥도 많이 먹으면 배부르다.
적은 것이라도 많으면 크게 된다는 뜻.

조밥도 먹고, 이밥도 먹었다.
고생도 해보았고 부유하게도 살았기 때문에 세상 물정을 다 안다는 뜻.

조밥에도 큰 덩이 작은 덩이가 있다.
조밥에도 큰 덩이와 작은 덩이가 있듯이 무엇이나 크고 작은 것이 있다는 뜻.

조밥에 소금국이다.
맛없는 조밥에다 반찬도 없이 소금국으로 겨우 연명한다는 뜻.

조밥은 더워서 먹어야 한다.
조밥은 따뜻할 때는 부드럽고 맛이 있지만, 식으면 뻣뻣하고 맛이 없다는 뜻.

조팥밥은 이밥하고 안 바꾼다.
조에다 팥을 섞어서 지은 밥은 이밥보다 맛이 더 좋다는 뜻.

9 콩밥

남의 밥 콩이 더 커보인다.
사람은 욕심이 있기 때문에 같은 콩이라도 남의 밥 콩이 더 커보인다는 뜻.

빌어먹는 놈이 콩밥 마다할까.
거지는 아무 음식이나 다 잘 먹는다는 뜻.

빨리 먹는 콩밥 똥 눌 때 봐야 안다.
무슨 일이나 급히 하는 일은 잘 되는 것이 별로 없다는 뜻.

이도 나기 전에 콩밥 먹는다.
너무 서둘러서 하는 일은 성사되기가 어렵다는 뜻.

콩밥 급히 먹은 놈 뒷간에 가봐야 안다.
위험한 일을 거칠게 하면 탈이 나게 된다는 뜻.

콩밥 누룽지다.
콩밥 누룽지의 맛은 천하일미라는 뜻.

콩밥을 먹는다.
일제시대 감옥에서 콩과 조를 절반씩 섞은 콩밥을 준 데서 유래된 말로서, 감옥살이를 한다는 뜻.

10
비빔밥

며느리에게는 비빔밥 그릇을 씻기고, 딸에게는 흰죽 사발을 씻긴다.
같은 일이라도 며느리에게는 힘든 일을 시키고, 딸에게는 힘들지 않은 일을 시킨다는 뜻.

보리밥은 고추장에 비벼야 맛이 있다.
여름 보리밥은 고추장에 비벼먹는 것이 일미라는 뜻.

비빔밥과 보지는 질어야 맛이 좋다.
비빔밥은 질게 비벼야 맛이 있고, 여자의 음부에는 물기가 있어야 성감이 좋다는 뜻.

비빔밥에 기름장 친 맛이다.
비빔밥에는 양념한 기름장이 들어가야 맛이 더욱 좋다는 뜻.

전주 비빔밥이다.
전라도 전주 비빔밥은 옛부터 명물이었다는 뜻.

11
더운밥

더운밥 먹고 식은 말 한다.
하루 세 끼 더운밥을 먹고 하는 말은 쓸데없는 헛소리만 한다는 뜻.

더운밥 먹고 헛소리한다.
비싼 밥 먹고 쓸데없는 말만 하는 사람을 꾸짖는 말.

더운밥 찬밥 가리지 않는다.
허기진 사람은 더운밥이든 찬밥이든 가리지 않고 맛있게 먹는다는 뜻.

얻어먹는 놈이 더운밥 찬밥 가릴까?
얻어먹는 거지가 더운밥 찬밥을 탓할 리가 없다는 뜻.

조밥은 더워서 먹어야 한다.
조밥은 따뜻할 때는 맛이 있으나 식으면 뻣뻣하여 맛이 없다는 뜻.

12
찬밥

가을 찬밥은 봄 양식이다.
곡식이 흔한 가을에 절약해야 이것이 밀려서 봄 양식이 된다는 뜻.

과부는 찬밥에 곯는다.
과부는 절약하기 위하여 찬밥을 많이 먹는다는 뜻.

굶주린 놈이 찬밥 더운밥 가릴까?
허기진 사람은 찬밥 더운밥을 가릴 여가도 없이 닥치는 대로 먹는다는 뜻.

남의 집 살강에 찬밥 보고 저녁 않는다.
밥 줄 사람은 생각도 않는데 혼자서 몸이 달아 기다린다는 뜻.

남의 집 잔밥 보고 국 끓인다.
밥 줄 사람은 생각도 않는데 혼자서 받을 준비를 한다는 뜻.

배고픈 사람은 찬밥도 달게 먹는다.
굶주린 사람은 아무 음식이나 닥치는 대로 먹는다는 뜻.

식은밥 신세다.
(1) 밥은 식으면 맛이 없어진다는 뜻.
(2) 사람 신세가 찬밥처럼 떨어졌다는 뜻.

식은밥에 뜨거운 국이다.
찬밥은 뜨거운 국에 말아먹어야 맛이 난다는 뜻.

식은밥이 밥인가 의붓아비가 아비인가.
식은밥은 맛이 없고 의붓아버지는 아버지 같은 정감이 없다는 뜻.

언제 먹자는 찬밥이냐?
두고만 볼 것이 아니라 필요할 때 써야 한다는 뜻.

없는 놈이 찬밥 더운밥 가리랴.
허기진 사람은 음식을 가리지 않고 마구 먹는다는 뜻.

이웃집 살강에 찬밥 보고 저녁 않는다.
임자는 줄 생각도 않는데 혼자서 받을 준비를 한다는 뜻.

이웃집 식은밥 보고 맨장국 끓인다.
줄 사람은 생각도 않는데 미리 날뛴다는 뜻.

이틀 전 찬밥이나 사흘 전 찬밥이나.
시일時日의 차는 있지만 본질적으로는 동일하다는 뜻.

점심에 찬밥 먹기다.
(1) 흔히 있을 수 있는 일이라는 뜻.
(2) 일하기가 매우 쉽다는 뜻.

찬밥 더운밥 가리지 않는다.
배고픈 사람은 찬밥 더운밥 가리지 않고 마구 먹는다는 뜻.

찬밥 더운밥 다 먹어 봤다.
온갖 고생도 해봤고 잘 살아 보기도 하였기 때문에 세상 물정을 다 안다는 뜻.

찬밥 두고 잠 못 잔다.
(1) 대단찮은 일을 남겨두고 신경을 쓴다는 뜻.
(2) 무엇을 남겨 놓고는 못 견디는 성미를 가리키는 말.

찬밥 신세가 되었다.
집에서 따뜻한 밥을 못 먹고 타향살이를 하게 되었다는 뜻.

찬밥에 국 적은 것만 생각한다.
한 가지 생각만 하고 다른 한 가지 생각은 못한다는 뜻.

찬밥에 국 적은 줄만 안다.
전체적으로 곤란한 줄은 모르고, 어느 한 가지만 곤란한 것을 안다는 말.

찬밥에 국 적은 줄 모른다.
가난한 살림에는 무엇이나 부족한 줄을 알기 때문에 불편을 느끼지 않는다는 뜻.

찬밥에 더운국이다.
무슨 일이 서로 조화가 잘 이루어진다는 뜻.

찬밥에서 김이 난다.
(1) 사리에 맞지 않는다는 말.
(2) 있을 수 없는 허무맹랑한 일이라는 뜻.

찬밥으로 점심 먹기다.
있는 찬밥으로 점심을 먹듯이 일이 매우 하기 쉽다는 뜻.

13
선밥

굶주린 사람은 선밥 익은밥 가리지 않는다.
허기진 사람은 선밥이든 익은밥이든 배만 채우면 만족한다는 뜻.

선밥 먹은 놈마냥 웃기만 한다.
멋없이 웃는 사람을 보고 조롱하는 말.

선밥은 더운국에 말아먹어야 한다.
선밥은 더운국에 말아먹으면 낫다는 뜻.

선밥은 사람을 살려도 선의원은 사람을 죽인다.
굶주려서 죽어가는 사람에게 선밥을 주면 회생할 수 있지만, 돌팔이의사는 사람을 죽일 수 있다는 뜻.

익은밥은 다시 설게 할 수 없다.
선밥은 익힐 수 있지만, 익은밥은 설게 할 수 없다는 뜻.

퉁노구 밥은 설수록 좋다.
퉁노구는 열전도율이 뛰어나기 때문에 밥이 약간 설었을 때 불을 끄고 뜸을 들여야 밥맛이 좋다는 뜻.

14
잿밥

염불에는 마음이 없고, 잿밥에만 마음이 있다.
자기 임무는 포기하고 먹을 것만 밝힌다는 뜻.

이밥이면 다 잿밥인 줄 아나.
물건이 같아 보인다고 다 같은 것으로 생각해서는 안 된다는 뜻.

재든 날 중 싸대듯 한다.
재가 있는 날은 행사로 중들이 매우 분주하다는 뜻.

재든 중이요, 굿든 무당이다.
재든 날은 중들이 기뻐하고, 굿든 날은 무당이 기뻐한다는 뜻.

재보다 잿밥이다.
중들이 재행사보다도 잿밥에 마음이 있다는 뜻.

재에는 정신이 없고, 잿밥에만 정신이 있다.
자기 임무는 소홀히 하면서 먹는 잿밥에만 신경을 쓴다는 뜻.

잿밥으로 생색낸다.
절의 잿밥을 가지고 제 것처럼 생색을 낸다는 뜻.

절에 간 색시 재에는 뜻이 없고, 잿밥에만 뜻이 있다.
재 올리는 데는 관심이 없고, 잿밥 먹을 궁리만 한다는 뜻.

15
제삿밥

식복이 있는 놈은 자다가도 제삿밥을 얻어먹는다.
먹을 복이 있는 사람은 생각지도 않은 음식을 먹게 된다는 뜻.

이밥이면 다 제삿밥인 줄 아나.
같은 물건이라도 용도는 다 다를 수 있다는 뜻.

자다가 제삿밥 얻어먹는다.
뜻밖에 맛있는 음식을 먹게 되었다는 뜻.

제祭보다 젯밥이다.
목적이 제사지내는 데 있는 것이 아니고 제삿밥 먹는 데 있듯이, 정신이 다른 곳에 있다는 뜻.

제사 덕분에 이밥 먹는다.
조상 덕분에 오랜만에 쌀밥을 먹는다는 뜻.

제사보다 제삿밥에 정신이 있다.
제사는 형식적으로 지내고 본래 목적은 제삿밥 먹는 데 있다는 뜻.

제삿밥 먹고 소 몰아간다.
도와 준 사람에게 손해까지 끼친다는 뜻.

제삿밥 먹은 귀신 나가듯 한다.
인사도 없이 아무도 모르게 슬그머니 나간다는 뜻.

16
제 밥(내 밥)

제 밥그릇은 제가 지고 다닌다.
자기가 먹을 복은 자기가 가지고 있다는 뜻.

제 밥 덜어 줄 샌님은 물 건너기 전부터 안다.
인정 있고 점잖은 사람은 먼 데서 봐도 알 수 있다는 뜻.

제 밥 먹고 남의 일한다.
제 밥 먹고 공으로 남의 일만 하듯이 손해 보는 짓만 한다는 뜻.

제 밥 먹고 상전 빨래한다.
신분이 예속되어 있기 때문에 상전집 공일만 한다는 뜻.

제 밥 먹고 상전 일한다.
신분이 예속되었기 때문에 보수 없이 상전 일을 한다는 뜻.

제 밥 먹고 컸는데 남의 말 들을 리가 없다.
제 밥 먹는 사람이 남의 지배를 받지 않는 것은 당연하다는 뜻.

제 밥 먹고 큰집 일한다.
형제간에는 무보수로 일을 도와 준다는 뜻.

제 밥 먹은 개가 발꿈치 문다.
자기가 도와 준 사람이 배은망덕을 한다는 뜻.

제 집 찬밥이 남의 집 더운밥보다 낫다.
먹지 못하는 남의 집 맛있는 음식보다는 먹을 수 있는 제 집 맛없는 음식이 낫다는 뜻.

17
남의 밥

남의 더운밥이 내 찬밥만 못하다.
좋은 남의 집 물건이 나쁜 제 물건만 못하다는 뜻.

남의 더운밥이 제 집 식은밥만 못하다.
남의 집 것은 아무리 좋아도 제 집 것만 못하다는 뜻.

남의 밥그릇은 높아 보이고, 자기 밥그릇은 낮아 보인다.
사람은 욕심이 있기 때문에 같은 물건이라도 제 것보다 남의 것이 탐스러워 보인다는 뜻.

남의 밥그릇은 높아 보인다.
같은 것이라도 남의 것이 제 것보다 좋아 보인다는 뜻.

남의 밥도 석 달이다.
남에게 신세를 지는 것도 한때이지 계속해서 의지할 수는 없다는 뜻.

남의 밥 보고 상 차린다.
(1) 아무 상관도 없는 남의 것을 기대한다는 말.
(2) 남의 것을 쓸데없이 좋아한다는 말.

남의 밥 보고 시래깃국 끓인다.
아무 상관도 없는 남의 일에 기대를 걸고 있다는 말.

남의 밥 보고 장 떠먹는다.
(1) 줄 사람은 생각도 않는데 헛바라고 있다는 말.
(2) 남의 일에 상관도 없으면서 좋아한다는 말.

남의 밥사발이 높아 보인다.
같은 것이라도 남의 것이 더 탐스러워 보인다는 뜻.

남의 밥 쌀이 더 좋아 보인다.
물욕이 있는 사람은 남의 물건이 좋아 보인다는 말.

남의 밥에는 가시가 있는 법이다.
남의 밥을 먹으면 그 대가를 해야 한다는 뜻.

남의 밥에 든 콩이 굵어 보인다.
사람은 욕심이 있어서 같은 것이라도 남의 것이 더 좋아 보인다는 뜻.

남의 밥은 맵고도 짜다.
남의 집에 가서 일해 주고 먹고 산다는 것은 매우 고생스럽다는 뜻.

남의 밥을 먹어 봐야 부모 은덕을 안다.
객지에 가서 고생을 해봐야 부모의 고마움을 알게 된다는 뜻.

남의 밥이 더 맛있다.
(1) 남의 집에서 먹는 음식이 더 맛이 있다는 말.
(2) 남의 물건이 더 좋아 보인다는 말.

남의 밥이 더 희다.
남의 물건이 제 것보다 좋아 보인다는 뜻.

남의 밥 콩은 더 커보인다.
(1) 자기의 것보다 남의 것이 더 좋아 보인다는 뜻.
(2) 욕심 있는 사람은 남의 것이 더 좋아 보인다는 뜻.

남의 집 밥맛이 더 좋다.
남의 집 음식은 처음 먹는 음식이라 맛이 더 좋다는 뜻.

남의 집 찬밥 보고 저녁 굶는다.
눈치도 없이 남의 것을 턱없이 바란다는 뜻.

남의 집 찬장에 둔 밥을 보고 점심 굶는다.
남은 줄 생각도 않는데 남의 것을 몹시 바란다는 뜻.

남이 먹던 밥을 먹으면 오래 산다.
옛날 굶주리고 살던 시절에는 아무 음식이나 가리지 않고 먹는 사람이라야 배를 충족시킬 수가 있으므로 오래 산다는 뜻.

18
눈칫밥

눈칫밥 먹고 바늘방석에 앉았다.
남에게 의지하여 사는 사람은 항상 불안하다는 뜻.

눈칫밥 먹고 산다.
어쩔 수 없이 남에게 의지하여 산다는 뜻.

눈칫밥 먹고 자란 놈이다.
남의 집에서 고생하면서 살았다는 뜻.

눈칫밥으로 살았다.
집을 떠나 남에게 의지하여 살았다는 뜻.

눈칫밥으로 컸다.
어려서 부모 없이 남의 덕에 자랐다는 뜻.

눈칫밥은 살 안 찐다.
남에게 신세를 지는 사람은 마음이 편안하지 못하다는 뜻.

눈칫밥을 먹는다.
어쩔 수 없는 처지라 남의 신세를 지고 산다는 뜻.

19
사잣밥[使者飯]

덜미에 사잣밥을 짊어졌다.
뒷덜미에 사잣밥을 졌다는 뜻으로, 목숨을 걸고 위험한 일을 한다는 말.

사잣밥 싸가지고 다닌다.
사람은 언제 어디서 죽을지 모른다는 뜻.

사잣밥을 목에 매달고 다닌다.
언제 어떻게 죽을지 모르는 위험한 일을 한다는 말.

사잣밥을 이마에 붙이고 다닌다.
언제 어떻게 죽을지 모르는 위태로운 일을 한다는 뜻.

사잣밥을 지고 다닌다.
언제나 죽을 각오를 하고 다닌다는 뜻.

사잣밥인 줄 알고도 먹는다.
(1) 죽을 줄 알면서도 어쩔 수 없이 한다는 뜻.
(2) 해서는 안 될 일이라는 걸 알고 있지만, 부득이 그 일을 하지 않을 수 없다는 뜻.

이마에 사잣밥을 붙이고 다닌다.
항상 죽을 준비를 하고 다닌다는 뜻.

지고 다니는 것은 칠성판七星板이요, 먹는 것은 사잣밥이다.
죽을 신세가 다 되었다는 뜻.
* 칠성판: 관 속 바닥에 까는 얇은 널조각. 북두칠성을 본떠서 일곱 구멍을 뚫었다.

20
밥벌레(식충이)

광목廣木 여덟 자만 걸어다닌다.
(1) 밥만 먹고 놀기만 한다는 뜻.
(2) 허수아비 같은 사람이라는 뜻.

남의 일이라면 오뉴월에도 손이 시리다.
일은 조금도 않고 먹고 놀기만 한다는 뜻.

놀고 먹으면 태산도 모자란다.
재산이 아무리 많아도 먹고 놀기만 하면 패가를 한다는 뜻.

먹고 똥만 싼다.
먹고서 일은 않고 놀기만 한다는 뜻.

먹고 자고 먹고 싸는 식충이다.
먹고서 일은 않고 밤낮으로 자기만 한다는 뜻.

먹기는 아귀餓鬼같이 먹고, 일은 정승같이 한다.
먹는 것만 밝히고 일은 조금도 않는다는 뜻.

먹는 데는 감돌이고, 일에는 배돌이다.
먹는 데는 빠지지 않고 찾아다니면서 일하는 데는 피해다닌다는 뜻.

먹는 데는 걸신이고, 노는 데는 귀신이고, 일에는 등신이다.
먹는 것은 거지 귀신처럼 많이 먹고, 놀이에서는 흥겹게 놀고, 일은 등신처럼 못한다는 뜻.

먹는 데는 귀신이고, 일하는 데는 등신이다.
먹는 것은 귀신처럼 잘 먹고, 일은 등신처럼 하지 않는다는 뜻.

먹는 데는 귀신이고, 일하는 데는 장승이다.
먹는 것은 귀신처럼 잘 먹고, 일은 장승처럼 하지 않는다는 뜻.

먹는 데는 빠져 본 적이 없고, 일하는 데는 참견해 본 적이 없다.
먹는 자리에는 안 가본 일이 없고, 일하는 자리에는 가본 일이 없다는 뜻.

먹는 데는 빠지지 않는다.
먹는 장소에는 빠지지 않고 찾아다닌다는 뜻.

먹는 데는 앞장서고, 일하는 데는 뒷장선다.
먹는 데는 남 먼저 가고, 일하는 데는 숨어 버린다는 뜻.

먹는 데는 파발擺撥이요, 일에는 송곳이다.
먹는 것은 아귀처럼 먹고, 일에는 꽁무니만 뺀다는 뜻.

먹는 속은 꽹과리 속이다.
먹는 데는 용하게 알고 잘 찾아다닌다는 뜻.

먹을 때는 귀신이고, 일할 때는 굼벵이다.
먹는 것은 재빠르게 잘 먹으면서 일은 굼벵이처럼 느리다는 뜻.

먹을 상만 밝힌다.
밤낮으로 먹을 생각밖에 하지 않는다는 뜻.

먹을수록 냠냠이요, 줄수록 양양이다.
먹을수록 더 먹으려 하고, 줄수록 더 얻어먹으려고 한다는 뜻.

먹을수록 양양이다.
먹을수록 점점 더 먹으려고 한다는 뜻.

바지 저고리만 걸어다닌다.
(1) 허수아비처럼 정신 빠진 사람이라는 뜻.
(2) 먹고 놀기만 하는 사람을 비유하는 말.

밥그릇만 축낸다.
밥만 축내는 인간 쓰레기라는 뜻.

밥벌레다.
밥 먹는 것밖에 모르는 인간이라는 뜻.

밥부대다.
밥만 먹고 일은 하지 않는 사람을 비유하는 말.

밥부대에 옷걸이다.
밥이나 먹고 옷이나 걸치고 다닌다는 뜻.

밥주머니다.
아귀같이 밥만 먹고 노는 사람을 이르는 말.

손가락으로 물만 퉁긴다.
손가락만 겨우 놀리면서 놀고 먹는다는 뜻.

손가락 하나 까딱하지 않는다.
손가락 하나도 움직이지 않고 놀고 먹는다는 뜻.

숟가락만 들고 다닌다.
숟가락만 들고서 음식 먹는 곳만 찾아다니며 얻어먹는다는 뜻.

아귀餓鬼같이 먹고, 굼벵이같이 일한다.
먹기는 많이 먹고, 일은 굼벵이처럼 느리게 한다는 뜻.

앉아서 놀고 먹으면 태산도 모자란다.
벌지 않고 놀고 먹으면 부자라도 망한다는 뜻.

일 않는 놈이 밥은 두 그릇 먹는다.
일은 하지 않고 노는 놈이 먹는 것은 밝힌다는 뜻.

중의 적삼만 걸어다닌다.
(1) 허수아비처럼 옷만 걸어다니는 쓸모없는 인간이라는 뜻.
(2) 일은 하지 않고 먹고 놀기만 한다는 뜻.

핫바지 저고리만 다닌다.
(1) 옷만 걸어다니는 정신 없는 사람이라는 뜻.
(2) 먹고 놀기만 하는 사람을 비유하는 말.

Ⅲ
떡편

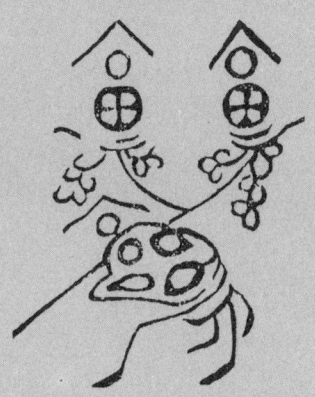

21
떡

가는 떡이 커야 오는 떡도 크다.
내가 남에게 후하게 하면 남도 나에게 후하게 대하여 준다는 뜻.

가는 떡이 하나면 오는 떡도 하나다.
남에게 대우를 잘 받고 못 받는 것은 자기 자신에게 달렸다는 말.

가루 가지고 떡 못 만들까?
떡가루만 있으면 떡을 만들 수 있듯이, 모든 조건만 갖추어지면 누구나 할 수 있다는 뜻.

가을 밭을 밟으면 떡이 세 개고, 봄 밭을 밟으면 뺨이 세 대다.
가을 보리밭은 밟으면 착근着根이 잘 되어 월동에 좋고, 새싹이 나는 봄 밭은 밟으면 새 싹이 상하게 되므로 밟아서는 안 된다는 뜻.

가을비는 떡비다.
가을철에 비가 오면 농촌에서는 떡을 해먹으며 쉰다는 뜻.

값싼 것이 비지떡이다.
떡 중에서 가장 값이 싼 떡은 비지로 만든 떡이라는 뜻.

같은 떡도 남의 것이 커보인다.
같은 물건이라도 남이 가진 것이 돋보인다는 뜻.

같은 떡도 맏며느리가 주는 것이 더 크다.
같은 떡을 나누어 주는 데도 집안에서 중요한 위치에 있는 맏며느리의 것이 커보이듯이, 같은 물건을 가져도 돈과 권력이 있는 사람이 가지게 되면 돋보인다는 뜻.

같은 떡이라도 남의 것이 더 커보인다.
사람은 욕심이 있기 때문에 남의 것이 제 것보다 좋아 보인다는 뜻.

거울 속의 떡이다.
보기는 해도 먹지 못하는 떡을 비유하는 말.

거지가 떡 쪄먹으려다가 시루 깬다.
(1) 복이 없는 사람은 하는 일마다 안 된다는 뜻.
(2) 모처럼 한 일이 안 된다는 뜻.

거지 떡 사준 셈 친다.
손해 본 것을 억울하게 여기지 말고 남을 도와 준 폭치고 단념하라는 뜻.

고모 떡도 싸야 사먹는다.
친척이나 인척관계보다도 이해관계가 앞선다는 뜻.

고물 모자라는 떡 없다.
(1) 주체主體만 있으면 부속은 따라다닌다는 뜻.
(2) 일이란 어떻게 해서도 잘 처리가 된다는 뜻.

고사떡을 먹으면 재수가 있다.
길한 고사떡을 먹으면 좋은 일이 생기게 된다는 뜻.
* 고사: 집안이 잘 되라고 지내는 제사.

굶네굶네 하면서 떡만 해먹는다.
돈 있는 사람이 겉으로는 엄살을 부리지만 속으로는 잘 먹고 산다는 뜻.

굶주린 양반이 겨떡 하나 더 먹으려고 한다.
점잖은 사람도 굶주리게 되면 체면도 없이 더 먹으려고 한다는 뜻.

꿈에 떡맛 보기다.
어쩌다가 꿈에 떡맛을 보듯이 요행이 있는 일이라는 뜻.

굿 구경을 하려면 계면떡이 나오도록 하랬다.
무슨 일을 하려면 끝날 때까지 해야 한다는 뜻.
* 계면떡: 굿이 끝나고 무당이 구경꾼에게 나누어 주는 떡.

굿도 볼 겸 떡도 먹을 겸 간다.
굿도 보고 떡도 얻어먹기 위하여 가듯이 무슨 일을 겸하여 한다는 뜻.

굿 보고 떡이나 얻어먹어라.
남의 일에는 간섭하지 말고 실속이나 차리라는 뜻.

권에 못 이겨 비지떡 먹는다.
마음에 없는 일도 권에 못 이기어 마지못해서 한다는 뜻.

귀신도 떡 하나로 쫓는다.
윗사람도 뇌물로 매수할 수 있다는 뜻.

귀신 듣는 데 떡 말 말랬다.
남이 좋아하는 것을 말하면 손해를 보게 된다는 뜻.

귀신 듣는 데 떡 소리 하기다.
남이 필요한 것을 말하면 손해를 당하게 된다는 뜻.

귀신 떡 먹듯 한다.
귀신이 떡을 먹듯이 좋아하는 음식을 맛있게 먹는다는 뜻.

귀신에게 비는 데는 시루떡이 제일이다.
남에게 호감을 사려거든 그가 가장 좋아하는 것을 주라는 뜻.

귀신은 떡으로 사귀고, 사람은 정으로 사귄다.
귀신은 떡으로 사귀어야 친해지고, 사람은 인정으로 사귀어야 친해진다는 뜻.

그림의 떡으로는 굶주림을 못 면한다.
눈요기로는 굶주림을 해결하지 못하므로 음식을 먹어야 한다는 뜻.

그림의 떡으로는 배를 못 채운다.
굶주림은 눈요기나 말로는 해결을 못하므로 음식을 먹어야 한다는 뜻.

그림의 떡이다.
눈요기만 하였지 굶주림은 해결하지 못하였다는 뜻.

금방 먹을 떡에도 살 박아 먹는다.
(1) 아무리 급하더라도 순서에 따라 할 일은 다 해야 한다는 뜻.
(2) 잠시 후에 버릴지라도 가지고 있는 동안에는 귀중하게 취급해야 한다는 말.

기름떡 먹기다.
기름떡은 맛도 좋고 먹기도 좋듯이, 일하기가 즐겁고 수월하다는 뜻.

깨떡 먹기다.
(1) 깨떡은 맛도 있고 먹기도 쉽다는 뜻.
(2) 기분도 좋고 일하기도 쉽다는 뜻.

꼴이 떡 사먹을 꼴이다.
눈치를 보니까 떡을 사먹을 눈치라는 뜻.

날떡국에 입천장만 덴다.
음식도 변변치 못한 날떡국에 데기만 하듯이, 하찮은 일을 하다가 손해만 봤다는 말.

남의 떡은 커보인다.
사람은 탐욕이 있기 때문에 남의 것이 좋아 보인다는 뜻.

남의 불에 떡 구워먹는다.
남의 덕으로 굶주림을 면하게 되었다는 뜻.

남의 아이 떡 주라는 소리가 제 아이 떡 주라는 소리다.
말을 노골적으로 하지 않고 간접적으로 한다는 뜻.

남의 입에 떡 집어넣기다.
제 일을 한다는 것이 남의 일을 하였다는 뜻.

남의 집 마당에 와서 떡을 친다.
(1) 제 것을 남에게 자랑한다는 뜻.
(2) 제 일을 남에게 신세진다는 뜻.

남촌은 술이고, 북촌은 떡이다.
옛날 서울 남촌의 술과 북촌의 떡이 유명하였다는 뜻.

넘어져도 떡 광주리에만 넘어진다.
복이 있는 사람은 아무 일을 해도 좋은 일만 생기게 된다는 뜻.

네 떡 나 먹었더냐 한다.
(1) 일은 제가 저질러 놓고 시치미를 뗀다는 뜻.
(2) 가만히 하고 있기만 한다는 뜻.

네 떡 나 모른다.
(1) 남의 일에 나는 관여하지 않는다는 뜻.
(2) 모르는 척하고 방관한다는 뜻.

네 떡이 크면 내 떡도 크다.
남이 나를 후대하면 나도 남을 후대하게 된다는 뜻.

네 떡이 하나면 내 떡도 하나다.
이해관계는 서로 동일하게 해야 한다는 뜻.

누워서 떡 먹기다.
누워서 떡을 먹듯이 일이 매우 쉽다는 뜻.

누워서 떡 먹으면 눈에 고물 들어간다.
제 몸만 편할 도리를 하다가는 도리어 제게 해롭게 될 수 있다는 뜻.

누워서 떡을 먹으면 콩고물이 눈에 들어간다.
(1) 일을 너무 편하게 하려다가는 손해만 보게 된다는 뜻.
(2) 쉬운 일에도 노력은 필요하다는 뜻.

누워서 저절로 입에 들어오는 떡은 없다.
무슨 일이나 노력하지 않고 저절로 이루어지는 일은 없다는 뜻.

누워서 팥떡 먹기다.
누워서 떡을 먹듯이 일이 몹시 쉽게 이루어진다는 뜻.

눈치가 있어야 떡도 얻어먹는다.
남의 덕을 보려거든 눈치 있게 일을 해야 한다는 뜻.

다 된 떡시루 깬다.
다 이루어진 일을 파탄시킨다는 뜻.

다음 장 떡이 클지 작을지는 당해 봐야 안다.
미래의 일은 누구나 예측할 수 없다는 뜻.

단오날 찔레꽃떡을 해먹으면 얼굴이 고와진다.
단오절에는 찔레꽃이 만발할 때라 찔레꽃떡이 별미라는 뜻.

달려들자 떡 사먹는다.
무슨 일을 다짜고짜로 해치운다는 뜻.

담 넘어 꼴 베는 총각 눈치가 있거든 떡이나 받소.
담 안의 처녀가 담 넘어 사랑하는 총각에게 떡을 주려고 해도 눈치가 없어서 받지 못하여 애처롭고 답답하다는 뜻.

당장 먹을 떡도 보기가 좋아야 한다.
당장 써 없앨 물건이라도 제대로 만들어야 한다는 뜻.

당장 먹을 떡에도 살 박아 먹으랬다.
무슨 일이든 생략하지 말고 격식은 다 갖추어서 해야 한다는 말.

도래떡에는 안팎이 없다.
둥근 도래떡에는 안과 밖의 구별이 없듯이, 둥글기만 한 것은 구별하기가 어렵다는 뜻.

돌로 치면 돌로 치고, 떡으로 치면 떡으로 친다.
원수에게는 원수로 대하고, 인정에는 인정으로 대하라는 뜻.

동방삭東方朔이 인절미 먹듯 한다.
중국 전한前漢시대의 문인 동방삭이 인절미를 즐겼다는 데서 유래된 말.

딸꾹질이 나면 떡 먹을 일이 생긴다.
딸꾹질이 나는 것은 떡 먹을 길조라는 속담에서 유래된 말.

떡가루 두고 떡 못할까?
떡가루만 있으면 여자로서 으레 떡은 할 수 있는 것을 자랑할 필요가 없다는 뜻.

떡 가지고 뒷간으로 간다.
욕심 많은 사람은 추접스러운 행동도 예사로이 한다는 뜻.

떡 간 데 떡 떼고, 말 간 데 말 보탠다.
음식은 있으면 먹게 되고, 말은 할수록 많아지게 된다는 뜻.

떡같이 믿는다.
떡 해놓은 것처럼 안심하고 믿을 수 있다는 뜻.

떡고리에 손 들어간다.
오랫동안 가지고 싶던 것을 마침내 가지게 되었다는 뜻.

떡과 쇠는 칠수록 좋다.
사람은 경륜이 많을수록 수완이 능해진다는 뜻.

떡과 의견은 붙을수록 좋다.
여러 사람의 의견은 합칠수록 좋은 안이 생긴다는 뜻.

떡국값이나 해라.
떡국 한 사발에 나이도 한 살씩이니까 지금까지 먹은 떡국값, 즉 나잇값이나 하라는 뜻.

떡국 먹는 데만 찾아다녔나?
보통 사람은 1년에 떡국 한 사발 먹고 나이도 한 살 먹는데, 1년에 떡국을 두 사발 먹고 두 살을 먹은 것처럼 보기보다 나이가 많다는 뜻.

떡국 사발을 쌓아도 더 크겠다.
한 살 먹을 때마다 설에 떡국도 한 사발 더 먹게 되므로 지금까지 먹은 떡국 사발을 쌓아 놓아도 키보다 크겠다는 뜻으로, 나이에 비해서 키가 작다는 말.

떡국을 먹다.
(1) 새해를 맞이하였다는 뜻.
(2) 나이 한 살을 더 먹게 되었다는 뜻.

떡국이 농간弄奸을 부린다.
설이 되면 떡국을 먹고 나이도 한 살 더 들게 되어 일하는 솜씨가 능숙해진다는 말.

떡나무를 심은 격이다.
먹고 사는 걱정이 해결되었다는 말.

떡 다 건지는 며느리 없다.
옛날 시집살이하는 며느리는 떡도 제대로 못 먹기 때문에 떡을 건질 때 감추어두듯이, 남의 눈을 속여가며 실속을 차린다는 뜻.

떡대가리 같은 소리를 한다.
엉뚱한 소리만 하는 사람을 조롱하는 말.

떡 떼어먹듯 한다.
(1) 남의 돈을 서슴지 않고 떼어먹는다는 뜻.
(2) 무슨 일을 딱 잘라 한다는 뜻.

떡도 나오기 전에 김칫국부터 마신다.
줄 사람은 생각도 않는데 미리부터 바란다는 말.

떡도 떡같이 못해 먹고, 생떡국으로 망한다.
좋은 재료를 가지고도 솜씨가 없어서 음식을 제대로 못해 먹는다는 뜻.

떡도 떡같이 못해 먹고, 찹쌀 한 섬만 다 없어졌다.
많은 물자와 노력만 낭비하고 아무런 소득도 못 얻었다는 뜻.

떡도 떡 같잖은 강낭떡에 속 다툰다.
사물을 너무 업신여기다가 의외로 봉변을 당하게 된다는 뜻.

떡도 떡답게 못해 먹고 생떡국으로 망한다.
무슨 일을 제대로 해보지도 못하고 실패하였다는 말.

떡도 떡이려니와 합이 더 좋다.
내용보다도 겉치장이 더 훌륭하다는 말.

떡도 떡이지만 합도 좋아야 한다.
내용도 좋아야 하지만 겉도 좋아야 한다는 말.

떡도 맏며느리가 주는 떡이 더 크다.
며느리가 많아도 역시 함께 사는 큰며느리가 제일 낫다는 뜻.

떡도 먹어 본 사람이 많이 먹는다.
무슨 일이나 많이 해본 사람이라야 능숙하게 한다는 뜻.

떡도 못 얻어먹는 제사에 무르팍이 벗어지게 절만 한다.
아무 소득도 없는 일에 죽도록 고생만 한다는 뜻.

떡도 주고, 밥도 준다.
굶주린 사람에게 떡과 밥을 주어 고맙게 잘 먹었다는 뜻.

떡 먹듯이 말한다.
말로는 푸짐하고 듣기 좋게 잘한다는 뜻.

떡 먹듯 한다.
떡 먹듯이 무슨 음식을 맛있게 먹는다는 뜻.

떡 먹은 값을 한다.
떡을 얻어먹고 그 값을 하듯이 남의 은혜를 갚는다는 뜻.

떡 먹은 꿈을 꾸면 감기 걸린다.
떡 먹는 꿈은 감기꿈이라 불길하다는 뜻.

떡 먹은 도둑놈이 증인 선다.
함께 도둑질해 먹은 놈이 증인을 서듯이, 증인 설 입장이 아닌 자가 증인을 선다는 말.

떡 먹은 입 쓰다듬듯 한다.
무슨 일을 하고도 시치미를 뚝 떼고 있다는 뜻.

떡메에 떡쌀 맞듯 한다.
떡판의 떡을 떡메로 치듯이 매를 호되게 맞는다는 뜻.

떡 못하는 년이 안반 탓한다.
자신의 결함은 감추고 엉뚱하게 핑계를 댄다는 뜻.

떡방아를 찧어도 옳은 방아를 찧어라.
기쁘고 신나는 일을 하여도 침착하게 해야 한다는 뜻.

떡방아 소리만 듣고도 김칫국 찾는다.
상대방의 의향도 모르고 제 짐작으로만 믿고 있다는 뜻.

떡보다 편이 낫다.
떡과 편은 동의어同義語이지만, 편이라고 하면 제사 때나 어른에게 드리는 떡을 말하는 것이기 때문에 낫다고 하듯이, 같은 것 중에서도 좋은 것이 있다는 말.
* 편: 떡을 점잖게 이르는 말.

떡보다 합이 좋다.
(1) 목적한 물건보다도 그 부속물이 더 좋다는 뜻.
(2) 일이 전도되었다는 뜻.

떡보 메고 배부르다는 격이다.
음식이 아무리 많아도 먹지 않으면 아무 소용이 없다는 뜻.

떡 본 귀신이다.
떡 본 귀신처럼 먹을 것을 보고 덤빈다는 뜻.

떡 본 김에 굿한다.
떡 본 김에 남의 덕으로 굿을 하듯이, 공것을 좋아하는 사람을 비유하는 말.

떡 본 김에 김칫국 마신다.
벼르던 일을 당하여 더욱 용기를 낸다는 뜻.

떡 본 김에 설 쇤다.
설 떡이 없어 설을 못 쇠던 참에 떡이 생겨 설을 쇠듯이, 남의 덕으로 행사를 한다는 뜻.

떡 본 김에 제사지낸다.
우연히 운 좋은 기회에 하려던 일을 해치운다는 뜻.

떡 본 도깨비다.
떡 본 도깨비처럼 음식을 맛있게 먹는다는 뜻.

떡 사먹은 셈 친다.
뜻밖의 손해를 입었을 때 자위하는 말.

떡 사먹을 양반은 눈만 봐도 안다.
눈치만 보면 상대방의 행동을 짐작할 수 있다는 뜻.

떡 삶은 물로 옷에 풀하기다.
버리는 물건을 유효하게 이용한다는 말.

떡 삶은 물에 중의 데친다.
(1) 폐물廢物을 잘 이용한다는 뜻.
(2) 한 가지 일을 하면서 다른 일을 겸해서 한다는 말.

떡 속의 가시다.
좋은 일에도 마魔가 있을 수 있다는 뜻.

떡시룻번을 먹으면 허리가 아프지 않다.
떡시룻번이 허리병 약이라는 속설에서 유래된 말.
* 떡시룻번: 떡시루를 솥에 안칠 때 그 틈에서 김이 새지 않도록 바르는 가루.

떡시루에 김이 오르기 전에 남이 들어오면 떡이 선다.
남의 집 시루떡 하는 데는 부정을 타기 때문에 떡이 다 되기 전에는 가지 말라는 뜻.

떡심이 좋다.
떡을 준 보람이 있다는 뜻.

떡심이 풀린다.
기대했던 일이 안 되어 허탈하다는 뜻.

떡쌀 담그라 하고 마을 간다.
남에게 일을 시켜 놓고 자신은 무책임하게 다른 일을 한다는 뜻.

떡 없는 제사에 절만 한다.
아무 이해관계가 없는 일에 헛수고만 하였다는 뜻.

떡에는 떡으로 대하고, 칼에는 칼로 대하라.
인정으로 대하는 사람에게는 인정으로 대하고, 힘으로 대하는 사람에게는 힘으로 대하라는 뜻.

떡에는 떡으로 치고, 들에는 들로 치랬다.
나를 이롭게 해주는 사람에게는 나도 후하게 대하고, 나를 해치는 사람에게는 나도 보복을 해야 한다는 뜻.

떡에는 별떡이 있지만 사람은 별사람 없다.
떡에는 여러 가지 종류가 있지만 사람은 큰 차가 없다는 뜻.

떡에 밥주걱이다.
일을 시켜 보면 그 일에 능숙한가 서투른가를 바로 알 수 있다는 뜻.

떡에 웃기떡이다.
떡을 담은 위에 웃기떡처럼 쓸데없는 것이란 뜻.
* 웃기떡: 떡을 그릇에 담고 그 위에 보기 좋게 하기 위하여 얹는 떡.

떡으로 치는 놈은 떡으로 치고, 돌로 치는 놈은 돌로 친다.
인정으로 대하는 사람에게는 인정으로 대하고, 힘으로 대하는 사람에게는 힘으로 대하라는 뜻.

떡으로 치는 놈은 떡으로 친다.
상대방의 태도에 따라 상응한 대우를 한다는 뜻.

떡은 갈수록 작아지고, 말은 갈수록 커진다.
음식은 보면 먹게 되고, 말은 하면 많아지게 된다는 뜻.

떡은 돌리면 줄고, 말은 돌리면 붓는다.
떡은 돌리면 떼먹어 줄게 되고, 말은 대화를 하면 많아지게 된다는 뜻.

떡은 돌아가면서 떼고, 말은 돌아가면서 보탠다.
떡을 돌리면 중간에서 먹는 사람이 있게 마련이고, 소문은 퍼지면서 커진다는 뜻.

떡은 떼고, 말은 보탠다.
떡은 옮겨질 적마다 먹게 되기 때문에 줄어들지만, 말은 전해질 적마다 보태지기 때문에 커진다는 뜻.

떡은 별떡 있지만 사람은 별사람이 없다.
떡에는 여러 가지 떡이 있지만 사람에는 별사람이 없다는 뜻.

떡은 송씨의 떡이 좋고, 술은 김씨의 술이 좋다(宋餠金酒).
예전에 떡은 회덕 송씨의 떡이 맛있고, 술은 연산 김씨의 술이 맛있었다는 데서 유래된 말.

떡은 시렁에 있고, 운은 하늘에 있다.
떡은 시렁에 얹혀 있고, 운은 하늘에서 준다는 뜻.

떡은 치고, 국수는 만다.
떡은 떡판에 쳐서 만들고, 국수는 국물에 만다는 뜻.

떡을 누워서 먹으면 팥고물이 떨어진다.
무슨 일을 편안하게 하려다가는 오히려 손해를 보게 된다는 뜻.

떡을 달라는데 돌을 준다.
떡 먹을 사람에게 돌을 주듯이 엉뚱한 짓을 한다는 뜻.

떡을 얻어먹으면 떡으로 갚으랬다.
남에게 은혜를 지거든 그만큼 보답하라는 뜻.

떡을 친다.
한 가지 일을 가지고 신물이 나도록 한다는 뜻.

떡 이기듯 한다.
떡을 이기듯이 한 가지 일을 가지고 오래 끈다는 뜻.

떡이 되든 밥이 되든 상관 말랬다.
남이야 어떤 일을 하든 간섭하지 말라는 뜻.

떡이 된다.
꼼짝도 못하고 큰 곤욕을 당한다는 뜻.

떡이 생기다.
생각지도 않은 떡이 생기듯이 횡재를 하였다는 뜻.

떡이 있어야 굿도 한다.
떡이 없이는 굿을 할 수가 없다는 뜻.

떡이 있어야 설도 쇤다.
설에는 떡국이 있어야 차례도 지내고 즐겁게 쇤다는 뜻.

떡이 있어야 제사도 지낸다.
제사에서 떡은 제물의 필수품이라는 뜻.

떡이 잘 안 되면 안반 탓한다.
자신의 솜씨가 없는 것은 모르고 엉뚱한 것을 탓한다는 뜻.

떡 잘라먹듯 한다.
남의 돈을 떡 잘라먹듯이 쓰고 갚지 않는다는 뜻.

떡 잘 안 되면 안반 탓한다.
잘못을 자신에게서 찾지 않고 엉뚱한 곳에서 찾는다는 뜻.

떡 장수 떡 안 먹고, 두부 장수 두부 안 먹는다.
늘 보고 만지는 음식은 별로 먹고 싶지 않다는 뜻.

떡 장수 떡 주무르듯 한다.
떡 장수가 떡을 주무르듯이 무슨 일을 자기 마음대로 한다는 뜻.

떡 장수 아들은 떡을 안 먹는다.
맛있는 음식도 항상 먹게 되면 맛이 좋은지를 모르게 된다는 말.

떡 주고 뺨 맞는다.
제 떡 주고 뺨 맞듯이 생색 없는 일을 한다는 뜻.

떡 주고 인심 잃는다.
제 것을 주어가며 인심까지 잃는 어리석은 짓을 한다는 뜻.

떡 주어 싫다는 사람 없다.
맛있는 음식을 주면 누구나 좋아하지 싫어할 사람이 없다는 뜻.

떡 줄 놈은 꿈도 안 꾸는데 군침만 삼키고 있다.
해줄 사람은 생각도 않는데 저 혼자 바라고 있다는 뜻.

떡 줄 놈은 생각도 않는데 김칫국 먼저 마신다.
해줄 사람은 아무 생각도 않는데, 저 혼자서 다 된 것처럼 알고 미리부터 기대하고 있다는 말.

떡 줄 사람에게는 묻지도 않고 김칫국부터 마신다.
일을 해줄 사람과는 아무 상의도 없이 저 혼자서 일이 다 된 것처럼 여기고 미리부터 기다리고 있다는 뜻.

떡 줄 사람은 꿈도 안 꾸는데 김칫국부터 마신다.
일을 해줄 사람은 생각지도 않고 있는데 저 혼자서 다 된 것처럼 미리부터 행동한다는 말.

떡 줄 사람은 말도 없는데 김칫국부터 마신다.
떡 줄 사람은 생각도 않는데 눈치도 없이 혼자서 좋아한다는 뜻.

떡 쥐고 뒷간으로 간다.
떡을 식구 모르게 먹기 위하여 뒷간으로 가듯이, 속여서 하는 일은 떳떳하지 못하다는 뜻.

떡 쥐어 주듯 한다.
떡을 주듯이 남에게 선심을 쓴다는 뜻.

떡 진 놈도 가고, 섬 진 놈도 간다.
(1) 모였던 사람들이 하나둘씩 흩어진다는 뜻.
(2) 세상에는 이런 사람도 있고 저런 사람도 있다는 뜻.

떡 진 놈 섬 진 놈 다 모인다.
별별 사람들이 한 곳으로 다 모인다는 뜻.

떡 진 놈이 춤을 추니까 말똥 진 놈도 춤을 춘다.
주책이 없는 사람은 남이 하는 대로 따라 한다는 뜻.

떡집에 가서 술 찾기다.
무슨 일을 잘 알아서 하지 않고 엉뚱한 짓을 한다는 뜻.

떡 찌다가 뒷간에 갔다 오면 부정탄다.
떡을 할 때는 깨끗하게 하고 정성을 들여야 떡이 잘 된다는 뜻.

떡친 데 엎드러진다.
무슨 일에 몰두하여 떠날 줄을 모른다는 뜻.

떡판에 엎드러진다.
어떤 일에 골몰하여 떠날 줄을 모르고 있다는 뜻.

떡 한 개로 귀신 백을 쫓는다.
뇌물은 적어도 그 효과는 크다는 뜻.

떡할 줄 모르는 년이 안반 탓만 한다.
자신의 결함은 감추고 엉뚱한 핑계를 댄다는 뜻.

떡할 줄 모르는 년이 함지 타령만 한다.
자신의 결함은 모르고 남을 원망한다는 뜻.

떡할 줄 모르는 아주머니가 안반 탓한다.
자신의 솜씨가 없는 것은 모르고 남만 탓한다는 뜻.

떡함지에 엎드러진다.
먹을 복이 있는 사람은 넘어져도 떡함지에 넘어져 떡을 먹게 된다는 뜻.

떡 해놓고 살풀이를 해야겠다.
못된 살로 인하여 두 사람 사이가 나쁘므로 떡을 해놓고 살을 풀어서 의가 좋도록 해야겠다는 뜻.
* 살: 악귀의 하나.

떡 해먹고 이웃 인심 잃는다.
인색한 행동을 하면 인심을 잃게 된다는 뜻.

떡 해먹어야겠다.
두 사람 사이가 나쁘기 때문에 떡이라도 해먹고 친해져야겠다는 말.

떡 해먹을 세상이다.
세상이 무질서하고 혼란하여 떡 해놓고 고사라도 지내야겠다는 뜻.

떡 해먹을 집안이다.
집안식구들이 서로 화목하지 못한 집이라는 말.

도구통 패서 떡 해먹을 집이다.
떡 해먹을 사람이 떡 하는 절구통을 패서 떡을 하듯이, 소견이 없고 옹졸한 행동을 비유하는 말.

도래떡은 안팎이 없다.
도래떡은 안팎이 없듯이, 잘못이 서로 비슷하여 무어라고 판단할 수가 없다는 뜻.

돈 없는 놈이 큰 떡 먼저 든다.
돈이 없으면 염치없는 짓을 한다는 뜻.

돌떡을 해주지 않으면 자주 넘어진다.
돌 때에는 돌떡을 해주고, 이웃에도 나누어 주어야 잘 자란다는 뜻.

돌로 치는 놈은 돌로 치고, 떡으로 치는 놈은 떡으로 치랬다.
힘으로 덤비는 놈은 힘으로 대하고, 인정으로 접근하는 사람은 인정으로 대하라는 뜻.

돌에는 수수떡(壽壽餠)을 해야 명이 길다.
돌 때에는 수수떡을 해야 어린아이의 명이 길다는 뜻.

두부 장수 두부 안 먹고, 떡 장수 떡 안 먹는다.
(1) 음식 장수는 자기가 파는 음식이 아까워서 먹지 않는다는 뜻.
(2) 늘 취급하는 음식은 먹고 싶지 않다는 뜻.

두 사람이 떡 해먹어야겠다.
두 사람 사이가 몹시 나쁘기 때문에 서로 화해하여야겠다는 뜻.

두 손에 든 떡이다.
(1) 두 가지의 좋은 일이 한꺼번에 생겼다는 뜻.
(2) 두 가지 일이 동시에 생겨서 어느것을 먼저 할지 모른다는 뜻.

뒷간에 빠진 사람은 떡을 해먹어야 한다.
뒷간에 빠진 사람은 뒷간에서 고사를 지내야 후환이 없다는 뜻.

들어오는 떡을 찍어먹어도 조청은 고아두어야 한다.
무엇이나 필요한 것은 미리 준비해 두어야 필요한 때 긴요히 쓸 수 있다는 뜻.

마지막 떡을 먹으면 끝난다. (제주도)
일은 막장 일을 하게 되면 끝이 난다는 뜻.

말로 떡을 하면 온 동네 사람들이 먹고도 남는다.
(1) 말로는 못하는 일 없이 다 할 수 있다는 뜻.
(2) 집행하지 않는 일은 아무 실속이 없다는 뜻.

말은 보태고, 떡은 뗀다.
말은 할수록 늘게 되고, 음식은 보일수록 줄게 된다는 뜻.

맛있는 떡 먹다가 맛없는 떡은 못 먹는다.
음식은 맛없는 것을 먼저 먹어야지 맛있는 것을 먼저 먹으면 맛없는 음식은 못 먹게 된다는 뜻.

먹기 싫은 판에 선떡 준다.
(1) 먹기 싫은 참에 선떡을 주어 오히려 잘 되었다는 뜻.
(2) 마음에 도무지 없다는 뜻.

먹는 떡에도 살 박아 먹으랬다.
자기가 먹을 떡이라도 할 것은 다하라는 뜻.

먹는 떡에도 소를 박으랬다.
자신이 먹을 떡에도 할 것은 다해서 먹으라는 뜻.

먹던 떡도 아니고, 보던 굿도 아니다.
모든 것이 생소하고 익숙하지 않다는 뜻.

먹을 떡에도 살 박아 먹는다.
자신이 먹을 음식에도 갖출 것은 다 갖추어야 제 맛이 난다는 뜻.

먹을 복이 있으면 우물가에서 백설기도 얻어먹는다.
식복이 있는 사람은 어디를 가도 먹을 것이 생긴다는 뜻.

메밀떡 굿에 쌍장구 친다.
하찮은 메밀떡을 놓고 큰굿을 하려고 하듯이, 분수에 맞지 않는 행동을 한다는 뜻

모기는 중양절重陽節 떡 먹고 죽는다.
모기는 중양절인 음력 9월 9일경이면 다 죽는다는 뜻.

못 먹는 떡 개나 준다.
서로 시비하는 물건은 둘 다 차지하지 못하고 남만 좋은 일 시킨다는 뜻.

못 먹는 떡에 침이나 뱉는다.
자기가 못 먹게 된 떡은 남도 못 먹게 심술을 부린다는 뜻.

못 먹는 떡 찔러나 본다.
못 먹는 떡은 심술이나 부린다는 뜻.

무식한 귀신은 떡 해놓고 빌어도 안 듣는다.
무식하고 고집이 센 사람은 어떤 방법으로도 설득할 수 없다는 뜻.

물 먹다가 사레 들리면 떡이 생긴다.
물 먹다가 사레가 들리면 그날 떡이 생길 길조라는 뜻.

미운 년이 떡함지로 덤빈다.
미운 사람은 미운 짓만 한다는 뜻.

미운 놈이 떡목판에 넘어진다.
미운 사람은 미움받을 짓만 한다는 뜻.

미운 아이 떡 하나 더 주랬다.
미운 사람은 따뜻하게 접대해서 미운 버릇을 고쳐 주어야 한다는 뜻.

미운 자식 떡 하나 더 주고, 예쁜 자식 매 한 대 더 때리랬다.
미운 자식은 떡을 주어 가까이해서 버릇을 바로잡고, 귀여운 자식은 귀여워만 하지 말고 엄하게 교육을 시키라는 뜻.

미운 자식 떡 하나 더 주랬다.
미운 자식은 미워하지 말고 따뜻하게 대해 주면서 미운 버릇을 고쳐야 한다는 뜻.

미음 한 사발에 떡 열 개라.
사람을 꾀어내기 위하여 하찮은 음식으로 유인한다는 뜻.

미친년 떡 퍼돌리듯 한다.
무슨 일을 계획도 없이 마구 한다는 뜻.

미친 척하고 떡목판에 넘어진다.
그럴듯한 핑계를 대고 실속을 차린다는 뜻.

밉다고 차니까 떡고리에 자빠진다.
미운 놈을 해친다는 것이 더 유리하게 만들어 더욱 분하게 되었다는 뜻.

밉다니까 떡 사먹고 서방질한다.
미운 사람은 미운 짓만 점점 더하게 된다는 뜻.

밥 군 것이 떡 군 것만 못하다.
음식은 음식에 따라 가공하는 방법이 각기 다르다는 뜻.

밥 속에 떡 들었다.
(1) 재수가 매우 좋다는 뜻.
(2) 좋은 일이 겹쳐 있다는 뜻.

밥숟갈에 떡 얹어 준다.
밥을 주면서 떡까지 주듯이 매우 고마운 사람이라는 뜻.

밥 위에 떡이다.
밥으로도 배가 부른데 떡까지 주어 더 바랄 것 없이 만족하다는 뜻.

밥으로 치를 나그네 떡으로 치른다.
손님은 손님 신분에 알맞은 접대를 해야 한다는 뜻.

밥을 치면 떡이 되지만, 애매한 사람을 치면 도둑이 된다.
밥을 치면 흰떡이 되지만, 멀쩡한 사람을 고문하여 죄인을 만들어서는 안 된다는 뜻.

밥을 치면 떡이 된다.
밥을 치면 밥 아닌 떡이 된다는 뜻.

밥이 되든 떡이 되든 상관 말랬다.
남의 일이야 어떻게 되든 간섭하지 말라는 뜻.

밥 주고 떡 준다.
밥도 주고 떡도 주면서 후대한다는 뜻.

방판수 떡자루 잡듯, 장님 북자루 잡듯 한다.
옛날 방판수라는 사람이 무슨 물건이나 한 번 잡으면 놓지 않았듯이, 변통성이 전혀 없다는 뜻.

방판수 떡자루 잡듯 한다.
무슨 물건을 한 번 잡으면 놓을 줄을 모르고 붙들고만 있듯이, 융통성 있게 할 줄을 모른다는 뜻.

배부른데 선떡 준다.
배가 부를 때 선떡을 주면 아무 고마움을 못 느끼듯이, 생색이 나지 않는 짓을 한다는 뜻.

병풍에 그린 떡이다.
보기는 해도 아무런 실속이 없다는 뜻.

보고도 못 먹는 것은 그림의 떡이다.
뻔히 보는 것이지만 자기 소유물로 안 된다는 뜻.

보고도 못 먹는 떡이다.
(1) 그림의 떡과 같이 보고도 못 먹는 것은 아무 소용도 없다는 뜻.
(2) 헛되이 애만 태운다는 뜻.

보고도 못 먹는 장떡〔醬餠〕이다.
떡은 떡이라도 별로 탐탁하지 않은 떡이라는 뜻.

보기 좋은 떡이 맛도 있다.
물건은 외모가 보기 좋은 것이 쓸모도 있다는 뜻.

보기 좋은 떡이 먹기도 좋다.
보기 좋은 떡은 맛도 좋고 먹기도 좋다는 뜻.

봉홧불에 떡 구워먹는다.
(1) 행동이 매우 민첩하다는 뜻.
(2) 되지도 않을 짓을 한다는 뜻.

부모 말을 들으면 자다가도 떡이 생긴다.
어른 말을 들으면 이로운 일만 생긴다는 뜻.

부잣집 떡가래가 작다.
부잣집은 누구나 다 인색하다는 뜻.

부잣집 떡 돌리듯 한다.
부잣집은 식량이 넉넉하기 때문에 떡을 하면 동네 사람들에게 다 돌린다는 뜻.

부잣집 잔치떡 나누어 먹듯 한다.
부잣집 잔치에 떡을 나누어 먹듯이 무슨 물건을 흔하게 나누어 쓴다는 뜻.

붉은 팥고물떡은 제사에 안 쓴다.
귀신은 붉은 팥을 싫어하기 때문에 제삿떡에는 붉은 팥고물을 쓰지 않고 흰 고물을 쓴다는 뜻.

비싼 떡은 안 사먹으면 그만이다.
제가 싫으면 하지 않으면 된다는 뜻.

비위가 떡판에 가 넘어지겠다.
비위가 좋으면 떡판에 넘어진 척하고 염치없이 떡을 먹는다는 뜻.

비위가 떡함지에 자빠지겠다.
비위가 매우 좋은 사람을 비유하는 말.

비위가 사돈네 떡함지에 넘어지겠다.
비위가 매우 뻔뻔스러운 사람을 비유하는 말.

비지떡도 끼 에워먹는다.
비록 좋지 못한 음식이나마 때 에워먹는다는 뜻.

비지떡 먹은 배는 약과도 마다한다.
맛없는 음식이라도 배불리 먹으면 맛있는 음식도 못 먹게 된다는 뜻.

사돈할머니 떡도 싸야 사먹는다.
세상 만사는 친분보다도 이해관계가 앞선다는 뜻.

사람은 정으로 사귀고, 귀신은 떡으로 사귄다.
사람은 인정으로 사귀어야 하고, 귀신은 떡을 좋아하기 때문에 떡으로 대접해야 한다는 뜻.

삭차례朔茶禮 떡맛 보듯 한다.
매월 음력 초하룻날 사당에서 지내는 삭차례 때 떡맛을 보듯이, 음식을 조금 먹었을 때 이르는 말.

산지 자갈이 떡이라도 먹는 놈이 없으면 무용이다.
(1) 물건이 아무리 많아도 쓰는 사람이 없으면 아무 소용이 없다는 뜻.
(2) 사람이 있고 물건이 있다는 뜻.

3년 굶은 놈이 겨떡 나무라지 않는다.
굶주린 사람은 좋고 나쁜 떡을 가리지 않는다는 뜻.

서낭당 떡을 먹으면 재수가 있다.
서낭당에 있는 떡이나 고사떡을 먹으면 그날 재수가 있다는 속설에서 유래된 말.

서낭에 떡 놓고 벼락맞는다.
천벌받을 죄를 진 사람은 서낭에 고사를 해도 영험이 없다는 뜻.

선반에서 떨어진 떡이다.
힘도 안 들이고 손쉽게 이득을 보았다는 뜻.

섣달 그믐에 떡 치듯 한다.
(1) 예전에는 섣달 그믐이 되면 떡 치는 소리가 사방에서 났다는 뜻.
(2) 매를 떡 치듯이 늘씬 맞았다는 뜻.

섣달 그믐에 흰떡 맞듯 한다.
사지를 못 쓰도록 매를 늘씬 맞았다는 뜻.

설 떡국 먹는 데만 찾아다녔나?
외양보다 나이가 많은 사람에게 하는 말.

소경이 떡자루 잡듯 한다.
소경이 떡자루를 놓칠까봐 꼭 잡고 있듯이 무엇을 힘써 쥐고 있다는 뜻.

속 먹자는 만두요, 겉 먹자는 송편이다.
만두는 속이 맛있고, 송편은 겉이 맛있다는 뜻.

쇠똥이 지짐떡으로 보인다.
굶주린 사람에게는 모든 것이 음식처럼 보인다는 뜻.

쇠뿔도 단 김에 빼고, 호박떡도 더운 김에 먹으랬다.
무슨 일을 할 때는 좋은 기회를 놓치지 말고 즉시 행동으로 옮기라는 뜻.

수수떡을 해먹어야 하겠다.
두 사람 사이를 친하게 하기 위하여 수수떡을 해먹어야 하겠다는 뜻.

수수팥떡은 안팎이 없다.
(1) 안팎의 구별이 없다는 뜻.
(2) 어른 아이도 모른다는 뜻.

술은 남촌 술이 좋고, 떡은 북촌 떡이 좋다.
옛날 조선시대 장안에서 술은 남촌 술이 좋았고, 떡은 북촌 떡이 좋았다는 뜻.

술집에 가서 떡 달란다.
물정도 모르고 엉뚱한 짓만 한다는 뜻.

쉰떡 사돈 준다.
주고도 치사를 못 받을 짓을 한다는 말.

쉰떡에도 팥고물은 든다.
아무리 변변치 못한 것을 해도 들어갈 것은 다 들어가야 한다는 뜻.

시루 안 떡도 먹어야 먹는 것이다.
아무리 쉬운 일이라도 노력을 하지 않으면 제 것이 되지 않는다는 말.

시사時祀떡 나누어 먹듯 한다.
가을에 시제를 지낸 뒤에 그 음식을 참석자에게 전부 나누어 주듯이, 음식을 고루 나누어 먹는다는 뜻.

식복이 있으면 넘어져도 떡함지에 넘어진다.
식복이 있는 사람은 일이 안 될 때도 먹을 것이 생긴다는 뜻.

식복 있는 놈은 자빠져도 떡판에 자빠진다.
식복이 있는 사람은 어떤 환경에서도 먹을 기회가 생긴다는 뜻.

식은떡 떼어먹듯 한다.
어려워하는 기색 없이 예사로이 행동한다는 뜻.

싫은데 선떡 준다.
(1) 싫은 것이 더욱 싫어진다는 뜻.
(2) 거절할 구실이 좋듯이 하기 쉽다는 뜻.

쑥떡 같은 말을 해도 찰떡같이 알아들어라.
상대방이 설령 말을 잘못할지라도 너그럽게 이해하고 들으라는 뜻.

쑥떡 먹고 쓴소리만 한다.
듣기 싫은 소리만 할 때 핀잔하는 말.

쑥떡이나 먹어라.
쑥떡이나 먹고 화를 풀라는 뜻.

아는 떡에도 살 박아 먹으랬다.
친한 처지라도 허술하게 대접해서는 안 된다는 뜻.

아닌 밤중에 웬 떡이냐?
뜻밖에 좋은 일이 생겼다는 말.

아닌 밤중에 웬 찰시루떡이냐?
뜻밖에 좋은 일이 생겼다는 뜻.

아이가 가진 떡도 빼앗아먹겠다.
탐욕스럽고 염치가 없는 좀스러운 사람을 비유하는 말.

아이가 가진 떡이다.
(1) 약한 사람이 가진 것을 강제로 빼앗아서는 안 된다는 뜻.
(2) 보고도 어쩔 수가 없다는 뜻.

아이들은 많고 도래떡은 적다.
아이들의 수보다 그 먹을 떡이 적듯이, 일하기가 난처하다는 뜻.

아주미 떡도 싸야 사먹는다.
친분보다도 이해관계가 앞선다는 뜻.
* 아주미: 아주머니의 낮춤말.

안팎이 없는 수수팥떡이다.
(1) 수수팥떡에는 안과 밖이 따로 없다는 뜻.
(2) 상하의 구별이 없다는 뜻.

앉은뱅이 떡 돌리듯 한다.
앉은뱅이가 떡을 돌리듯이 되지도 않을 일을 시킨다는 뜻.

양손에 든 떡이다.
(1) 너무 좋아서 어느것을 먼저 해야 할지 모른다는 뜻.
(2) 두 가지 일이 동시에 생겨서 어느것을 먼저 해야 할지 모른다는 뜻.

양식 주고 떡 사먹는다.
살림살이를 못하는 여자를 비유하는 말.

어느 떡이 더 싼지 모른다.
어느 사람의 말이 옳은지 모른다는 뜻.

어른 말을 들으면 자다가도 떡이 생긴다.
어른 말을 들으면 이로운 일이 생긴다는 뜻.

어린아이 떡도 빼앗아먹겠다.
체면도 없고 염치도 없이 제 욕심만 채우는 사람을 비유하는 말.

어린아이 생일에는 수수떡을 해주어야 길하다.
어린아이 생일에는 열 살 때까지 수수떡을 해주어야 명이 길다는 뜻.

어린아이 코 묻은 떡도 빼앗아먹는다.
체면도 없고 염치도 모르는 사람을 조롱하는 말.

언제 내 떡 먹었으냐 한다.
신세를 지고도 모르는 척한다는 뜻.

언제 먹자는 찹쌀떡이냐?
아무리 좋은 물건이라도 필요할 때 쓰지 않고 두면 무슨 소용이 있느냐는 뜻.

얻어먹는 놈이 큰 떡 먼저 든다.
굶주린 사람은 음식을 보면 염치도 모른다는 뜻.

얻은 떡이 두레 반이다.
여기저기서 조금씩 얻은 것이 의외로 많다는 뜻.

없는 놈이 자 두 치 떡을 즐긴다.
굶주린 사람은 체면도 모르고 염치도 없다는 뜻.

없으면 맏아들 돌떡도 못해 준다.
돈이 없으면 자기가 할 도리도 못한다는 뜻.

여름 떡은 꿈에만 봐도 살찐다.
여름철에 가난한 사람은 보리 양식도 제대로 없는 터라 꿈에라도 떡을 보면 좋겠다는 뜻.

여름 떡은 보기만 해도 살찐다.
여름철에는 부자가 아닌 사람은 쌀이 없어서 떡 해먹을 엄두도 못낸다는 뜻.

열 살까지는 생일에 수수떡을 해주어야 한다.
열 살이 될 때까지는 생일에 수수떡을 해주어야 무병하게 잘 자란다는 뜻.

오는 떡이 두터워야 가는 떡도 두텁다.
보내오는 것이 후하면 갚는 것도 후하게 된다는 뜻.

오는 떡이 커야 가는 떡도 크다.
보내오는 것이 후하면 이것을 갚는 것도 저절로 후하게 된다는 뜻.

오목천梧木川 떡같이 싸다.
옛날 천안의 오목천 떡이 싸고도 맛이 좋아 유명한 데서 유래된 말로서, 물건값이 싼 것을 비유하는 말.
* 오목천: 충청남도 천안에 있는 지명.

외조모 떡도 커야 사먹는다.
아무리 가까운 사람이 파는 물건이라도 싸야 산다는 뜻.

외할머니 떡도 싸야 사먹는다.
물건 거래는 촌수보다도 실속이 있는 곳에서 산다는 뜻.

우는 아이에게 떡 준다.
먹을 것도 자신이 노력해야 얻어진다는 뜻.

우는 자식 떡 하나 더 준다.
떼를 쓰는 자식에게는 더 주게 된다는 뜻.

우물 길에서 반설기 받는다.
식복이 있는 사람은 우연히 먹을 것이 생긴다는 뜻.

운은 하늘에 있고, 떡은 시렁에 있다.
운수가 좋고 나쁜 것은 하늘에서 정해 주는 것이고, 시렁의 떡은 자신이 노력하면 먹을 수 있다는 뜻.

울지 않는 아이 떡 주랴.
일하지 않는 사람에게는 보수가 없다는 뜻.

움 안에서 떡 받는다.
뜻밖에 좋은 물건을 얻었을 때 하는 말.

웬 떡이냐?
뜻밖에 좋은 일이 생겼다는 뜻.

의붓아비 떡 치는 데는 가도 친아비 도끼질하는 데는 가지 말랬다.
도끼질하는 앞은 위험하기 때문에 가지 말라는 뜻.

이게 웬 떡이냐.
식복이 있어서 뜻밖에 음식을 먹게 되었다는 뜻.

이 떡 먹고 말 말아라.
이익을 나누어 주면서 비밀을 발설하지 말라는 뜻.

이 떡 먹고 말하지 말라는 말까지 한다.
입이 가볍고 말전주를 잘하는 사람을 두고 하는 말.

이사 가는 날 시루떡을 해먹으면 길하다.
이사를 가서 떡을 해 고사를 지내고, 이웃에 나누어 주면 좋은 일이 생긴다는 뜻.

이웃집 고사떡이 더 맛있다.
음식은 남의 집에서 조금 가져온 것이 더 맛있다는 뜻.

이웃집 떡이 더 커보인다.
같은 물건이라도 남의 것은 탐욕이 난다는 뜻.

이 장 떡이 더 크니 저 장 떡이 더 크니 한다.
두 개의 물건이 있을 때는 어느것이 좋은가 고르게 된다는 뜻.

이 장 떡이 더 큰가 훗장 떡이 더 큰가는 두고 봐야 안다.
어느쪽이 유리한가는 결과를 두고 봐야 안다는 뜻.

이 장 떡이 싼지 저 장 떡이 싼지는 가봐야 안다.
무슨 일이나 남의 말을 들을 것이 아니라 직접 가봐야 확실히 안다는 뜻.

이 장 떡이 큰가 저 장 떡이 큰가 한다.
이쪽이 유리한가 저쪽이 유리한가 망설이고만 있다는 뜻.

인절미에 조청 찍은 맛이다.
좋은 것이 더욱 좋아져서 마음이 흐뭇하다는 뜻.

인절미에 팥고물 묻히듯 한다.
무슨 일이 서로 잘 조화가 된다는 뜻.

일이 잘 될 때는 넘어져도 떡함지에 엎어진다.
재수가 있을 때는 자빠져도 떡함지에 자빠져 떡을 먹게 된다는 뜻.

입에 넣어 준 떡도 못 먹는다.
먹여 주는 음식도 못 먹을 정도로 무능하다는 뜻.

입에 맞는 떡은 귀하다.
자기 비위에 꼭 맞는 일은 드물다는 뜻.

입에 맞는 떡은 드물다.
자기 입맛에 맞는 음식은 드물다는 뜻.

입에 맞는 떡이다.
자기 구미에 맞는 가장 좋은 음식이라는 뜻.

입에 맞는 떡이 없다.
자기 일이나 마음에 드는 일은 매우 드물다는 뜻.

입에 문 떡도 못 먹는다.
제 입에 들어간 음식도 못 먹을 정도로 무능하다는 뜻.

자다가 얻은 떡이다.
재수가 있는 사람은 뜻밖에 횡재를 하게 된다는 뜻.

자던 중도 떡이 다섯 개란다.
한 일은 없어도 이익분배를 받는다는 뜻.

작년에 먹은 오려 송편이 넘어온다.
먹었던 것이 넘어올 정도로 아니꼽다는 뜻.
* 오려: 철이 이르게 익는 벼. 〈올벼〉의 옛말.

장님 떡자루 감추듯 한다.
장님이 떡자루를 감추어도 다 볼 수 있듯이 하나마나한 짓을 한다는 뜻.

장에 가서 선떡 사먹고 집에 와서 계집 팬다.
제가 잘못하고도 화풀이는 애매한 아내에게 한다는 뜻.

장지葬地의 떡이다.
장례 때 산에서 먹는 떡이 맛이 있다는 뜻.

저 먹기 싫은 떡 남 주자니 아깝다.
인색하고 욕심 많은 사람은 저 먹기 싫은 떡도 남을 안 주고 썩힌다는 뜻.

저 사람 떡 주라는 것이 저 떡 달라는 말이다.
무슨 말을 노골적으로 하지 않고 간접적으로 한다는 뜻.

저절로 입에 들어오는 떡 없다.
사람은 일을 하지 않으면 굶어죽게 된다는 뜻.

전병煎餅이다.
일이 잘못되어 전병과 같이 납작하게 되었다는 뜻.

절구질로 찐 흰떡은 제사에 안 쓴다.
제사용 흰떡은 떡판에 쳐서 깨끗하고 맛있게 해야 한다는 뜻.

절구통을 패서 떡 해먹는다.
상하 없이 늘 싸움만 하고 가정불화만 일으키는 집을 비유하는 말.

절편絶編은 갈라먹으면 싸운다.
절편은 끊어서 만든 흰떡이기 때문에 이것을 갈라먹으면 의절한다는 뜻.

정월 초하룻날 떡은 보름날까지 먹어야 길하다.
설떡은 많이 해서 보름까지 명절로 노는 동안에 먹고 즐긴다는 뜻.

정이 찰떡 같다.
찰떡처럼 떨어지지 않고 붙은 친한 사이라는 뜻.

제 나락 주고 제 떡 사먹기다.
제 돈 주고 제 떡 사먹듯이 손익이 없다는 뜻.

제 떡 먹기다.
(1) 남의 간섭을 받지 않는다는 뜻.
(2) 이득도 손해도 없다는 뜻.

제삿떡도 커야 귀신이 좋아한다.
음식은 넉넉하게 주어야 먹는 사람이 좋아한다는 뜻.

제삿떡에는 붉은 팥고물을 쓰지 않는다.
제삿떡에 붉은 팥고물을 쓰면 귀신이 피로 보고 되돌아간다는 속설에서 유래된 말.

제상祭床에 놓는 떡도 커야 귀신이 좋아한다.
누구나 음식을 배부르게 먹으면 기뻐한다는 뜻.

주는 떡도 못 받아먹는다.
남이 거저 주는 것도 못 받는 못난 사람이라는 뜻.

주는 떡이나 받아먹어라.
욕심내지 말고 자기 것이나 잘 간수하라는 뜻.

죽은 놈 손의 떡도 **빼앗아먹겠다**.
탐욕이 많고 염치도 없는 사람을 조롱하는 말.

준 떡이나 받아먹어라.
욕심내지 말고 제 몫이나 잘 간수하라는 뜻.

찍어 놓은 절편쪽 같다.
절편에 떡살을 찍은 듯이 분명하다는 뜻.

차비 사흘에 제 떡이 된다.
여러 날 공을 들여 만든 떡이라는 뜻.

천하를 떡 주무르듯 한다.
세상을 주름잡을 수 있는 권세를 가졌다는 뜻.

코 묻은 떡도 빼앗아먹는다.
어린아이 떡도 빼앗아먹을 정도로 다랍고 치사하다는 뜻.

콩 켜 팥 켜다.
시루떡 고물에 콩고물도 놓고 팥고물도 놓듯이 무질서하다는 뜻.

큰 떡만 고른다.
이것저것 큰 것만 고르며 욕심을 낸다는 뜻.

큰 떡만 차지한다.
먹는 데 욕심이 많은 사람을 비유하는 말.

큰 떡은 제 앞에 놓는다.
분배할 때 공평히 하지 않고 제 욕심만 낸다는 뜻.

큰어미 제사에 작은어미 떡 먹듯 한다.
원수처럼 지내던 큰어미가 죽자 작은어미는 속으로 기분이 좋아서 제삿떡을 많이 먹는다는 뜻.

큰일이 나면 떡 해먹어야 한다.
큰일이 생기면 떡을 해놓고 고사를 지내야 한다는 뜻.

턱이 가려우면 떡이 생긴다.
아래턱이 가려운 것은 떡이 생길 길조라는 뜻.

편보다 떡이 낫다.
같은 것 중에서도 이것보다 저것이 낫다는 뜻.

평생 소원이 콩고물 인절미다.
소원이 겨우 콩고물 인절미이듯이 소원이 변변치 못하다는 뜻.

한 되 떡에도 고물은 든다.
많으나 적으나 있을 것은 다 있어야 한다는 뜻.

한 되 떡에 한 말 고물이다.
마땅히 적어야 할 것이 많았을 때 이르는 말.

한석몽韓石峰 어머니 떡 썰 듯한다.
한석봉 어머니가 어두운 밤에 떡을 일정하게 썰 듯이 솜씨가 매우 능숙하다는 뜻.
* 한석봉: 조선 선조 때의 명필.

한 푼도 없는 놈이 두 돈 오 푼 떡을 즐긴다.
돈도 없는 주제에 먹는 데는 욕심을 낸다는 뜻.

한 푼도 없는 놈이 자 두 치 떡을 찾는다.
돈도 없으면서 자기 처지에 맞지 않게 남용한다는 뜻.

한 푼도 없는 놈이 큰 떡은 먼저 든다.
돈 없는 놈이 먹는 데는 염치없이 덤빈다는 뜻.

할아버지 떡도 커야 사먹는다.
물질에 있어서는 촌수보다도 이해관계에서 좌우된다는 뜻.

호박떡은 더워서 먹어야 한다.
호박떡은 식으면 맛이 없어진다는 뜻.

훗장 떡이 클지 작을지는 두고 봐야 안다.
미래의 일은 아무도 예측할 수 없다는 뜻.

흉년 떡도 많으면 싸다.
아무리 귀중한 물건이라도 많으면 값이 헐하게 된다는 뜻.

흉년 떡은 꿈에만 봐도 살찐다.
흉년에는 밥도 없어서 굶는 때라 떡을 먹기가 매우 어렵다는 뜻.

흉년 떡은 보기만 해도 살찐다.
흉년에는 죽도 먹기가 어려운 때라 떡은 부자가 아니고서는 맛볼 수 없기 때문에 떡만 봐도 흐뭇한 마음이 든다는 뜻.

흉년에 떡맛 보기다.
(1) 흉년에는 밥도 못 먹을 때라 떡맛을 보기는 더욱 어렵다는 뜻.
(2) 되지도 않을 일은 생각도 하지 말라는 뜻.

흰떡에도 고물이 든다.
인절미에도 팥고물이나 콩고물이 들 듯이 쌀만 가지고는 안 된다는 뜻.

흰떡에 소가 든다.
흰무리(백설기)를 하는 데도 쌀만 가지고 되는 것이 아니라 팥·대추·밤 등 여러 가지가 든다는 뜻.

흰떡집에 산병散餠 맞추기다.
산병은 흰떡집에서 만들기 때문에 틀림없이 만들 수 있다는 뜻.
* 산병: 흰떡의 한 가지.

22 내 떡

내 떡 나 먹었거니 한다.
자신에게 잘못이 없으니 상관이 없다는 뜻.

내 떡 언제 먹었느냐 한다.
남의 은덕을 입고도 잊고 만다는 뜻.

내 떡은 작고 남의 떡은 커보인다.
사람은 욕심이 있기 때문에 제 것보다 남의 것이 좋아 보인다는 뜻.

내 떡이 두 개면 남의 떡도 두 개다.
내가 남에게 떡을 준 대로 남도 나에게 떡을 주듯이, 대인관계에 있어서는 내 태도에 따라 상대방의 태도가 결정된다는 말.

내 떡이 크면 남의 떡도 커진다.
내가 남을 후하게 대접하면 남도 나를 후하게 대접한다는 뜻.

내 떡이 한 개면 남의 떡도 한 개다.
선물은 서로 비슷하게 주고받는다는 뜻.

네 떡 너 먹고, 내 떡 나 먹는다.
물질관계에 있어서는 서로 분명해야 한다는 뜻.

네 떡이 두터우면 내 떡도 두텁다.
한 사람이 후대하게 되면 상대방도 따라서 후대하게 된다는 뜻.

네 떡이 크면 내 떡도 크다.
네가 후하게 하면 나도 후하게 한다는 말.

네 떡이 한 개면 내 떡도 한 개다.
네가 하는 대로 나도 너를 대우한다는 뜻.

제 떡 먹기다.
이득도 없고 손해도 없다는 뜻.

23
남의 떡

남의 떡 가지고 낯낸다.
남의 음식으로 생색을 낸다는 뜻.

남의 떡 먹는데 팥고물 떨어지는 걱정한다.
남의 떡 먹는데 팥고물이 떨어지는 걱정을 하듯이, 공연히 남의 일에 쓸데없는 걱정을 한다는 뜻.

남의 떡방아에 키 들고 달려간다.
부탁하지 않은 일이라도 잇속이 있는 일에는 자청하여 도와 준다는 뜻.

남의 떡으로 굿한다.
남의 떡으로 굿을 하듯이 남의 덕에 일을 한다는 뜻.

남의 떡으로 선심 쓴다.
남의 것을 가지고 생색은 제가 낸다는 뜻.

남의 떡으로 설 쇤다.
남의 은덕으로 일을 이루게 되었다는 말.

남의 떡으로 제사지낸다.
(1) 남의 덕을 입어 일을 하게 되었다는 말.
(2) 제 것은 아끼면서 남의 것은 공으로 탐낸다는 뜻.

남의 떡은 빼앗아도 남의 복은 못 뺏는다.
복은 자기가 타고난 것이기 때문에 신성불가침한 것이라는 뜻.

남의 떡이 더 커보인다.
자기의 것보다 남의 물건이 더 좋아 보인다는 뜻.

남의 떡함지에 넘어진다.
일부러 남의 떡함지에 넘어져서 떡을 집어먹듯이 비위가 몹시 좋다는 말.

남의 손에 있는 떡이 더 커보인다.
누구나 욕심이 있기 때문에 남의 것이 제 것보다 좋아 보인다는 뜻.

남이 떡 먹는데 팥고물 떨어지는 걱정한다.
남의 일에 쓸데없는 걱정을 한다는 말.

남이 먹는 팥떡에 고물 떨어지는 걱정하는 격이다.
남의 일에 쓸데없는 걱정을 한다는 뜻.

네 떡 나 먹었더냐 한다.
(1) 제가 일을 저질러 놓고 시치미를 뗀다는 뜻.
(2) 가만히 하고 있기만 한다는 뜻.

네 떡 나 모른다.
(1) 남의 일에 나는 관여하지 않았다는 뜻.
(2) 모르는 척하고 방관한다는 뜻.

24
개떡

개떡 같다.
맛없는 개떡같이 질이 가장 나쁘다는 뜻.

개떡같이 주무른다.
개떡을 마구 다루듯이 사람을 무시하고 천대한다는 뜻.

개떡도 끼 에워먹는다.
남들은 하찮게 여기지만 당사자에게는 대단히 소중한 것이라는 뜻.

개떡도 떡은 떡이다.
아무리 못난 사람이라도 사람은 사람이라는 뜻.

개떡 먹기다.
일하기가 매우 수월하다는 말.

개떡 먹던 입에도 찹쌀떡 먹을 날이 있다.
가난한 사람도 언젠가는 잘 살 날이 있다는 뜻.

개떡에도 고물 든다.
하찮은 일을 하더라도 밑천이 있어야 한다는 뜻.

개떡에 입천장 덴다.
변변치 않은 것에 큰 손해를 보았다는 뜻.

남은 개떡을 먹어도 끼 에워먹는다.
남이 가지고 있는 것은 변변치 않은 것 같지만 본인으로서는 대단히 귀중한 것이라는 말.

먹다 보니 개떡이다.
배가 고팠을 때는 맛있게 먹었는데 먹고 나서 보니 개떡이듯이, 시장했을 때는 무슨 음식이나 맛이 있다는 뜻.

음식 같지 않은 개떡에 입천장만 덴다.
하찮은 음식을 먹다가 입 안만 데어 손해를 보았다는 뜻.

평생 소원이 보리개떡이다.
맛없는 개떡이지만 없는 사람에게는 잊을 수 없다는 뜻.

25
보리떡

보리개떡도 떡은 떡이고, 의붓아비도 아비는 아비다.
진짜가 없을 때는 가짜도 진짜 노릇을 하게 된다는 뜻.

보리개떡은 씁쓸한 맛으로 먹는다.
보리개떡은 맛으로 먹는 것이 아니라 굶주림을 면하기 위하여 먹는다는 뜻.

보리떡도 떡은 떡이고, 계모도 어미는 어미다.
보리떡이 비록 맛은 없어도 떡은 떡이고, 계모가 정은 없어도 어미는 어미라는 뜻.

보리떡도 떡은 떡이다.
아무리 나쁜 물건이라도 물건은 물건이라는 뜻.

보리떡도 떡이라 할까, 의붓아비도 아비라 할까?
보리떡은 떡답지 못하고 의붓아비는 아비답지 못하듯이 만족할 수 없는 존재라는 뜻.

보리떡에 쌍장구 친다.
보리떡 굿에 쌍장구를 치듯이 격에 맞지 않는다는 뜻.

보리떡이 떡이냐, 의붓아비가 아비냐.
보리떡은 떡 같지 않고, 의붓아비는 아비 같지 않다는 뜻.

보리떡이 떡이냐, 청국장이 장이냐.
보리떡은 떡 구실을 못하고, 청국장은 장 구실을 못한다는 뜻.

제 보리로 제 떡 사먹기다.
이득도 없고 손해도 없는 일이라는 뜻.

죄기떡(보리떡) 반쪽 보고 종달리終達里 따라간다. (제주도)
보리떡 한쪽 얻어먹으려고 북제주군 구좌면 종달리까지 먼길을 간다는 뜻.

청국장이 장이냐, 보리떡이 떡이냐.
청국장은 장 구실을 못하고, 보리떡은 떡 구실을 못한다는 뜻.

평생 소원이 보리개떡이다.
(1) 굶주림에 시달린다는 뜻.
(2) 항상 궁상스러운 소리만 한다는 뜻.

흉년에 보리개떡도 많으면 싸다.
귀한 물건이라도 많아지면 값이 싸게 된다는 뜻.

26
수수떡

돌떡에는 수수떡을 해주어야 명이 길다.
수수떡은 수수떡(壽壽餠)이기 때문에 돌 때 해먹이면 명을 길게 해준다는 뜻.

수수떡을 해먹어야겠다.
두 사람 사이를 친밀히 하기 위하여 수수떡을 해먹어야 한다는 뜻.

수수팥떡은 안팎이 없다.
(1) 안팎의 구별이 없다는 뜻.
(2) 어른 아이도 모른다는 뜻.

아이들 생일에는 수수떡을 해주어야 한다.
아이들 생일에는 수수떡을 해주어야 장수한다는 뜻.

안팎이 없는 수수팥떡이다.
(1) 수수팥떡은 안과 밖의 구별이 없다는 뜻.
(2) 위아래를 모른다는 뜻.

열 살까지는 돌에 수수떡을 해주어야 한다.
아이들은 열 살 때까지 수수떡을 해주어야 아이가 수壽를 누린다는 뜻.

27
봄떡

봄 떡은 꿈에만 봐도 살찐다.
봄에는 식량이 없어 굶주리고 있을 때라 꿈에 떡만 봐도 살찔 것 같다는 말로서, 봄 떡은 대단히 귀하다는 뜻.

봄 떡은 들어앉은 샌님도 먹는다.
봄 떡은 점잖은 영감님도 잘 먹는다는 뜻.

봄 떡은 버짐에도 약이다.
봄 떡을 먹으면 살이 쪄서 피부도 고와진다는 뜻.

봄 떡은 보기만 해도 살찐다.
봄에는 식량이 없어서 밥도 못해 먹는 때라 떡이 매우 귀하다는 뜻.

봄 떡은 산삼 먹은 폭이나 된다.
굶주린 사람이 봄에 떡을 먹으면 산삼 먹은 것처럼 건강이 회복된다는 뜻.

봄 떡은 술 좋아하는 생원님도 먹는다.
평소에는 떡을 안 먹던 애주가 영감도 봄 떡은 귀하기 때문에 먹는다는 뜻.

봄 떡은 장리곡長利穀 주고도 사먹는다.
봄 떡은 귀하기 때문에 매우 먹고 싶어서 장리곡을 얻어서 사먹게 된다는 뜻.

28 송편

반달 같은 송편이다.
아름다운 반달처럼 고운 송편이라 맛도 좋아 보인다는 뜻.

송편 예쁘게 빚으면 예쁜 딸 낳는다.
송편을 예쁘게 만들라는 데서 전해 오는 말.

송편으로 목을 따 죽을 일이다.
같잖은 일로 분을 못 참는 사람을 조롱하는 말.

작년 추석에 먹은 오려 송편이 나온다.
하도 아니꼬워서 뱃속이 뒤집힐 것 같다는 뜻.

작년 8월 추석에 먹은 송편이 넘어오겠다.
너무도 아니꼬운 일을 당하여 음식이 넘어올 정도로 참을 수가 없다는 뜻.

푼주의 송편맛이 뚜껑의 송편맛만 못하다.
많고 호화로운 음식이 정이 담긴 초라한 음식만 못하다는 뜻.

29
흰떡

먹을 복이 있으면 우물가에서 백설기를 얻어먹는다.
먹을 복이 있으면 물 길러 갔다가도 떡이 생긴다는 뜻.

섣달 그믐에 흰떡 맞듯 한다.
섣달 그믐에 흰떡을 떡메로 치듯이 사람을 마구 때린다는 뜻.

섣달 그믐에 흰떡 치듯 한다.
설떡을 떡메로 치듯이 사람을 매로 마구 친다는 뜻.

의붓아비 흰떡 치는 데는 가도 친아비 도끼질하는 데는 가지 말랬다.
의붓아비 떡 치는 데를 가면 떡을 얻어먹을 수 있지만, 친아비 도끼질하는 데는 위험하기 때문에 가지 말라는 뜻.

인절미에 조청 찍은 맛이다.
맛있는 인절미에 조청을 찍어 더욱 맛이 있다는 뜻.

흰떡에도 고물이 든다.
인절미에도 팥고물이나 콩고물이 들 듯이 밑천이 들 것은 들어야 한다는 뜻.

흰떡에 소가 든다.
흰무리(백설기)를 하는 데도 쌀로만 되는 것이 아니라 팥·대추·밤 등이 들 듯이, 쌀 외에도 여러 가지가 든다는 뜻.

흰떡집에 산병散餠 맞추기다.
산병은 흰떡집에서 만들기 때문에 틀림없이 만들 수 있다는 뜻.

30
찰 떡

개떡 먹던 입에도 찰떡 먹을 날이 있다.
가난한 사람도 언젠가는 잘 살 날이 있다는 뜻.

쑥떡 같은 말을 해도 찰떡같이 알아들어라.
상대방이 설령 말을 잘못할지라도 너그럽게 이해하고 들으라는 뜻.

아닌 밤중에 웬 찰시루떡이냐.
식복이 있는 사람은 자다가도 먹을 것이 생긴다는 뜻.

언제 먹자는 찹쌀떡이냐.
아무리 좋은 물건이라도 필요할 때 쓰지 못하면 아무 소용이 없다는 뜻.

질기기는 홍제원弘濟院이 찰떡이다.
예전에 서울 홍제원 떡이 유명한 데서 유래된 말.

찰떡 가진 놈이 바꿔먹자면 조떡 가진 놈이 세 쓴다.
바꿈질에는 먼저 말한 사람이 약자 노릇을 한다는 뜻.

찰떡 같은 정분이다.
찰떡처럼 떨어지지 않는 좋은 정분이라는 뜻.

찰떡도 굴려야 고물이 묻는다.
(1) 노력을 해야 돈을 번다는 뜻.
(2) 돈은 회전을 시켜야 불어난다는 뜻.

찰떡도 한두 끼다.
맛 좋은 찰떡도 늘 먹으면 그 맛을 모르게 된다는 뜻.

찰떡에 콩보숭이 붙듯 한다.
(1) 무엇이 잘 엉겨붙는다는 뜻.
(2) 이익을 탐내서 사람들이 모여든다는 뜻.

31
선떡

꿈에 선떡 받은 것 같다.
무슨 일이 있었는지 없었는지도 모른다는 뜻.

떡 싫자 선떡 준다.
일하기가 싫어지자 일거리가 없듯이, 공교롭게 두 가지가 맞아떨어진다는 뜻.

배부른데 선떡 준다.
배부른 사람에게 선떡을 주면 고마움을 모르듯이 생색 없는 짓을 한다는 뜻.

선떡 가지고 친정 간다.
(1) 남의 집에 보내는 선물에 나쁜 것을 보낼 때 이르는 말.
(2) 선물을 안 주는 것이 낫다는 뜻.

선떡 돌리듯 한다.
남들이 별로 좋아하지 않는 음식을 돌린다는 뜻.

선떡 먹고 못 볼 것을 봤나?
우습지도 않은 일에 웃는 사람을 보고 이르는 말.

선떡 먹고 체했나?
대단치도 않은 것을 보고 히죽히죽 웃는 사람을 보고 핀잔하는 말.

선떡 먹고 체했나 웃기는 왜 웃나.
멋쩍게 웃는 사람을 보고 비유하는 말.

선떡 먹은 놈마냥 웃기만 한다.
우습지도 않은 것을 보고 웃는 사람을 조롱하는 말.

선떡 받은 것 같다.
받을 수도 없고 안 받을 수도 없는 처지에 있다는 뜻.

선떡 부스러기다.
선떡 부스러기가 뭉쳐지지 않듯이 단결이 되지 않는 무리라는 뜻.

선떡 부스러지듯 한다.
(1) 무엇이 잘 부스러진다는 뜻.
(2) 일을 서투르게 하면 이내 망가진다는 뜻.

선떡 사돈집에 준다.
선떡을 사돈집에 주듯이 치사를 못 들을 일을 한다는 뜻.

선떡은 사람을 살려도 선의사는 사람을 죽인다.
선떡은 굶주린 사람을 살려도 돌팔이의사는 사람을 죽인다는 뜻.

싫은데 선떡 준다.
먹기 싫은 판에 선떡을 주듯이 더욱더 싫어하게 되었다는 뜻.

장에 가서 선떡 사먹고, 집에 와서 계집 팬다.
잘못은 제가 하고서 화풀이는 애매한 아내에게 한다는 뜻.

IV
국·죽편

32
국

가을 아욱국은 계집 내쫓고 먹는다.
가을 아욱국은 사랑하는 아내도 주지 않고 먹을 정도로 맛이 좋다는 뜻.

가을 아욱국은 문 닫고 먹는다.
가을 아욱국은 봄·여름 아욱국보다 맛이 좋다는 뜻.

가을 아욱국은 사위만 준다.
가을 아욱국은 별미이기 때문에 귀여운 사위에게만 준다는 뜻.

간장국에 마른다.
없는 사람은 보리밥에 간장으로 연명하기 때문에 영양 부족으로 마른다는 뜻.

같잖은 국에 입천장만 덴다.
국도 국 같지 않은 국에 입만 데었다는 뜻.

개장국에 초 친 맛이다.
얼큰해야 할 개장국이 신맛이 나듯 제 구실을 못한다는 뜻.

건더기가 많아야 국물도 많이 난다.
조건이 서로 갖추어져야 성과도 크다는 뜻.

건더기 먹는 놈 따로 있고, 국물 먹는 놈 따로 있다.
(1) 같은 음식이라도 먹는 사람 성미에 따라 먹는 것이 다르다는 말.
(2) 세상에는 권력 있는 사람과 없는 사람이 있다는 말.

건더기 먹는 놈이나 국물 먹는 놈이나.
(1) 잘 먹는 사람이나 못 먹는 사람이나 매일반이라는 뜻.
(2) 잘 사는 사람이나 못 사는 사람이나 결국은 마찬가지라는 뜻.

건더기 없는 국이다.
건더기 없는 국은 멀국이듯이 아무 실속도 없다는 뜻.

고기 없는 멀국에는 파리라도 뜬 것이 낫다.
아무것도 없는 것보다는 하찮은 것이라도 있는 게 낫다는 뜻.

고깃국에 청파리 꾀듯 한다.
고깃국에 파리가 꾀듯이 사람들이 많이 모여 벅적거리는 것을 비유하는 말.

고드름국에 초 탄 맛이다.
간간한 맛은 조금도 없고 신맛만 있듯이 맛없는 국을 비유하는 말.

관덕정 설렁국도 먹었던 놈이 먹는다. (제주도)
무슨 일이나 해본 경험이 있는 사람이라야 잘한다는 뜻.
* 관덕정: 제주도 제주시 삼도 일동에 있는 조선 후기의 목조 건물.

국그릇은 왼쪽에 놓고 먹지 않는다.
국그릇은 오른쪽에 놓게 되었을 뿐 아니라 먹기도 편리하다는 뜻.

국도 국 같잖은 것이 뜨겁기만 하다.
이득도 별로 없는 것이 일거리만 많다는 뜻.

국도 국 같잖은 것이 맵기만 하다.
변변치도 못한 것이 일거리만 많다는 뜻.

국 많이 먹으면 국량이 넓어진다.
맛없는 국이라도 많이 먹으라고 권유하는 말.

국 많이 먹으면 장모 눈 망가진다.
옛날에는 땔감으로 짚이나 샛잎을 사용하였기 때문에, 사위 좋아하는 국을 끓이자면 연기가 많이 나서 장모가 눈물을 흘려가며 끓인다는 뜻.

국맛은 장맛이 좋아야 한다.
무엇을 만들려면 원료가 좋아야 좋은 제품을 만들 수 있다는 뜻.

국물도 없는 자리다.
아무 잡수입도 없는 직책이라는 말.

국물도 없다.
아무것도 생기는 것이 없다는 뜻.

국물만 멀건 국이다.
건더기가 하나도 없는 맹물 같은 싱거운 국이라는 뜻.

국물 먹은 놈이나 건더기 먹은 놈이나.
변변치 않은 국은 건더기를 먹으나 국물만 먹으나 별 차이가 없다는 뜻.

국 쏟고 뚝배기 깬다.
한 가지 일이 잘못되면 다른 일도 따라서 잘못된다는 뜻.

국 쏟고 발등 덴다.
한 가지를 손해 보면 그와 연관된 것까지도 손해를 보게 된다는 뜻.

국 쏟고 보지 데고, 서방한테 매맞는다.
하나를 잘못하면 연쇄반응을 일으켜서 여러 가지를 손해 보게 된다는 뜻.

국 쏟고 보지 덴다.
일수가 사나우면 우연히 불행한 일을 당한다는 뜻.

국 쏟고 허벅지 덴다.
한 가지를 손해 보면 연관된 것까지 해를 입게 된다는 뜻.

국 엎지르고 발등 덴다.
(1) 한 가지 일이 잘못되면 다른 일까지 잘못된다는 뜻.
(2) 하는 일마다 손해만 보게 된다는 뜻.

국에 넣은 소금이 어디 가랴.
옳게 한 일은 그 결과가 잘못될 리가 없다는 말.

국에 덴 놈은 간장도 불어먹는다.
국에 덴 사람이 간장도 뜨거운 줄 알고 불어먹듯이, 한 번 속은 사람은 항상 조심을 한다는 말.

국에 덴 놈은 냉수도 불어먹는다.
무엇에 한 번 놀란 사람은 그와 비슷한 것만 보아도 조심한다는 뜻.

국에 덴 놈은 물도 불고 마신다.
한 번 어떤 것에 놀란 사람은 그와 비슷한 것만 보아도 미리 주의를 하기 때문에 두 번 놀라지 않는다는 말.

국에 덴 놈은 찬물도 불어먹는다.
어떤 일에 몹시 놀란 사람은 그와 유사한 것만 보아도 미리 겁을 먹고 주의하게 된다는 말.

국에 덴 사람은 푸성귀찬도 불어먹는다.
어떤 일에 한 번 놀란 적이 있는 사람은, 그와 비슷한 것만 보아도 미리 조심을 한다는 뜻.

국에 덴 사람은 회膾도 불어먹는다.
무엇에 한 번 혼난 사람은 그와 비슷한 것만 봐도 조심을 하게 된다는 뜻.

국이 끓는지 밥이 끓는지 다 안다.
집안 형편을 들여다보는 것같이 다 알고 있다는 말.

국이 끓는지 장이 끓는지 다 안다.
집안 내용을 속속들이 다 알고 있다는 말.

국이 끓는지 장이 끓는지도 모른다.
무슨 일이 어떻게 되어가는지 전혀 알지 못한다는 뜻.

끓는 국에 국자 휘젓듯 한다.
남이 한창 화가 났을 때 더욱 화를 부채질한다는 뜻.

끓는 국은 맛 모른다.
(1) 급한 일을 당하게 되면 정확한 판단을 하기 어렵다는 말.
(2) 아무 영문도 모르고 함부로 행동한다는 말.

끓는 국을 국자로 누른다.
끓는 국을 국자로 누르면 더욱 끓어오르듯이 화난 사람을 더 화나게 한다는 뜻.

나그네 국 마다하자 주인 장 떨어진다.
두 사람의 일이 공교롭게도 서로 잘 풀린다는 뜻.

날속한이 이마 씻은 물 같다.
(1) 음식이 아무 맛도 없다는 말.
(2) 사람이 몹시 싱겁다는 말.

더운국에 국수 사리 풀어지듯 한다.
더운국에 국수 사리가 풀리듯이 일이 잘 풀린다는 뜻.

더운국이 쉬 식는다.
열성을 부리던 사람이 쉬 식는다는 뜻.

도끼 삶은 국물맛이다.
맹물에 도끼를 삶은 물처럼 싱겁고 맛이 없는 국이라는 뜻.

도끼 삶은 국에 철환鐵丸 수제비다.
국물은 도끼 삶은 물처럼 싱겁고, 건더기는 쇳조각을 삶은 것처럼 무미無味하다는 뜻.

도끼 삶은 물이다.
맹물에 도끼를 삶은 물처럼 맛이 없는 국이라는 뜻.

돌 삶은 물이다.
맹물에 돌을 삶은 것처럼 무미담담한 국이라는 뜻.

돼지가 장화 신고 지나간 물이다.
고깃국이라고는 돼지가 장화를 신고 건너간 물처럼 기름기조차 없는 멀건 물이라는 뜻.

되지 못한 국이 뜨겁기만 하다.
못난 사람은 못난 짓만 가려가면서 한다는 뜻.

두었다가 국 끓여먹을 것이냐?
무엇을 아끼기만 하고 쓸 때 쓰지 않는 사람에게 하는 말.

떡국값이나 해라.
한 해에 떡국 한 그릇씩 먹게 되므로 이제까지 먹은 나잇값이나 하라는 뜻.

떡국값도 못한다.
사람값은 고사하고 출생했을 때의 떡국값도 못하는 못난이라는 뜻.

떡국 먹는 데만 찾아다녔나.
1년마다 떡국 한 그릇에 한 살 더 먹게 되는데, 1년에 떡국 두 그릇 먹고 두 살 더 먹은 것처럼 외모에 비하여 나이가 많아 보이는 사람을 조롱하는 말.

떡국 사발을 쌓아도 더 크겠다.
키가 나이에 비하여 너무 작은 사람을 조롱하는 말.

떡국을 먹다.
(1) 새해를 맞이하였다는 뜻.
(2) 나이를 한 살 더 먹게 되었다는 뜻.

떡국이 농간한다.
나이가 많아서 농간을 잘 부린다는 뜻.

뜨거운 국맛 모른나.
(1) 영문도 모르고 함부로 날뛴다는 말.
(2) 급한 경우를 당하면 정확한 판단을 하기가 어렵다는 말.

뜨거운 국에 덴 개는 물만 봐도 무서워한다.
한 번 놀라면 그와 비슷한 것만 봐도 무서워하게 된다는 뜻.

뜨거운 국에 덴 사람은 찬 양념도 불어먹는다.
한 번 놀란 사람은 그와 비슷한 것만 보아도 조심하게 된다는 뜻.

맛없는 국이 뜨겁기만 하다.
맛없는 국이 뜨겁기만 하여 먹기도 불편하다는 뜻.

맛없는 국이 맵기만 하다.
맵기만 하고 아무 맛이 없어서 먹을 수가 없다는 뜻.

맛없는 국이 짜기만 하다.
국이 짜기만 하여서 먹을 도리가 없다는 뜻.

맹물에 자갈 삶은 맛이다.
맹물에 자갈 삶은 물처럼 싱거운 국이라는 뜻.

맹물에 조약돌 삶은 맛이다.
맹물에 조약돌이라도 삶은 것처럼 맛없는 국이라는 뜻.

맹물에 차돌 삶은 맛이다.
맹물에 차돌만 넣고 삶은 물처럼 싱거운 국이라는 뜻.

먹잘 것 없는 국에 입천정만 덴다.
사소한 이득을 탐내다가 도리어 손해만 당했다는 뜻.

명태 만진 손 씻은 물로 사흘을 국 끓인다.
몹시 인색한 사람의 행동을 조롱하는 말.

물 끓듯 국 끓듯 한다.
물이나 국이 끓듯이 변덕이 많다는 뜻.

물에 물 탄 맛이다.
국에 간을 치지 않아 맹물 같은 국이라는 뜻.

미꾸라짓국 먹고 용트림한다.
(1) 하찮은 일을 하고도 무슨 큰일이나 한 것처럼 뽐낸다는 뜻.
(2) 못난 주제에 잘난 체한다는 뜻.

미역국 먹고 천장 쳐다본다.
자기 할 일을 하고도 남에게 멸시를 당한다는 뜻.

미역국 먹었다.
어떤 직장에서 해임解任을 당했다는 뜻.

백정은 나물국을 좋아한다.
맛있는 음식도 늘 먹으면 맛이 없기 때문에 다른 음식을 좋아하게 된다는 뜻.

백정은 명아국을 좋아한다.
늘 고깃국을 먹는 사람은 나물국을 좋아한다는 뜻.

비상砒霜국으로 안다.
국을 한사코 먹지 않는 사람을 비유하는 말.

비짓국 먹고 용트림한다.
실속은 없으면서도 겉모양은 몹시 치장하려고 한다는 뜻.

비짓국 잔뜩 먹은 배는 약과도 마다한다.
맛없는 음식이라도 배불리 먹으면 맛있는 음식이 있어도 못 먹는다는 뜻.

사위 국 세 대접에 장모 눈 먼다.
국 좋아하는 사위가 오면 장모는 국을 끓여 주느라고 연기에 눈이 멀 정도가 된다는 뜻.

산천어국은 둘이 먹다가 셋이 죽어도 모른다.
산천어국은 맛이 매우 좋다는 것을 풍자적으로 이르는 말.

선짓국 먹고 발등거리를 하였다.
술에 취하여 얼굴이 선지같이 붉다는 뜻.

소가 건너간 물이다.
쇠고깃국이 아니라 소 건너간 물처럼 멀건 물이라는 뜻.

소가 장화 신고 지나간 물이다.
쇠고깃국이 아니라 소가 장화를 신고 건너간 것처럼 쇠기름 한 방울도 없는 멀건 물이라는 뜻.

소가 지나간 물만도 못하다.
쇠고깃국이라고 소가 지나간 물만도 못한 맹물이라는 뜻.

소금국에 마른다.
잡곡밥 한술에 소금국으로 근근히 연명한다는 뜻.

소금국에 조밥이다.
조밥 한술에 소금국 한 모금으로 살아간다는 뜻.

숙수가 여럿이면 국맛이 짜다.
여러 사람이 관여하는 일은 도리어 일이 잘 안 된다는 뜻.
* 숙수: 잔치 때 음식을 만드는 사람.

시래깃국에 땀낸다.
하찮은 시래깃국으로 시장한 끝에 요기를 했다는 뜻.

시원찮은 국에 입만 덴다.
변변치 못한 국에 입만 데듯이 변변치 않은 사람에게 망신을 당했다는 뜻.

식모가 여럿이면 국도 제대로 못 끓인다.
한 가지 일을 여러 사람이 관여하면 일이 잘 안 된다는 뜻.

식은국도 맛보고 먹으랬다.
무슨 일이나 한 번 더 확인한 다음에 하는 것이 안전하다는 말.

식은국도 불고 먹는다.
뜨거운 국에 한 번 덴 사람은 식은국도 불어가면서 먹듯이, 한 번 놀란 것이 있으면 조심을 하게 된다는 뜻.

신국에 초 친다.
시디신 국에 초를 쳐서 더 시게 만든다는 뜻.

실없쟁이 장단에 호박국 끓여먹는다.
실없는 사람들과 함께 쓸데없는 짓만 한다는 뜻.

아욱국 3년 먹으면 외짝 문으로는 못 드나든다.
아욱국에는 영양분이 매우 많다는 뜻.

아욱국 3년을 먹으면 문을 키워야 한다.
아욱국은 맛도 좋지만 영양가도 좋다는 말.

아직 국 뜨거운 줄을 모른다.
한번도 혼나 본 적이 없어서 무서운 줄을 모르고 날뛴다는 뜻.

얼음국 먹고 냉방에 누운 것 같다.
냉방이라 잠을 잘 수가 없다는 말.

오동 숟가락에 가물칫국을 먹었나.
검은 오동 숟가락으로 검은 가물칫국을 먹어서 살결이 검어졌느냐는 뜻으로, 살결이 검은 사람을 조롱하는 말.
* 오동烏銅 숟가락: 검은 구리 숟가락.

오미자五味子국에 달걀 풀 듯한다.
본래 모습이 완전히 없어져 버렸다는 뜻.

월천국이다.
짐승이 물을 건너간 것처럼 고깃국이라고 기름기도 없는 멀건 국이라는 뜻.

이마 씻은 물만도 못하다.
고깃국이라고 이마 씻은 물처럼 기름기가 없는 맹물이라는 뜻.

잉어국 먹고 용트림한다.
별로 실속도 없는 일을 하고서도 큰 성과라도 있는 것처럼 과장한다는 뜻.

장맛이 좋아야 국맛도 좋다.
국맛이 좋고 나쁜 것은 장에 달렸다는 뜻.

장 없는 놈이 국은 즐긴다.
없는 놈이 분수에 넘치는 짓을 좋아한다는 뜻.

장이 달아야 국도 달다.
맛이 좋은 장으로 국을 끓여야 국맛이 좋다는 뜻.

장인 이마 씻은 물 같다.
고깃국이라고 기름기가 조금도 없는 멀건 맹물국이라는 뜻.

저런 걸 낳느니 호박이나 낳아서 국이나 끓여먹지.
못된 놈을 낳을 바에야 호박을 낳았으면 국이라도 끓여먹었을 것이라는 뜻.

죽과 병은 되야 한다.
병은 심하게 앓더라도 속히 앓고 일어나야 한다는 뜻.

죽 끓듯 한다.
변덕이 매우 심한 사람을 두고 하는 말.

죽은 중 이마 씻은 물만도 못하다.
고깃국이 기름기가 전혀 없는 맹물이라는 뜻.

죽젓개질을 한다.
일하는 도중에 자꾸 방해를 놓는다는 뜻.
* 죽젓개: 죽을 젓는 자루 긴 주걱.

중 이마 씻은 물이다.
고깃국이라는 것이 기름기가 없는 맹물이라는 뜻.

진국은 내가 먹고, 후국은 너 먹으란다.
맛있는 국은 내가 먹고, 맛없는 국은 남을 준다는 뜻.

한 점의 고기맛으로 솥 안의 국맛을 안다.
일부분만 보아도 전체를 짐작하게 된다는 뜻.

33
죽

가을 죽은 봄 양식이다.
양식은 가을에 아껴야 봄에 곤란을 받지 않게 된다는 뜻.

개가 핥은 죽사발 같다.
(1) 하나도 남은 것이 없다는 뜻.
(2) 가난하여 집 안에 살림이 빈 집처럼 하나도 없다는 뜻.

경상도서 죽 쑤는 놈은 전라도를 가도 죽 쑨다.
가난한 사람은 어디를 가도 마찬가지라는 뜻.

고양이 죽 쑤어 줄 것 없고, 생쥐 볼가심할 것 없다.
몹시 가난하여 고양이나 쥐 먹을 양식조차 없을 정도로 구차하다는 뜻.

끓여 놓은 죽이 밥 될까.
한 번 잘못한 일은 바로잡을 수가 없다는 뜻.

남의 말하기는 식은죽 먹기다.
(1) 남의 이야기는 말하기가 쉽다는 뜻.
(2) 남의 잘못은 찾아내기가 쉽다는 뜻.

뉘 집에 죽이 끓는지 밥이 끓는지 다 안다.
이웃집에서 죽을 쑤는지 밥을 하는지 앉아서도 다 알 수 있다는 뜻.

뉘 집에 죽이 끓는지 밥이 끓는지도 안다.
이웃집 사정을 누구보다 잘 안다는 뜻.

뉘 집에 죽이 끓는지 밥이 끓는지 알 바 아니다.
남의 집 살림살이는 간섭할 일이 아니라는 뜻.

다 된 죽에 재 뿌린다.
죽 쑨 솥에 재를 뿌리듯이 심술이 몹시 사나운 사람을 비유하는 말.

다 된 죽에 코 떨어뜨린다.
제대로 잘된 일을 그르쳐 놓았다는 말.

다 된 죽에 코 떨어진다.
(1) 다 된 일을 방해한다는 뜻.
(2) 일을 그르쳐서 실패하도록 한다는 뜻.

다 된 죽에 코 푼다.
잘 되어가는 일을 심술궂게 망쳐 버린다는 말.

다 먹은 죽에 코 빠졌다고 한다.
(1) 맛있게 먹고 난 사람을 기분 나쁘게 한다는 뜻.
(2) 잘 먹고 나서 그 음식에 대한 불평을 한다는 뜻.

다 쑤어 놓은 죽이다.
잘되나 못되거나 이제 와서는 어쩔 수가 없다는 뜻.

더운죽에 파리 꾀듯 한다.
영문도 모르고 덤벼들다가 욕을 보게 된다는 뜻.

더운죽에 혀 덴다.
더운죽을 한 숟가락 입에 넣었을 때 삼키지도 못하고 뱉을 수도 없어 혀를 댔다 뗐다 하듯이, 대단치 않은 일로 잠시나마 어찌할 바를 모른다는 말.

들어서 죽 쑨 놈은 나가도 죽 쑨다.
집에서 하던 버릇은 집을 나서도 버리지 못하고 하게 된다는 뜻.

떡국이 농간한다.
떡국은 한 해 설에 한 그릇씩 먹게 되는데, 떡국을 많이 먹은 사람이 나잇값도 못하고 농간을 부린다는 뜻.

먹다 남은 죽은 오래 못 간다.
(1) 먹다 남긴 죽은 바로 변미되어 못 먹게 된다는 뜻.
(2) 탐탁치 않은 것은 있어도 쓸모가 없다는 뜻.

메밀죽에 목메인다.
일을 너무 성급히 서두르다가는 오히려 낭패를 당하게 된다는 뜻.

못 먹는 죽에 재나 뿌린다.
내가 못 먹는 죽은 남도 못 먹게 심술이나 부린다는 뜻.

밥인지 죽인지 솥뚜껑을 열어 보아야 안다.
무슨 일이나 실물을 보아야 확실히 알 수 있다는 뜻.

밥 팔아 죽 사먹겠다.
하는 짓이 안 될 짓만 한다는 뜻.

변덕이 죽 끓듯 한다.
죽 끓듯이 변덕이 많은 사람을 비유하는 말.

보름에 죽 한 끼도 못 먹은 놈 같다.
오랫동안 굶주린 사람처럼 산송장이라는 뜻.

보리죽도 못 먹는다.
보리죽도 못 먹을 만큼 굶주리고 산다는 뜻.

보리죽도 샘낸다.
굶주린 사람은 보리죽도 먹고 싶어한다는 뜻.

보리죽에 물 탄 것 같다.
(1) 사람이 몹시 싱겁다는 뜻.
(2) 일을 해도 아무 재미가 없다는 뜻.

비지죽 먹고 수염 쓴다.
비지죽을 먹고도 잘 먹은 것처럼 허세를 부린다는 뜻.

비지죽 먹고 용트림한다.
비지죽을 먹고도 잘 먹은 것처럼 허세를 부린다는 뜻.

사흘에 죽 한 끼다.
죽도 끼니마다 못 먹고, 사흘에 겨우 한 끼씩 먹고 견딘다는 뜻.

사흘에 죽 한 끼도 못 먹는다.
사흘에 죽 한 끼도 못 먹을 지경이라는 뜻.

사흘에 피죽 한 끼도 못 먹는다.
사흘에 겨우 피죽 한 끼도 못 먹고 죽기만 기다린다는 뜻.

산남山南에서 죽 쑨 놈은 산북山北에 가도 죽 쑨다. (제주도)
죽 쑬 줄 아는 사람은 어디를 가나 죽을 쑤듯이 한 번 든 버릇은 못 고친다는 뜻.

삼동서 앞에 식은죽 한 그릇이다.
(1) 음식을 매우 빨리 먹는다는 뜻.
(2) 음식을 맛보다 말았다는 뜻.

생일날 죽을 쑤어먹으면 가난하다.
경사스러운 생일날은 가난해도 밥과 찬을 마련하여 먹으라는 뜻.

식은죽 갓 둘러먹기다.
(1) 무슨 일이나 차례로 해야 한다는 뜻.
(2) 하기 쉬운 일이 더욱 쉽다는 뜻.

식은죽도 불어가면서 먹으랬다.
아는 일도 다시 한 번 확인한 다음에 하라는 뜻.

식은죽 먹고 냉방에 앉은 것 같다.
몹시 추운 것같이 떨고 있는 사람을 가리키는 말.

식은죽 먹기다.
식은죽 먹듯이 대단히 하기 쉽다는 말.

식은죽 앉아서 먹기다.
편안히 앉아서 식은죽을 먹듯이 일하기가 매우 쉽다는 뜻.

쑤어 놓은 죽이다.
쑤어 놓은 죽은 먹기만 하면 되듯이, 일은 다 되었으니 검사만 하면 된다는 뜻.

쑨 죽이 밥 될까?
이미 그릇된 일은 바로잡을 수 없다는 뜻.

양반은 죽을 먹어도 이를 쑤신다.
가난한 양반은 굶어도 허세를 부린다는 뜻.

얻은 죽에 머리가 아프다.
사소한 것이나마 남에게 신세를 지면 마음에 부담이 된다는 뜻.

여드레에 피죽 한 그릇도 못 먹는다.
오랫동안 굶주렸건만 먹을 것이 없어서 굶어죽게 되었다는 뜻.

열 놈이 죽 한 사발이다.
여러 사람이 먹을 음식이 너무도 적다는 뜻.

의주義州 파발擺撥도 더운죽은 식혀먹는다.
아무리 급해도 뜨거운 죽은 식어야 먹듯이 일을 무리하게 할 수는 없다는 뜻.
* 의주 파발: 옛날 공문을 말 타고 급히 전달하던 관리.

정의서 죽 쑨 솥은 모간 와서도 죽 쑨다.
한 번 든 버릇은 어디를 가나 버리지 못한다는 뜻.
* 정의: 남제주에 있는 지명.
  모간: 제주시에 있는 지명.

정초에 죽을 먹으면 1년 내내 궁하다.
정월 초에는 설령 잘 먹지 못한다 하더라도 죽은 쑤어먹지 말라는 말.

죽과 병은 되야 한다.
죽은 된 죽이 맛이 있고, 병은 시름시름 오래 앓는 것보다 되게 한 번 앓는 것이 낫다는 뜻.

죽과 장이 맞는다.
두 사람의 장단이 잘 맞는다는 뜻.

죽그릇에 그림자가 어른거린다.
죽이 묽어서 거울처럼 그림자가 비친다는 뜻.

죽도 밥도 아니다.
무슨 일을 하다 말아서 아무 데도 못 쓰게 되었다는 뜻.

죽도 아니고 밥도 아니다.
이것도 아니고 저것도 아닌 얼간이라는 뜻.

죽도 죽 같지 않은 것이 뜨겁기만 하다.
(1) 물건도 물건 같지 않은 것이 값만 비싸다는 말.
(2) 변변치 못한 주제에 거만하기만 하다는 말.

죽 떠먹듯 한다.
남의 말이나 시키는 일을 귀담아듣지 않는다는 뜻.

죽 떠먹은 자리다.
무슨 일을 했으나 아무런 흔적이 없다는 뜻.

죽 떠먹은 자리요, 한강에 배 지나간 자리다.
(1) 무슨 일을 하였으나 아무 흔적이 없다는 뜻.
(2) 여자는 성관계를 해도 아무 흔적이 없다는 뜻.

죽 먹고 사발 깬다.
무슨 일을 재미있게 하다가 손해를 당했을 때 이르는 말.

죽 먹은 설겆이는 딸 시키고, 비빔밥 먹은 설겆이는 며느리 시킨다.
옛날 시집살이를 시키는 시어머니는 딸은 아끼고 며느리만 일을 시켰다는 뜻.

죽 먹은 시어머니 상이다.
밥을 못 먹고 죽을 먹은 시어머니가 화를 내듯이, 부아가 난 사람의 얼굴을 비유하는 말.

죽사발은 웃음이요, 밥사발은 눈물이다.
가난해도 근심이 없으면 웃고 살지만, 돈이 있어도 근심이 많으면 울고 산다는 뜻.

죽솥에 재 뿌린다.
죽솥에 재를 뿌려 일을 방해하듯이 남의 일을 심술부려 망친다는 뜻.

죽 쑤는 데도 열두 가지 솜씨가 있다.
하찮은 죽 한 가지 쑤는 데도 여러 가지 솜씨가 있듯이, 무슨 일이나 만드는 기술은 무궁하다는 뜻.

죽 쑤어 개 바라지한다.
애써 한 일이 남에게만 이롭게 되었다는 뜻.

죽 쑤어 개 좋은 일만 한다.
애써 한 일이 남에게만 이롭게 되었다는 뜻.

죽 쑤어 남 준다.
힘들게 일하여 남 좋은 일만 시켰다는 뜻.

죽 쑨 것은 적은데 중은 많다.
먹을 것은 적은데 먹을 사람은 많다는 말.

죽은 식힐 동안이 급하다.
무슨 일이나 다 만들고 마무리할 때가 가장 조급한 생각이 든다는 말.

죽은 어른도 한 그릇 아이도 한 그릇이다.
죽은 밥보다 더 먹게 되므로 어른이나 아이나 다같이 한 그릇씩 먹게 된다는 뜻.

죽은 적고, 중은 많다.
먹을 것은 적은데 먹을 사람은 많다는 뜻.

죽은 죽어도 못 먹고, 밥은 바빠서 못 먹는다.
음식을 이래서 못 먹고 저래서 못 먹어 먹을 기회가 없다는 뜻.

죽은 커도 한 그릇 작아도 한 그릇이다.
(1) 죽은 어른이나 아이나 다 한 그릇씩 먹는다는 뜻.
(2) 명분이야 어떻든 간에 몫은 다 같다는 뜻.

죽을 먹고 살아도 속이 편해야 산다.
아무리 구차하게 살아도 마음만 편하면 살 수 있다.

죽을 쑨다.
(1) 밥이 안 되고 죽이 되었다는 뜻.
(2) 일이 잘못되었다는 뜻.

죽이 끓는지 밥이 끓는지 다 안다.
가만히 있어도 무엇이 어떻게 되는지 다 알고 있다는 뜻.

죽이 끓는지 밥이 끓는지도 모른다.
한집에서 있으면서도 집안일을 전연 모른다는 뜻.

죽이 끓어도 솥 안에 있다.
언뜻 보기에는 손해 되는 것 같지만 사실은 그렇지 않다는 뜻.

죽이 되든 밥이 되든 모르겠다.
일이 잘되든 못되든 간에 관여하지 않겠다는 뜻.

죽이 밥 될까?
한 번 그릇된 것은 바로잡지 못한다는 뜻.

죽이 풀려도 솥 안에 있다.
언뜻 보기에는 손해가 된 것 같지만 사실은 아무런 손해가 없다는 뜻.

죽인지 코인지 모른다.
서로 비슷하여 구별하기가 어렵다는 뜻.

죽인지 코인지 물구지인지 닭똥인지 모르겠다.
무엇이 무엇인지 도무지 분간할 수가 없다는 뜻.

죽인지 코인지 분간 못한다.
사물을 바르게 분간하지 못한다는 뜻.

죽젓개질을 한다.
끓는 죽이 가마전을 넘으려고 할 때 죽젓개로 저어서 못 넘게 하듯이, 무슨 일을 중간에서 정지시킨다는 뜻.

죽 푸다 흘려도 솥 안에 떨어진다.
일이 제대로 안 되어 손해 본 것 같지만 따지고 보면 손해는 없다는 뜻.

진잎죽도 배 채워먹지 못한다.
나물죽도 배 채워먹지 못하고 굶주리고 산다는 뜻.

진잎죽 먹고 잣죽 트림한다.
굶주려도 잘 먹은 것처럼 허세를 부린다는 뜻.

집에서 죽 쑨 년은 나가도 죽 쑨다.
한 번 든 버릇은 어디를 가나 고칠 수가 없다는 뜻.

콩나물죽 1년을 먹으면 1년 양식이 밀린다.
콩나물죽에는 곡식이 얼마 들지 않기 때문에 식량을 절약하는 데 가장 좋다는 뜻.

피죽도 못 먹는다.
끼니에 피죽도 못 먹을 정도로 굶주리고 산다는 뜻.

핏겨죽에 탕구자湯口子다.
핏겨죽과 같은 하찮은 음식에 신선로에 고급 음식을 끓인 탕구자를 섞어먹듯이 격에 맞지 않는 일을 한다는 뜻.
* 탕구자: 신선로에 어육·채소·버섯·호두·은행 등을 넣고 끓인 음식.

한강이 녹두죽이라도 쪽박이 없으면 못 먹는다.
음식이 많아도 먹을 수 있는 방도를 마련하지 않으면 못 먹는다는 뜻.

흉년에는 피죽이 인삼죽이다.
흉년에는 피를 껍질째 볶아 갈아서 쑨 피죽만 먹어도 다행이라는 뜻.

흉년 죽 담듯 한다.
흉년에는 적은 양의 죽을 여러 몫으로 담을 때 되도록이면 적게 담듯이, 음식을 인색하게 담아 주는 사람을 비유하는 말.

흉년 죽은 아이도 한 그릇 어른도 한 그릇이다.
흉년에는 모두 굶주렸기 때문에 죽을 쑤면 아이도 한 그릇 어른도 한 그릇씩 먹는다는 뜻.

34
팥죽

갓 이사 와서 팥죽을 쑤어먹으면 길하다.
이사를 가서는 먼저 팥죽을 쑤어서 이웃 사람들과 나누어 먹으면 복을 받게 된다는 뜻.

남이 먹는 팥죽에 내가 땀 흘린다.
먹는 사람 따로 있고, 뒤치다꺼리하는 사람 따로 있다는 뜻.

늙은이 죽는 생각은 않고 팥죽 먹을 생각만 한다.
남이 죽는 생각은 않고 사소한 제 욕심만 채우려고 하듯이, 파렴치하고 욕심이 많은 인색한 사람을 이르는 말.

동네 늙은이야 죽든말든 팥죽 얻어먹는 재미다.
남의 사정이야 어떻게 되든 간에 자기만 이로우면 좋다는 뜻.

동네 늙은이 죽는 생각은 않고 팥죽 먹을 생각만 한다.
사람 죽는 것은 생각하지 않고 사소한 욕심만 낸다는 뜻.

동지에는 팥죽을 끓여먹어야 길하다.
동짓날은 팥죽을 쑤어먹어야 무병하고 집안이 편안하다는 뜻.

동지에 팥죽 쉬겠다.
추워야 할 동짓날이 따뜻하면 흉년이 들 징조라는 뜻.

동지에 팥죽이 쉬면 흉년이 든다.
동지 무렵에 날씨가 더우면 보리가 너무 자라서 추위에 죽게 되므로 흉년이 든다는 뜻.

동지 팥죽에 새알 수제비다.
동지 팥죽에 수제비를 넣어 만든 것은 별미가 있다는 뜻.

동지 팥죽이 쉬겠다.
추워야 할 동지에 팥죽이 쉴 정도로 따뜻한 이상 기온이라는 뜻.

동지 팥죽이 쉬면 병이 퍼진다.
동지(12월 22일경)부터 대한(1월 21일경)까지 한 달 동안은 혹한기인데, 이상 기온으로 동짓날이 따뜻하게 되면 병이 퍼지기 쉽다는 뜻.

동지 팥죽이 쉬면 보리 흉년이 든다.
혹한기인 동지 때 이상 기온으로 따뜻하면 보리가 자랐다가 추워지면 얼어죽게 되므로 흉년이 든다는 뜻.

동짓날 팥죽을 끓여먹으면 홍역에 안 걸린다. (제주도)
동짓날 팥죽을 먹으면 홍역도 면역할 수 있다는 뜻.

동짓날 팥죽을 먹으면 더위를 안 탄다.
동짓날 팥죽을 먹으면 다음해 여름에 더위를 예방하게 된다는 뜻.

동짓날 팥죽을 먹으면 이듬해 잔병이 없다.
동짓날 팥죽을 먹으면 병 예방이 된다는 뜻.

딸에게는 팥죽 주고, 며느리에게는 콩죽 준다.
딸에게는 맛있는 음식을 주고 며느리에게는 맛없는 음식을 주듯이, 먹는 데도 차별을 둔다는 뜻.

물렁 팥죽이다.
(1) 마음이 약하고 무른 사람을 비유하는 말.
(2) 무슨 물건이 매우 무른 것을 비유하는 말.

배는 작아도 동지 팥죽은 잘 먹는다.
동지 팥죽은 맛이 있기 때문에 누구나 많이 먹게 된다는 뜻.

사람이야 죽든말든 팥죽 생각만 한다.
초상이 나면 팥죽을 얻어먹게 되므로 사람 죽기를 기다리듯이, 몰인정하고 몰염치하고 인색한 사람을 이르는 말.

사람 죽는 것은 모르고 팥죽 쑤는 재미만 안다. (제주도)
사람이 죽는 것은 생각지 않고 먹는 것에만 신경을 쓴다는 뜻.

사람 죽은 것은 모르고, 팥죽 들어오는 것만 따진다.
상주가 죽은 부모 생각은 않고 부조로 팥죽 들어오는 것만 계산하듯이, 불효막심하고 인색하기 짝이 없다는 뜻.

새알 수제비 든 동지 팥죽이다.
새알 같은 수제비를 넣어 쑨 동지 팥죽의 맛은 별미라는 뜻.

시장이 팥죽이다.
음식을 못 먹고 시장할 때는 시래기죽을 먹어도 팥죽처럼 맛이 있다는 뜻.

신주 싸움에는 팥죽을 놓는다.
(1) 굶주린 신주끼리 싸울 때는 팥죽을 놓으면 신주가 물러가듯이, 소란할 때는 해결 방법을 써야 한다는 뜻.
(2) 사람이 싸울 때는 음식을 갖다 놓으면 싸움이 중지된다는 뜻.

압록강鴨綠江이 팥죽이라도 굶어죽겠다.
말로만 풍년이지 없는 놈 입에는 들어오는 것이 없다는 뜻.

이사 가서 팥죽을 쑤어먹어야 복이 온다.
이사 가서 팥죽을 먹으면 액막이가 되므로 복이 온다는 뜻.

이사 간 날 팥죽을 쑤어먹어야 길하다.
이사를 한 집에 가서는 먼저 팥죽을 쑤어먹어야 잡귀를 물리치고 잘 살게 된다는 뜻.

자기 자식에게는 팥죽 주고, 의붓자식에게는 콩죽 준다.
의붓자식보다는 친자식을 더 후대한다는 뜻.

전염병 집에서 동지 팥죽을 쑤어먹으면 환자가 또 생긴다.
전염병을 앓는 집에서는 동짓날 팥죽을 쑤어먹으면 해롭다는 뜻.

젊은 놈 죽는 줄은 모르고 팥죽 먹을 생각만 한다.
잔인하고 인색하고 탐욕 많은 사람을 이르는 말.

조상弔喪보다도 팥죽 먹는 재미에 간다.
조상하러 가는 것이 상제에게 인사하기 위한 것이 아니라 팥죽을 먹기 위해 가듯이, 목적이 다른 곳에 있다는 뜻.

조상보다 팥죽에 마음이 더 있다.
조상 가는 목적이 상제에게 인사 겸 팥죽먹기 겸해서 간다는 뜻.

조상에는 마음이 없고, 팥죽에만 마음이 있다.
할 일은 않고 다른 데 욕심을 부린다는 뜻.

초상난 집에 사람 죽은 것은 안 치고, 팥죽 들어오는 것만 친다.
초상집에서 부모 죽은 것은 슬퍼하지 않고 팥죽 들어오는 것만 계산하듯이, 불효막심하고 자린고비처럼 인색하다는 뜻.

팥죽 내가 난다.
늙어서 죽을 날이 가까워 온다는 뜻.

팥죽 단지에 생쥐 드나들 듯한다.
팥죽 단지에 생쥐가 들락거리듯이, 잠시도 가만히 있지 못하고 자주 들락날락하는 사람을 비유하는 말.

팥죽 단지에 생쥐 들랑거리듯 한다.
무엇에 미련이 있어서 자주 들락날락한다는 뜻.

팥죽에 새알 수제비다.
찹쌀로 만든 새알 크기의 수제비를 넣고 끓인 팥죽은 맛이 일미라는 뜻.

한강수가 팥죽이라도 쪽박이 있어야 떠먹는다.
음식이 아무리 많아도 먹을 수 있는 대책을 세워야 한다는 뜻.

35 콩죽

남대천 콩죽도 숟가락이 있어야 먹는다. (강원도)
무슨 일을 하려면 생산 도구가 있어야 한다는 뜻.

동짓날 콩죽을 끓여먹으면 감기에 걸린다. (제주도)
동짓날에는 팥죽을 끓여먹어야지 콩죽을 먹으면 해롭다는 뜻.

식은 콩죽 먹기다.
식은 콩죽 먹듯이 아주 하기가 쉽다는 뜻.

언제는 외갓집 콩죽 먹고 컸나?
남의 덕으로 살아온 것이 아닌데, 이제 와서 새삼스럽게 남의 덕을 바라겠느냐는 뜻.

언제는 외할머니 콩죽 먹고 살았나?
지금까지 남의 덕으로 살아오지 않았는데, 이제 와서 남의 덕을 바랄 리가 있느냐는 뜻.

외갓집 콩죽 먹고 살았나?
지금까지 남의 덕에 살아오지 않았는데, 이제 와서 새삼스럽게 남의 덕을 바라지는 않는다는 뜻.

외갓집 콩죽에 잔뼈가 자랐나?
남의 덕에 살아온 것이 아니니 이제 새삼스럽게 남의 호의를 바라지는 않겠다는 뜻.

외할머니 콩죽 먹고 산 줄 아나?
남의 덕에 산 것이 아니라 내 힘으로 자랐기 때문에 남의 덕을 바라지 않는다는 뜻.

콩나물죽 10년을 먹으면 부자가 된다.
콩나물죽을 쑤어먹으면 식량이 밥의 4분의 1밖에 들지 않으므로 부자가 된다는 뜻.

콩나물죽 1년을 먹으면 1년 양식이 밀린다.
식량을 절약하는 데는 콩나물죽을 쑤어먹는 것이 가장 좋은 방법이라는 뜻.

콩죽 먹은 놈 따로 있고, 똥 싸는 놈 따로 있다.
죄지은 놈 따로 있고, 벌받는 놈 따로 있다는 뜻.

콩죽은 내가 먹고, 배는 남이 앓는다.
죄지은 사람 따로 있고, 벌받는 사람 따로 있다는 뜻.

콩죽은 주인이 먹고, 배는 머슴이 앓는다.
나쁜 일은 제가 하고, 벌은 남이 받는다는 뜻.

콩죽이나 먹고 물이나 마신다고 어리석은 것은 아니다.
가난한 사람이라고 해서 어리석은 것은 아니라는 말.

홀아비가 콩죽 누룽지맛을 보면 각시 못 얻는다.
콩죽을 쑬 때 주걱으로 콩물을 계속해서 젓지 않으면 콩물의 일부가 침전되어 누룽지가 생기게 되는데, 이 누룽지의 맛이 어찌나 좋은지 홀아비가 이 맛을 알게 되면 재혼할 생각도 잊어버리고 이것만 먹고 살려고 할 정도로 콩죽 누룽지의 맛이 좋다는 뜻.

36
흰죽

며느리에게는 흰죽 사발을 씻기고, 딸에게는 팥죽 사발을 씻긴다.
힘든 일은 며느리를 시키고 쉬운 일은 딸을 시킨다는 뜻.

씻어 놓은 흰죽 사발 같다.
살결이 사발마냥 매우 희다는 뜻.

흰죽 먹다 사발 깬다.
하찮은 일을 하다가 손해만 보았다는 뜻.

흰죽에 고춧가루다.
흰죽에 고춧가루를 치듯이 격에 맞지 않는 짓을 한다는 뜻.

흰죽에는 간장이다.
흰죽은 간장으로 간을 맞추어야 맛이 있다는 뜻.

흰죽에 코다.
서로 비슷한 것은 분별하기가 매우 어렵다는 뜻.

흰죽인지 코인지 물구지인지 닭똥인지 모르겠다.
서로 비슷비슷한 것은 분별하기가 어렵다는 뜻.

37 범벅

범벅덩이에 쉬파리 달라붙듯 한다.
가을 범벅 그릇에 쉬파리가 모이듯이, 이득이 있는 곳에는 사람들이 많이 모인다는 뜻.

범벅덩이에 파리 덤비듯 한다.
가을철에 풋곡식으로 쑨 범벅에 파리가 모여들 듯이, 돈벌이가 있는 곳에는 사람들이 많이 모인다는 뜻.

범벅도 금 그어 놓고 먹으랬다.
범벅 한 그릇을 놓고 두 사람이 먹을 때도 금을 긋고 똑같이 나누어 먹듯이, 모든 일은 정확하고 공평해야 한다는 뜻.

범벅도 아니고, 죽도 아니다.
곡식을 맷돌에 갈아 되게 쑤면 범벅이 되고 묽게 쑤면 죽이 되듯이, 서로 비슷하여 구분이 잘 안 된다는 뜻.

범벅에 꽂은 수저다.
범벅에 꽂은 수저가 든든한 것 같으나 쓰러질 수도 있듯이, 튼튼하다고 믿었던 것이 실제로는 그렇지 못하다는 뜻.

범벅을 먹어도 아비 아들 간에 금 긋고 먹으랬다.
부자간에도 금전관계는 분명히 해야 한다.

범벅이나 죽도 제대로 먹지 못한다.
몹시 가난하여 죽도 끼니 때마다 먹지 못한다는 말.

범벅이 되었다.
여러 가지 일이 뒤섞여 복잡하게 되었다는 뜻.

보리범벅 같다.
사람이 흐리멍덩하고 못났다는 말.

부자간에 범벅을 먹어도 금을 긋고 먹으랬다.
부자간에도 금전 문제는 서로 분명하게 해야 한다는 뜻.

수수범벅은 팥맛으로 먹는다.
수수범벅에는 팥을 섞어야 별미가 난다는 뜻.

수수범벅이다.
수수범벅처럼 맛이 좋지도 않고 나쁘지도 않듯이, 음식이나 물건이 수수하다는 뜻.

지장범벅은 밥그릇 밀치고 먹는다.
지장에 팥을 섞어서 쑨 범벅은 이밥보다 맛이 더 좋다는 뜻.

찰수수에 팥범벅이다.
찰수수와 팥으로 쑨 범벅은 별미라는 뜻.

파조범벅은 팥죽보다 맛있다.
팥과 조로 쑨 범벅은 팥죽보다도 더 맛이 좋다는 뜻.

38 각종 죽

곶감죽 먹고 엿목판에 엎드러졌다.
(1) 먹을 복이 연거푸 생겼다는 뜻.
(2) 연달아 좋은 일이 생겼다는 뜻.

곶감죽을 쑤어먹었나.
웃는 사람보고 왜 웃느냐고 핀잔하는 말.

나물죽도 없어서 못 먹는다.
양식이 떨어져서 나물죽도 제대로 못 먹고 산다는 뜻.

늙은이는 호박죽에 힘 쓴다.
늙은 호박으로 쑨 호박죽은 늙은이의 건강식품이라는 뜻.

멀건 시래기죽이다.
낟알도 적고 시래기도 적은 묽은 죽이라는 뜻.

보리죽도 못 먹는다.
양식이 없어서 보리죽도 끼 에워먹지 못하고 굶는다는 뜻.

보리죽도 샘낸다.
먹지 못하고 굶주린 사람은 보리죽이라도 있으면 감식한다는 뜻.

보리죽에 물 탄 맛이다.
(1) 음식맛이 몹시 없는 것을 비유하는 말.
(2) 싱거운 사람을 조롱하는 말.

사흘에 비지죽 한 끼도 못 먹는다.
굶주려서 죽을 지경이 되었다는 뜻.

사흘에 비지죽 한 끼도 못 먹은 놈 같다.
굶주려서 죽게 된 사람을 비유하는 말.

사흘에 죽 한 끼도 못 먹는다.
굶주려서 더 참고 견딜 수가 없게 되었다는 뜻.

산천어국은 둘이 먹다 하나가 죽어도 모른다.
산천어국맛은 뛰어난 별미라는 뜻.

상두꾼은 연폿국에 반한다.
힘든 일을 하고서 연폿국에 술 한 잔 걸치면 피로가 다 풀린다는 뜻.

성품이 안정되면 나물죽도 향기롭다.
마음이 안정된 사람은 비록 가난하더라도 현실을 낙관한다는 뜻.

시러베장단에 호박죽 끓여먹는다.
실없는 짓으로 엉뚱한 일을 저질렀다는 뜻.

여드레에 피죽 한 그릇도 못 먹은 놈 같다.
굶어죽어 가는 놈처럼 겨우 손발만 움직인다는 뜻.

열 놈이 죽 한 그릇이다.
열 사람이 죽 한 사발을 먹듯이 음식을 겨우 맛만 보았다는 뜻.

지지죽만 먹다가 동짓날 밥 먹는다.
오랜만에 맛있는 음식을 먹었다는 뜻.

진잎죽도 배 채워먹지 못한다.
낟알이 없는 진잎죽도 없어서 굶어죽게 되었다는 뜻.

진잎죽 먹고 잣죽 트림한다.
하찮은 것을 매우 좋은 것같이 꾸민다는 뜻.

한강이 녹두죽이라도 쪽박이 없으면 못 먹는다.
음식이 아무리 많아도 먹을 수 있는 방도가 있어야 먹는다는 뜻.

흉년 피죽은 인삼죽이다.
굶어죽게 된 사람이 피죽을 먹고 회생하면 피죽이 인삼죽보다도 값지다는 뜻.

39
국수

국수 먹고 이빨 쑤신다.
국수를 먹고도 잘 먹은 것처럼 허세를 부린다는 뜻.

국수 먹는 날이다.
국수를 먹는 경사스러운 날이라는 뜻.

국수 먹은 배다.
국수 먹은 배는 바로 꺼지듯이 허울만 좋고 실속이 없다는 뜻.

국수 못하는 년이 안반만 나무란다.
일 못하는 사람일수록 변명하고 핑계를 대는 버릇이 있다는 말.

국수 못하는 년이 안반만 탓한다.
일을 못하는 사람은 저 못한다는 말은 않고 타박만 한다는 말.

국수 못하는 년이 피나무 안반만 나무란다.
일을 못하는 사람일수록 핑계가 많다는 뜻.

국수 잘하는 년이 수제비 못한다더냐.
어려운 일도 잘하는 솜씨에 쉬운 일을 못할 리가 있느냐는 뜻.

국수 잘하는 솜씨에 수제비 못할까?
만들기 어려운 물건도 잘 만드는 사람이 만들기 쉬운 물건을 못 만들 까닭이 없다는 뜻.

국수집 식초병 같다.
냉면이 아닌 일반 국수에는 식초를 치지 않듯이 서로 연관성이 없다는 뜻.

국수 하는 솜씨에 수제비 못할까.
음식 솜씨가 좋으면 수제비는 다 할 수 있다는 뜻.

국수 홍두깨로 불을 분다.

되지도 않을 일을 미련스럽게 한다는 말.

누른국은 뜨실 때 먹어야 한다.
누른국은 식기 전에 먹어야 제 맛이 난다는 뜻.

샛서방 국수에는 고기를 밑에 담고, 본서방 국수에는 고기를 위에 담는다.
샛서방에게 주는 음식에는 고기를 안 보이게 담고, 본서방에게 주는 음식에는 고기를 겉으로 담아 대접을 더 잘하는 것처럼 한다는 뜻.

생일날 국수를 먹으면 명이 길다.
생일날 국수를 먹으면 국수가닥처럼 수명이 길어진다는 뜻.

수제비 잘하는 사람은 국수도 잘한다.
한 가지 일을 잘하면 그와 비슷한 일도 잘하게 된다는 뜻.

수제비 잘하면 국수도 잘한다.
한 가지 일에 능숙하면 그와 유사한 것도 하게 된다는 뜻.

숙수가 많으면 국수가 수제비 된다.
일에 참견하는 사람이 많으면 오히려 일이 잘 안 된다는 뜻.

숙수가 많으면 국수를 못 먹는다.
일에 간섭하는 사람이 많으면 도리어 일이 안 된다는 뜻.

숙수가 여럿이면 국수맛이 짜다.
여러 사람이 관여하는 일은 도리어 일이 잘 안 된다는 뜻.

아닌 밤중에 웬 국수냐?
꿈에도 생각지 않았던 행운을 만났다는 뜻.

온면溫麵 먹을 적부터 그르다.
(1) 국수 먹는 혼인날부터 잘못 만났다는 뜻.
(2) 일이 시작부터 잘못되었다는 뜻.
* 온면: 더운 국수.

중 먹을 국수는 생선을 속에 두고 담는다.
중이 먹는 음식은 장사하는 사람이 알아서 담는다는 뜻.

함흥 국수는 목구멍으로 끊는다.
함흥 냉면은 녹말로 만들어서 매끄럽고 질기기 때문에, 이로 미처 끊기지 않은 것은 그냥 넘어가 목구멍으로 끊어야 할 정도로 졸깃졸깃한 맛이 있다는 뜻.

함흥 국수는 한 가닥은 그릇에 있고 한 가닥은 뱃속에 있다.
함흥 국수는 한 가닥은 그릇에 있고 다른 한 가닥은 뱃속에 있을 정도로 국수가닥이 차지고 질겨서 잘 끊어지지 않는다는 말.

40
수제비

국수 잘하는 솜씨에 수제비 못할까.
음식 솜씨가 좋으면 쉬운 음식은 저절로 하게 된다는 뜻.

먹다 보니 개떡수제비다.
먹다가 맛이 없어서 다시 보니 개떡수제비이듯이, 음식은 먹어 보면 알게 된다는 뜻.

설익은 수제비에 입천장만 덴다.
음식도 음식답지 못한 것에 입만 데었다는 뜻.

수제비 잘하는 사람은 국수도 잘한다.
한 가지 일을 잘하면 그와 비슷한 일도 잘하게 된다는 뜻.

수제비 잘하는 솜씨는 국수도 잘한다.
한 가지 음식 솜씨가 좋으면 그와 유사한 음식은 자연스레 하게 된다는 뜻.

수제비 한 그릇이 국수 한 그릇보다 배부르다.
밀가루 양으로 볼 때 국수보다 수제비가 월등히 많기 때문에 수제비를 먹는 것이 배부르다는 뜻.

음식 같잖은 개떡수제비에 입천장만 덴다.
하찮은 음식을 깔보고 먹다가 데듯이, 우습게 본 일에 큰 손해만 보았다는 뜻.

41 묵

묵 그릇에 묵 항아리를 얹는다.
묵 담은 그릇 위에 무거운 항아리를 얹으면 묵을 버리듯이, 약한 것 위에 무거운 것을 얹어 약한 것을 못 쓰게 만든다는 뜻.

묵 먹은 배다.
묵은 먹었을 때는 배가 불러도 바로 소화가 된다는 뜻.

묵사발이 되었다.
묵사발이 땅에 떨어져 못 먹게 되듯이 박살이 났다는 뜻.

묵은 겨울 묵이 일미다.
묵은 추운 겨울에 먹어야 제 맛이 난다는 뜻.

묵은 상수리묵이 맛이 좋다.
메밀묵보다 상수리쌀로 만든 묵이 더 맛있다는 뜻.

묵은 양념맛으로 먹는다.
묵은 양념을 맛있게 해야 맛이 좋다는 뜻.

V
장류

42
식 혜

식혜는 소화제다.
식혜는 맛도 좋지만 소화촉진제의 구실도 한다는 뜻.

식혜도 공들여야 사먹는다. (제주도)
식혜도 공을 들여 만들어야 맛이 있듯이 무슨 일이나 공을 들여야 한다는 뜻.

식혜를 먹든지 김칫국을 먹든지 그야 임자 마음이다.
무슨 일이든지 일할 사람의 자유라는 말.

식혜 먹는 고양이 상이다.
변미된 식혜를 먹은 고양이 상처럼 찌푸린 얼굴을 이르는 말.

여름 식혜맛이다.
(1) 여름 식혜는 차게 해서 먹으면 시원하다는 뜻.
(2) 여름 식혜는 맛이 변하기가 쉽다는 뜻.

오뉴월 식혜 변하듯 한다.
마음이 몹시 변덕스럽게 변한다는 뜻.

43
누룽지

누룽지 긁다가 솥 깬다.
작은 이득을 탐내다가 큰 손해를 당한다는 뜻.

누룽지는 며느리 차지다.
밥을 다 푸고 난 다음에 긁는 누룽지는 며느리가 가장 즐기는 기호품이라는 뜻.

누룽지라도 주고 달라랬다.
남에게 청탁을 하려면 무엇을 주고 하라는 뜻.

누룽지를 길에 버리면 복이 나간다.
먹는 음식을 함부로 버리게 되면 복이 나가므로 아껴야 한다는 뜻.

누룽지를 좋아하면 공부를 못한다.
옛날에는 누룽지가 아이들의 간식용이었기 때문에 공부할 때 누룽지 생각을 하면 공부가 안 된다는 뜻.

누룽지 한 주먹은 밥 한 그릇하고 안 바꾼다.
누룽지맛이 밥맛보다도 월등히 낫다는 뜻.

보리 누룽지는 고소한 맛으로 먹는다.
보리 누룽지의 고소한 맛은 별미라는 뜻.

보리 누룽지도 맛들일 탓이다.
보리 누룽지도 맛을 들이면 간식용으로 매우 좋다는 뜻.

콩밥 누룽지다.
누룽지 중에서 가장 맛 좋은 누룽지라는 뜻.

평생 소원이 누룽지라고.
소원치고는 시시한 소원이라는 뜻.

평생 소원이 눌은밥 팔자다.
(1) 궁상스러운 말을 잘한다는 뜻.
(2) 굶주리며 일생을 산다는 뜻.

44
숭늉

급하기는 싸전에 가 숭늉 찾는다.
몹시 성급한 사람을 비유하는 말.

급하기는 우물에 가서 숭늉 찾는다.
성미가 몹시 급한 사람을 비유하는 말.

김 안 나는 숭늉에 덴다.
김이 나는 숭늉은 주의를 하지만 김이 안 나는 숭늉은 주의를 않다가 데듯이, 사람도 떠드는 사람보다는 침묵을 지키는 사람을 더 경계해야 한다는 말.

김 안 나는 숭늉이 더 뜨겁다.
(1) 김이 안 보이는 숭늉이 뜨겁듯이, 평소에 말없는 사람이 잘 떠드는 사람보다 더 무섭다는 뜻.
(2) 잘 아는 사람은 아는 척하지 않는다는 뜻.

머슴은 보리 숭늉에 살찐다.
(1) 머슴은 보리밥을 먹고 난 다음에 먹는 구수한 보리 숭늉 때문에 살이 찐다는 뜻.
(2) 보리 숭늉의 구수한 맛은 별미라는 뜻.

밥 먹고 숭늉 안 먹은 것 같다.
(1) 기분이 개운치 못하다는 뜻.
(2) 일을 마무리하지 못하였다는 뜻.

보리밭에 가 숭늉 찾는다.
성미가 매우 급한 사람을 조롱하는 말.

보리 숭늉에 살찐다.
보리밥을 푼 다음에 보리 누룽지를 그대로 둔 채 물을 부어 끓인 숭늉은 구수하여 맛도 좋을 뿐 아니라 영양가도 있다는 뜻.

보리 숭늉은 보리밥 제쳐놓고 먹는다.
보리밥보다도 보리 숭늉맛이 더 좋다는 뜻.

숭늉에 덴 사람은 냉수도 불어먹는다.
한 번 놀라게 되면 그와 비슷한 것만 봐도 놀란다는 뜻.

숭늉에 물 탄 맛이다.
숭늉에 물 탄 것처럼 맛이 싱겁다는 뜻.

숭늉에 밥알이 뜨면 비가 온다.
저기압일 때는 숭늉의 밥알이 뜨게 되므로 비 오는 것을 예측할 수 있다는 뜻.

숭늉은 아랫목같이 따끈해야 하고, 찌개는 부뚜막같이 뜨거워야 한다.
숭늉은 아랫목 온도와 같아야 좋고 찌개는 부뚜막 온도와 같이 뜨거워야 맛이 좋듯이, 음식의 맛은 온도가 주는 영향도 크다는 뜻.

싸전에 가서 숭늉 찾는다.
성미가 불같이 급한 사람을 두고 하는 말.

없는 놈은 보리 숭늉에 살찐다.
없는 사람은 주식이 보리밥이기 때문에 보리밥을 먹고 나서 구수한 보리 숭늉맛이 일미라는 뜻.

우물가에서 숭늉 찾는다.
무슨 일이나 순서를 지키지 않고 조급하게 서두른다는 뜻.

조밭에 가서 숭늉 찾는다.
조급성이 있는 사람은 조롱하는 말.

타작 마당에서 숭늉 찾는다.
성미가 매우 조급한 사람을 이르는 말.

45
두부

돼지는 두부 하는 날이 생일이다.
두부를 하면 돼지가 비지로 포식을 하게 된다는 뜻.

두부 끓기다.
힘 하나 들이지 않고 할 수 있는 일이라는 뜻.

두부 끓기보다 쉽다.
힘 하나 들이지 않고 수월하게 할 수 있다는 뜻.

두부 되듯 한다.
두부 되듯이 무슨 일이 빨리 이루어진다는 뜻.

두부 딱딱한 것과 여자 딱딱한 건 쓸모가 없다.
여자는 상냥하고 부드러워야지 무뚝뚝해서는 안 된다는 뜻.

두부 딱딱한 것과 장사꾼 딱딱한 것은 쓸모가 없다.
두부는 부드러워야 맛이 있고, 장사꾼은 친절해야 손님들이 따른다는 뜻.

두부 먹다 이 빠지고, 수박 먹다 이 빠진다.
(1) 무슨 일이든지 방심한 데서 실수하게 된다는 뜻.
(2) 믿고 있던 일에서 뜻밖의 실수를 하게 된다는 뜻.

두부 먹다 이 빠진다.
만만히 여긴 일에서 실수하게 된다는 뜻.

두부 모같이 반듯하다.
두부 모와 같이 반듯한 육면체라는 뜻.

두부 모 끊듯 한다.
몹시 수월하게 잘 끊는다는 뜻.

두부 모 베듯 한다.
두부 모 베듯이 일하기가 매우 쉽다는 뜻.

두부 모 자르듯 한다.
단단한 재료를 두부 자르듯이 수월하게 자른다는 뜻.

두부살에 바늘 뼈다.
살은 두부같이 무르고 뼈는 바늘같이 가늘어, 아픈 것을 조금도 참지 못하고 엄살을 몹시 떠는 사람을 가리키는 말.

두부살이다.
두부 같은 무른 살이 뚱뚱하게 쪘다는 뜻.

두부에 꺾쇠 박기다.
두부에 꺾쇠를 박듯이 일하기가 매우 쉽다는 뜻.

두부에도 뼈가 있다.
업신여긴 일에서 실수하게 된다는 뜻.

두부에 머리 박아 죽을 놈이다.
행동이 못된 사람은 죽을 때도 옳은 죽음을 못한다는 뜻.

두부에 못 박듯 한다.
일하는 데 힘 하나 들이지 않고 할 수 있다는 뜻.

두부에 뼈다.
두부에도 어쩌다가 뼈가 있을 수 있으므로 무슨 일이나 경각심을 가지고 하라는 뜻.

두부에 송곳 박기다.
두부에 송곳을 박듯이 일하기가 매우 쉽다는 뜻.

두부 장수 두부 안 먹고, 떡 장수 떡 안 먹는다.
맛있는 음식이라도 늘 취급하게 되면 먹고 싶은 생각이 없어진다는 뜻.

두부하고 여자는 딱딱하면 못 쓴다.
두부와 여자는 부드러워야 한다는 뜻.

두부하고 장사꾼은 딱딱하면 안 팔린다.
장사꾼은 친절하고 부드러워야 손님들이 따른다는 말.

두부 한 모에 아이 이름 버린다.
어떤 일을 시작하였다가 성공도 못하고 오히려 피해만 입게 된다는 뜻.

모녀가 두부 앗듯 한다.
모녀간에 정답게 두부를 하듯이 무슨 일을 서로 다정하게 잘한다는 뜻.

바늘 뼈에 두부살이다.
뼈는 가늘고 살은 많이 찐 약한 체격이라는 뜻.

세 어미 딸 두부 앗듯 한다.
혼자서 해도 될 일을 어머니와 딸 셋이 두부를 만드느라고 수선스럽기만 하듯이, 시끄럽기만 하고 일이 잘 안 된다는 뜻.

안 되는 놈은 두부에도 뼈가 있다.
복 없는 사람은 잘되던 일도 실패한다는 뜻.

재수 없는 놈은 두부에도 뼈가 있다.
재수가 없는 사람은 응당 될 일도 안 된다는 뜻.

질탕관에서 두부장 끓듯 한다.
질탕관에서 두부장이 부글부글 끓듯이 속에서 화가 부글부글 난다는 뜻.
* 질탕관: 질흙으로 만든 자루가 없는 탕관.

한 푼짜리 푸닥거리에 두부가 오 푼이다.
일이 뒤바뀌어 잘못되었다는 뜻.

46
비지

권에 비지떡 먹는다.
본의 아닌 일도 권에 못 이기어 한다는 뜻.

두부 하는 날은 돼지가 비지로 포식한다.
두부를 만들고 난 부산물인 비지로 돼지가 포식을 한다는 뜻.

비지도 끼 에워먹지 못한다.
비지가 흔하지 않기 때문에 없는 사람은 비지도 구하기가 어렵다는 뜻.

비지도 배부르게 먹지 못한다.
비지가 흔하지 않기 때문에 구해서 먹기가 어렵다는 뜻.

비지도 없어서 못 먹는다.
굶주린 사람은 비지라도 먹으려고 하지만 구하지를 못해 못 먹는다는 뜻.

비지로 채운 배는 고량진미도 마다한다.
한 번 배불리 먹으면 맛있는 음식도 못 먹게 된다는 뜻.

비지 먹은 배는 연약과도 싫다 한다.
한 번 배를 채우면 맛있는 음식도 못 먹게 된다는 뜻.

비지 사러 갔다가도 말을 잘하면 두부 산다.
장사꾼은 친절하면 물건을 더 팔게 된다는 뜻.

비지죽 먹고 수염 쓴다.
없는 사람이 있는 척하고 허세를 부린다는 뜻.

비지죽 먹고 용트림한다.
(1) 없는 사람이 있는 척한다는 뜻.
(2) 못난 사람이 잘난 척한다는 뜻.

비짓국도 배부르게 먹지 못한다.
굶주린 사람은 맛없는 비짓국조차도 없어서 못 먹는다는 뜻.

비짓국으로 채운 배는 약과도 싫다 한다.
배가 부르면 아무리 맛 좋은 음식이라도 못 먹게 된다는 뜻.

47
반찬

값싼 갈치 자반이 맛은 좋다.
(1) 값싼 반찬에도 맛 좋은 것이 있다는 뜻.
(2) 값이 싸면서도 쓸모가 있는 물건이라는 뜻.

기갈이 반찬이다.
허기진 사람은 아무 반찬이나 다 맛있게 먹는다는 뜻.

맛 좋고 값싼 갈치 자반이다.
(1) 맛도 좋고 값도 싼 반찬이라는 뜻.
(2) 값도 싸고 쓸모도 있는 좋은 물건이라는 뜻.

먹기 싫은 반찬이 끼니마다 오른다.
맛없는 음식은 먹지 않기 때문에 없어지지 않고 오래 간다는 뜻.

반찬 단지광에 드나들 듯한다.
반찬 단지광에 끼니 때마다 드나들 듯이 출입이 잦은 것을 비유하는 말.

반찬 단지에 고양이 발 드나들 듯한다.
고양이가 반찬 단지의 고기를 내먹듯이 자주 드나든다는 뜻.

반찬 먹은 강아지 나무라듯 한다.
반찬을 먹은 강아지 나무라듯이 잘못한 사람을 야단친다는 뜻.

반찬 먹은 개 꾸짖듯 한다.
반찬을 먹은 개를 나무라듯이 잘못한 사람을 마구 꾸짖는다는 뜻.

반찬 먹은 개 잡도리하듯 한다.
반찬 먹은 개를 꾸짖듯이 잘못을 저지른 사람을 몹시 꾸짖는다는 뜻.

반찬 먹은 고양이 잡도리하듯 한다.
반찬 먹은 고양이를 나무라듯이 잘못한 사람을 잡아 야단을 친다는 뜻.

반찬은 밥도둑이다.
반찬이 좋으면 밥을 많이 먹게 된다는 뜻.

반찬을 털어가며 먹으면 복이 나간다.
반찬을 젓가락으로 집어서 털면 보기가 흉하므로 그대로 먹으라는 뜻.

반찬이 없으면 소금밥 먹는다.
극빈하면 반찬 없이 소금밥을 먹을 수밖에 없다는 뜻.

반찬 투정만 한다.
반찬이 없어서 밥을 못 먹는다고 투정하면서 밥을 먹지 않는다는 뜻.

반찬 항아리가 열둘이라도 서방님 비위는 못 맞춘다.
남편의 식성이 까다로워서 비위를 맞추기가 매우 어렵다는 뜻.

보기 싫은 반찬이 끼마다 오른다.
(1) 늘 먹는 반찬이라 먹기가 싫다는 뜻.
(2) 보기 싫은 사람을 늘 만나게 된다는 뜻.

산과 바다에서 나는 맛 좋은 반찬이다.
산과 바다에서 생산되는 진수성찬으로 호화롭게 식사를 한다는 뜻.

시장이 반찬이다.
시장하게 되면 아무 음식이나 맛이 좋다는 뜻.

십 리 반찬을 한다.
맛 좋은 오리고기 두 마리면 십 리 반찬이 되듯이 맛이 매우 좋은 반찬이라는 뜻.

싼 것이 갈치 자반이다.
갈치 자반은 값도 싸고 맛도 좋다는 뜻.

열두 가지 반찬에 입에 맞는 것이 없다.
식성이 매우 까다로운 사람을 두고 하는 말.

열두 가지 반찬으로도 서방님 비위는 못 맞추겠다.
(1) 식성이 매우 까다로워서 입에 맞는 반찬을 장만하기가 어렵다는 뜻.
(2) 성미가 까다로워서 비위맞추기가 매우 어렵다는 뜻.

외상 반찬은 모자라도 겸상 반찬은 남는다.
혼자서 손해 보던 일도 두 사람이 하면 이득을 보게 된다는 뜻.

찌개는 부뚜막같이 뜨거워야 한다.
찌개는 끓어서 따끈따끈해야 맛있다는 뜻.

토막 반찬에 이밥은 한두 식구나 먹는다.
가난해도 맛있는 음식은 가장家長이나 먹게 된다는 뜻.

48
김치

갓김치가 되었다.
(1) 소금에 절인 갓처럼 물건이 못 쓰게 다 부서져 버렸다는 뜻.
(2) 사람이 기진맥진하게 되었다는 뜻.
* 갓: 겨자과의 1년생 풀로서 김치에 사용된다.

거지 김칫국 흘리듯 한다.
거지가 추위에 떨며 김칫국을 먹게 되므로 흘린다는 뜻.

김장맛은 손맛이다.
감장맛이 좋고 나쁜 것은 요리 솜씨에 달렸다는 뜻.

김장은 겨울철 반양식이다.
없는 사람은 겨울에 김치죽·김치밥 등으로도 많이 소비하기 때문에 반양식이라고 한다.

김장은 반양식이다.
없는 사람은 겨울에 김치를 많이 먹게 된다는 말.

김장은 풍년이면 늦게 담그고, 흉년이면 일찍 담가야 한다.
무와 배추가 풍년 든 해의 김장은 늦게 해야 헐하고, 흉년일 때는 일찍 해야 헐하다는 뜻.

김치는 반양식이다.
겨울철 반찬은 김치가 절반 이상을 차지한다는 뜻.

김칫국 먹고 수염만 쓰다듬는다.
아무 실속도 없으면서 허세를 부린다는 말.

김칫국 먹고 수염 쓰다듬고, 냉수 마시고 갈비 트림한다.
남들 앞에서 실속 없이 허세만 부린다는 말.

김칫국 먹은 거지 떨 듯한다.
추운 겨울철에 거지가 찬 김칫국을 먹으면 더 떨게 된다는 뜻.

김칫국 먼저 마신다.
남의 속도 모르고 제 나름대로 그렇게 되리라 믿고 행동한다는 뜻.

김칫국부터 미리 마신다.
상대방의 속도 모르고 제 나름대로 잘 되리라 믿고 행동한다는 뜻.

김칫국을 먹든지 식혜를 먹든지 임자 마음이다.
무슨 일을 하든지 하고 싶은 사람의 자유라는 뜻.

김칫국 채어먹은 거지 떨 듯한다.
겨울에 묻어 놓은 김칫독에서 시장한 끝에 김칫국을 많이 꺼내먹고 떠는 거지처럼 남들은 안 떠는데 혼자서 떠는 사람을 두고 하는 말.

꺼내먹은 김칫독이다.
다 먹고 난 빈 김칫독이라는 뜻.

나그네 먹던 김칫국 먹자니 더럽고 남 주자니 아깝다.
인색하고 욕심 많은 사람은 자기가 안 먹는 음식도 아까워서 남을 주지 않고 썩혀 버린다는 뜻.

다 먹은 김칫독에 빠졌다.
다른 사람들이 이익을 다 보고 난 뒤에 덤벼들었다가 큰 손해만 보았다는 말.

다 퍼먹은 김칫독에 빠진다.
남들이 이익을 다 보고 난 뒤에 덤벼들었다가 큰 손해만 보았다는 말.

다 퍼먹은 김칫독이다.
(1) 남들이 이익 볼 것은 다 보고 빈 것만 남았다는 뜻.
(2) 신체가 쇠약하여 두 눈이 쑥 들어갔다는 뜻.

떡방아 소리 듣고 김칫국 마신다.
주책 없는 사람은 눈치도 없이 헛일만 한다는 뜻.

떡 줄 사람은 생각도 안하는데 김칫국부터 마신다.
눈치 없는 사람은 제멋대로 하다가 헛일만 한다는 뜻.

미랭시未冷尸 김칫국 흘리듯 한다.
무엇을 지저분하게 질질 흘린다는 뜻.
* 미랭시: 겨우 목숨만 붙어 있는 반송장.

배추가 풍년이면 김장을 늦게 하고, 흉년이면 김장을 일찍 해야 한다.
김장을 값싸게 하려면 풍년 든 해에는 김장 시기가 지나면 김장값이 폭락하게 되므로 늦게 하는 것이 유리하며, 흉년 든 해는 김장값이 오르기 전에 일찍 하는 것이 유리하다는 말.

비렁이 김칫국 흘리듯 한다.
음식을 먹을 때 흘리면서 먹는 사람에게 이르는 말.

시기 지난 김치다.
김치가 제철이 지나면 맛이 변하듯이 시기가 지나 못 쓰게 되었다는 뜻.

식혜를 먹든지 김칫국을 먹든지 그야 임자 마음이다.
(1) 먹는 사람의 식성에 따라 결정된다는 뜻.
(2) 일은 하는 사람의 자유라는 뜻.

신김치다.
봄철이 되어 김치맛이 시게 변했다는 뜻.

양반 김칫국 떠먹듯 한다.
매우 점잖은 척하며 거만을 떠는 사람을 비유하는 말.

열무김치가 맛도 들기 전에 군둥내부터 난다.
(1) 김치가 미처 맛도 들기 전에 변미되어 못 먹게 되었다는 뜻.
(2) 장성하기 전에 벌써부터 나쁜 짓을 하여 싹수가 없다는 뜻.

전라도 김치는 젓갈맛으로 먹는다. (전라도)
경기도와 충청도에서는 김장을 새우젓으로 담지만, 전라도에서는 젓갈로 담기 때문에 젓갈맛이 좋아야 김장맛도 좋게 된다는 뜻.

젓가락으로 김칫국을 집어먹는다.
(1) 되지도 않을 어리석은 짓을 한다는 뜻.
(2) 소견이 좁은 사람을 비유하는 말.

철 지난 김치다.
봄철이 되어 맛이 시게 변한 김치라는 뜻.

파김치가 되었다.
맥이 빠지고 나른하게 되었다는 뜻.

49장

가시어머니 장 떨어지자 사위 국 마다고 한다.
어떤 일이 공교롭게 잘 들어맞았을 때 이르는 말.
* 가시어머니: 장모.

고린 장이 더디 없어진다.
무슨 물건이나 좋은 것은 먼저 없어지고 나쁜 것은 오랫동안 남게 된다는 뜻.

고린 장이 오래 간다.
좋은 것은 빨리 없어지고 나쁜 것은 오래 간다는 뜻.

구더기 날까봐 장 못 담글까?
지나치게 염려를 하다가는 일을 못하게 된다는 뜻.

구더기 무서워 장 못 담글까?
(1) 사소한 방해물이 있다고 할 일을 안해서는 안 된다는 말.
(2) 큰일을 하는 데는 사소한 비방이 있더라도 두려워해서는 안 된다는 말.

그 집 장 한 독을 다 먹어 보아야 그 집 일을 잘 안다.
사람은 오래 두고 사귀어 봐야 자세히 알 수 있다는 뜻.

깻묵장이 별미다.
(1) 처음 먹는 음식은 맛이 있다는 뜻.
(2) 가난한 사람은 하찮은 음식도 별미라는 뜻.

꾸러미에 단 장 들었다.
모양이 흉한 꾸러미 속에 맛 좋은 장이 들어 있듯이, 외모는 흉하나 속은 훌륭하다는 말.

나그네 국 마다하자 주인집 장 떨어진다.
공교롭게도 서로 일이 잘 풀린다는 뜻.

남의 밥 보고 장 떠먹는다.
공것을 몹시 바라는 사람을 조롱하는 말.

내 장 먹은 사람이 짜다고 한다.
나에게 신세진 사람이 도리어 불평불만을 한다는 뜻.

단 장이 먼저 떨어진다.
(1) 장맛이 좋으면 먼저 먹게 된다는 뜻.
(2) 물건이 좋으면 먼저 팔린다는 뜻.
(3) 인물이 고우면 먼저 시집가게 된다는 뜻.

독 깨고 장 쏟는다.
한 가지 실수를 하면 여러 가지의 손해를 보게 된다는 뜻.

뚝배기 깨고 장 쏟는다.
두 가지 손해를 동시에 보았다는 뜻.

뚝배기는 깨졌어도 장맛은 좋았다.
장은 뚝배기에 끓여야 맛이 좋다는 뜻.

뚝배기보다 장맛이 달다.
(1) 뚝배기가 모양은 없어도 장맛은 좋다는 뜻.
(2) 인물은 없어도 솜씨는 좋다는 뜻.

뚝배기보다 장맛이 좋다.
뚝배기는 볼품이 없어도 장은 맛이 있듯이 겉보기보다는 실속이 있다는 뜻.

뚝배기에는 장을 끓이게 마련이다.
장은 뚝배기에 끓여야 제 맛이 난다는 뜻.

말 끝에 장 달란다.
이러니저러니 말을 한 끝에 장을 달라고 하듯이, 목적은 장을 얻으러 왔다는 뜻.

말 단 집에 장 단 법 없다.
말 많은 사람은 말로 일을 하기 때문에 일솜씨가 없다는 뜻.

말 단 집에 장 단 집 없다.
말 많은 여자는 말솜씨는 좋아도 일솜씨는 없기 때문에 장맛이 나쁠 수밖에 없다는 뜻.

말 많은 집 장맛이 쓰다.
말 많은 여자는 말솜씨는 좋지만 일솜씨는 없기 때문에 장맛이 쓸 수밖에 없다는 뜻.

맛 좋은 장이 먼저 떨어진다.
맛 좋은 장이 있으면 먼저 먹게 되므로 빨리 떨어진다는 뜻.

먹으나마나 장은 장맛이다.
직접 보지 않고 말만 들어도 알 수 있다는 뜻.

먹지도 못하고 버리지도 못하는 것이 맛 변한 장이다.
장맛이 나쁘면 음식맛까지 버리게 되므로 마땅히 버려야 하지만, 막상 버리려고 하면 아까워서 버리지 못한다는 뜻.

묵은 장 쓰듯 한다.
대단치 않은 것 같지만 두고두고 긴요히 쓴다는 뜻.

밥 먹으면 장은 떠먹게 마련이다.
밥을 먹으면 으레 반찬을 먹듯이, 한 가지 일을 하게 되면 그와 관련된 일은 으레 따라 하게 된다는 뜻.

밥은 삼장三醬만 있으면 먹는다.
밥은 된장·간장·고추장 세 가지만 있으면 먹는다는 뜻.

보자보자 했더니 얻어 온 장 한 번 더 뜬다.
참고 보고만 있었더니 점점 못된 짓만 한다는 뜻.

붉고 쓴 장이다.
겉모양은 그럴듯하나 실속은 좋지 못하다는 뜻.

3년 묵은 장이 변하겠다.
절대로 변하지 않는다는 것을 비유한 말.

소경 장 떠먹듯 한다.
장님이 장 떠먹듯이 무슨 일을 짐작으로 한다는 뜻.

소금에 안 전 놈이 장에 절까.
염분이 많은 소금에도 안 전 것이 더구나 염분이 약한 장에 절 리가 없다는 뜻.

소금으로 장을 담근다 해도 못 믿는다.
신용을 잃은 사람은 바른말을 해도 믿어 주지 않는다는 뜻.

쉬파리 무서워 장 못 담글까?
사소한 장애물이 있다고 할 일을 못할 리가 있느냐는 뜻.

신일辛日에 장을 담그면 맛이 변한다.
일진日辰에 〈신〉자가 든 날 장을 담그면 장이 시게 되므로, 이 날을 피해서 담그라는 말.

10년 묵은 장맛도 변한다.
세상에는 꼭 믿었던 일도 낭패가 될 수 있다는 뜻.

양은 쟁개비에 장 끓듯 한다.
양은 쟁개비에 장이 끓듯이 무슨 일이 빨리 이루어진다는 뜻.
* 쟁개비: 무쇠나 양은으로 만든 작은 냄비.

어머니가 얻어 온 장 아버지는 말똥같이 먹는다.
가난한 집에서는 장을 먹기도 힘들다는 뜻.

얻어먹는 장도 한두 번이다.
장은 담가서 먹어야지 얻어먹고는 못 산다는 뜻.

얻어 온 장 한 번 더 떠먹는다.
(1) 음식이 적으면 더 먹고 싶어진다는 뜻.
(2) 남의 집 음식은 더 맛있어 보인다는 뜻.

없는 집일수록 장은 담가야 한다.
구차한 살림일수록 장을 담가야 생활비가 절감된다는 뜻.

여자가 말이 많으면 장맛이 쓰다.
여자가 말이 많으면 대인관계가 좋지 못하여 일이 잘 안 된다는 뜻.

움막에 단 장이다.
가난한 집 장맛이 좋듯이 가난한 집 음식이 맛있을 때 하는 말.

유월에는 장을 담그지 않는다.
기온이 높은 유월에 장을 담그면 숙성이 잘 안 되기 때문에 담그지 말라는 뜻.

장과 의사는 오래 묵을수록 좋다.
장은 묵을수록 맛이 좋아지고, 의사는 경험이 많을수록 병을 잘 고친다는 뜻.

장 내고 소금 낸다.
음식을 장만하는 사람이 장과 소금도 부담하듯이, 사소한 일도 책임진 사람이 다해야 한다는 뜻.

장 단 집에는 가도 말 단 집에는 가지 말랬다.
장 단 집에 가면 맛있는 음식이나 얻어먹지만, 말 단 집에 갔다가는 잘못하면 망신만 당한다는 뜻.

장 단 집에 복이 온다.
장을 잘 담그고 살림을 잘하는 집은 잘 살게 된다는 뜻.

장독과 어린아이는 얼지 않는다.
어린아이들은 날씨가 추워도 밖에서 추운지 모르고 잘 논다는 뜻.

장독보다 장맛이 좋다.
겉보다는 속이 알차다는 말.

장독에 메밀꽃이 일면 장맛이 좋다.
장독 표면에 소금의 간이 스며서 메밀꽃처럼 흰 것이 피면 장맛이 좋아진다는 뜻.

장 떨어지자 나그네 국 마다한다.
공교롭게도 서로 일이 잘 풀린다는 뜻.

장 떨어지자 사위 국 마다한다.
우연히 두 사람 사이의 일이 잘 해결된다는 뜻.

장맛 그른 것은 1년 원수고, 계집 그른 것은 평생 원수다.
장맛 나쁜 것은 1년 먹으면 없어지지만, 아내 잘못 얻은 것은 죽을 때까지 속을 썩인다는 뜻.

장맛 그른 것은 1년 원수요, 계집 그른 것은 백 년 원수다.
아내를 잘못 얻으면 3대를 두고 속을 썩인다는 말.

장맛 나쁜 것은 1년 원수요, 아내 잘못 만난 것은 평생 원수다.
장맛이 나쁜 것은 1년만 있으면 다 먹어 없앨 수 있지만, 아내 잘못 만나면 죽을 때까지 속을 썩이게 된다는 뜻.

장맛 신것은 1년 원수다.
장맛이 변한 것은 1년만 먹으면 새 장을 먹게 되므로 해결이 된다는 뜻.

장맛이 단 집에는 복이 온다.
음식 솜씨가 좋은 집은 음식맛도 좋고 살림도 잘하기 때문에 잘 살게 된다는 뜻.

장맛이 변하면 집안에 변이 생긴다.
장맛은 좀처럼 변하는 것이 아닌데 이런 일이 생기는 것은 불길한 징조라는 뜻.

장맛이 변하면 집안이 망한다.
소금으로 만든 짠 장이 예외적으로 맛이 변하듯이, 집안에 예외적인 변사變事가 생기면 길하지 않다는 뜻.

장맛이 좋아야 국맛도 좋다.
국맛이 좋고 나쁜 것은 장에 달렸다는 뜻.

장맛이 좋아야 집안이 잘 된다.
주부의 솜씨가 좋고 살림을 잘하는 집은 잘 살게 된다는 말.

장모 장 떨어지자 사위 국 마다한다.
공교롭게도 서로 일이 유리하게 잘 해결된다는 뜻.

장 쏟고 발등 덴다.
한 가지 일이 잘못되면 따라서 다른 것까지도 잘못된다는 뜻.

장 쏟고 허벅지 덴다.
한 가지 일을 잘못하면 연쇄적으로 다른 것까지 잘못을 저지르게 된다는 뜻.

장 아까워 잡은 개도 안 먹는다.
작은 것을 아끼다가 큰 손해를 본다는 말.

장 없는 놈이 국은 더 즐긴다.
없는 사람이 사치는 더한다는 말.

장 없는 집에서 국 좋아하는 사람은 더 많다.
가난한 주제에 분에 넘치는 사치는 더 좋아한다는 말.

장에 넣은 소금이 어디 갈까.
그 중에 있는 것은 어디로 갈 리가 없다는 뜻.

장은 담가두면 돈이 된다.
장을 넉넉히 담가서 여유가 있을 때는 팔면 돈이 된다는 뜻.

장은 담가두면 돌이 돌아온다. (제주도)
먹자고 담근 장을 그대로 두면 또 장 담글 때가 되듯이, 먹을 것은 제때에 먹어야 한다는 뜻.

장은 뚝배기에 끓여야 제 맛이 난다.
장은 쇠그릇보다도 뚝배기에 끓여야 맛이 좋다는 뜻.

장은 묘일卯日에 담가야 한다.
일진日辰에 〈묘〉자가 든 날 장을 담그면 맛이 좋다는 말.

장은 묵을수록 값이 오르고, 처녀는 묵을수록 값이 떨어진다.
장은 오래 갈수록 맛이 좋아지지만, 처녀는 나이가 많을수록 혼처가 좁아진다는 뜻.

장醬은 장將이다.
장은 온갖 음식맛의 으뜸으로서, 장맛이 좋으면 모든 음식의 맛이 좋아진다는 뜻.

장이 끓는지 국이 끓는지 다 안다.
남의 집에 가보지 않아도 그 사정을 잘 알고 있다는 뜻.

장이 끓는지 국이 끓는지도 모른다.
한 집에 살면서 살림이 어떻게 되는 줄도 모른다는 뜻.

장이 달아야 국도 달다.
국의 간은 장으로 맞추기 때문에 장맛이 좋아야 국맛도 좋다는 뜻.

장 잘못 담근 건 1년 원수요, 아내 잘못 얻은 건 평생 원수다.
장을 잘못 담근 건 1년이 지나 다시 담그면 되지만, 아내 잘못 얻은 건 죽을 때까지 속을 썩인다는 뜻.

주인집 장 떨어지자 나그네 국 마다한다.
우연히 일이 서로 유리하게 잘 해결된다는 뜻.

질탕관[瓦湯罐]에 두부 장 끓듯 한다.
걱정이 있어 속을 몹시 끓인다는 말.

집구석이 망하려면 10년 묵은 장맛이 변한다.
집안이 망하려면 불길한 일이 생겨난다는 뜻.

집안이 망하려면 장맛부터 변한다.
장맛이 나쁘게 변하는 것은 살림이 안 될 징조라는 뜻.

집안이 안 되려면 장맛이 변한다.
장맛이 좋고 나쁜 것은 그 집 살림이 잘되고 못되는 것을 좌우할 정도로 중요하다는 뜻.

짚꾸러미 속에 단 장 들었다.
겉모양은 변변치 않으나 속에 든 것이 매우 좋다는 뜻.

청국장이 장이냐, 거적문이 문이냐?
못된 사람은 사람이라 할 수 없고, 나쁜 물건은 물건이라고 할 수 없다는 말.

청국장이 장이냐, 보리떡이 떡이냐?
장 중에서는 청국장이 가장 맛이 없고, 떡 중에서는 보리떡이 가장 맛이 없다는 뜻.
* 청국장: 콩을 볶아 습기를 가하여 메주를 띄우는 방법으로 만든 장.

청국장인지 쥐똥인지도 모르고 덤빈다.
일이 어떻게 된 것인지 내용도 모르고 남의 일에 참견을 한다는 뜻.

청국장 콩찌끼인지 쥐똥인지 모른다.
(1) 비슷한 것은 분별하기가 매우 어렵다는 뜻.
(2) 사리판단을 전연 못한다는 뜻.

50 간장

간장국에 마른다.
오랫동안 찌들어서 마르고 단단해졌다는 뜻.

간장맛이 변하면 집안이 안 된다.
불길한 징조가 있으면 집안이 망한다는 뜻.

간장에 전 놈이 초장에 죽으랴.
큰 고생도 한 사람이 사소한 고생을 못 참을 리가 있느냐는 뜻.

간장이 쉬고, 소금이 곰팡나겠다.
(1) 사람들이 믿지 않을 말을 한다는 뜻.
(2) 있을 수 없는 일이라는 뜻.

간장이 쉬고, 소금이 썩을 일이다.
간장과 소금은 절대로 쉬거나 썩는 일이 없듯이, 절대로 있을 수 없는 일이라는 뜻.

간장이 쉴 노릇이다.
도저히 있을 수 없는 일이라는 뜻.

붉은 간장은 달지 않다.
겉으로는 빛깔이 붉어 맛있게 보이나 쓰듯이, 겉으로는 좋아도 속은 신통치 않다는 뜻.

소금에도 안 전 놈이 간장에 절까.
강한 자에게도 지지 않은 사람이 약한 자에게 질 리가 있느냐는 뜻.

움 안의 간장이다.
겉으로는 보잘것 없으나 내용은 매우 좋다는 뜻.

51
된장

된장과 똥을 찍어먹어 봐야 아나?
사리판단을 못하는 사람을 조롱하는 말.

된장과 사람은 묵을수록 좋다.
된장은 오래 될수록 맛이 좋아지고, 사람은 오래 사귈수록 정이 더 든다는 뜻.

된장맛을 보면 그 집 음식맛도 안다.
된장은 반찬맛을 좌우하기 때문에 된장맛만 보아도 그 집 음식을 짐작할 수 있다는 뜻.

된장맛이 좋아야 국맛도 좋다.
국에는 된장이 들어가기 때문에 된장맛이 좋아야 국맛도 좋다는 뜻.

된장맛이 좋아야 집안이 잘 된다.
주부의 솜씨가 좋아야 집안도 번영한다는 뜻.

된장 먹고 밥 먹는다.
장을 먼저 먹고 밥을 먹듯이 일의 순서를 바꾸었다는 뜻.

된장 신것은 1년 원수요, 아내 못된 것은 평생 원수다.
된장맛 변한 것은 1년만 있으면 되지만, 아내를 잘못 얻으면 일평생을 두고 속을 썩인다는 뜻.

된장 아까워 개도 못 잡는다.
작은 이득만 생각하다가 큰 이득을 잃게 된다는 뜻.

된장 아껴 잡은 개도 먹지 않는다.
작은 것을 아끼다 큰 것을 손해 본다는 말.

된장에 풋고추 박히듯 했다.
어떤 장소에 사람들이 꼭 들어박혀 있는 것을 말한다.

된장을 잘 먹으면 오래 산다.
된장을 많이 먹으면 장수한다는 뜻.

된장이 아까워 못 잡아먹는다.
(1) 잡아먹고 싶어도 된장이 아까워 못 잡아먹을 정도로 못났다는 뜻.
(2) 복날 개를 된장이 아까워 못 잡아먹듯이, 인색한 짓을 하는 것은 오히려 손해가 된다는 뜻.

아내 잘못 얻으면 평생 원수요, 된장 신것은 1년 원수다.
된장 신 것은 1년 먹고 나서 다시 담그면 되지만, 아내를 잘못 얻으면 죽을 때까지 속을 썩인다는 뜻.

청어 굽는 데 된장 칠하듯 한다.
청어를 구울 때 칠하는 된장은 어떤 데는 붙어 있고 어떤 데는 떨어져서 볼품이 없듯이, 무엇이 고루 붙어 있지 않고 더덕더덕 붙어 있는 것을 이르는 말.

52
고추장

고추장 단지가 열둘이라도 서방님 비위는 못 맞추겠다.
정성을 다하여 남편의 비위를 맞추려고 하여도 성미가 몹시 까다로워서 맞추기가 어렵다는 말.

고추장이 밥보다 많다.
적어야 할 고추장이 밥보다 많듯이 무슨 일이 뒤바뀌었다는 뜻.

딸네 집에서 가져온 고추장이다.
딸이 정성스럽게 만들어 보낸 맛있는 고추장이라는 뜻.

맏동서가 죽으면 고추장 단지가 내 차지다.
윗사람이 죽으면 그 세간을 아랫사람이 차지하게 된다는 뜻.

맏동서 죽으면 고추장 단지가 내 차지고, 시어머니가 죽으면 아랫목이 내 차지다.
윗사람이 죽으면 그 세간이나 일을 아랫사람이 차지하게 된다는 뜻.

물방앗간에 가서 고추장 찾는다.
무슨 일을 당치도 않은 곳에 가서 한다는 뜻.

밥값보다 고추장값이 더 많다.
많아야 할 것이 적고 적어야 할 것이 많듯이 일이 뒤바뀌었다는 뜻.

방앗간에 자는 놈이 고추장 타령한다.
상대도 모르고 일을 엉뚱하게 한다는 뜻.

변변치 못한 며느리가 고추장 한 단지를 사흘에 다 먹는다.
못난 며느리가 살림을 함부로 하듯이 못난 사람은 못난 짓만 한다는 뜻.

보리밥에는 고추장이 제격이다.
보리밥은 고추장으로 비벼먹으면 더욱 맛있다는 뜻.

상추쌈에는 고추장이 제 맛이다.
상추쌈은 고추장으로 싸먹어야 맛이 좋다는 뜻.

아이들이 고추장 퍼먹고 울 듯한다.
어른들이 먹는 고추장을 아이들이 먹고 울 듯이, 모르고 하는 일은 실패를 한다는 뜻.

얄미운 며느리가 사흘 만에 고추장 한 단지를 다 먹는다.
얄미운 며느리가 살림마저 헤프게 하여 더욱 밉다는 뜻.

얻어먹어도 더덕 고추장이다.
남에게 신세를 질 바에야 시시한 것을 가지고는 안 진다는 뜻.

얻어 온 고추장이 더 헤프다.
있는 집 살림보다 없는 집 살림이 더 헤프다는 말.

친정에서 가져온 고추장이다.
솜씨 좋은 친정어머니가 만들어 보낸 맛있는 고추장이라는 뜻.

한 냥 장설帳設에 고추장이 아홉 돈어치다.
한 냥 잔치에 고추장값이 아홉 돈이듯이 일에 균형이 잡히지 않았다는 뜻.

53
메주

메주로 만든 낯짝 같다.
외양이 못난 사람을 조롱하는 말.

메주를 뭉쳐도 그보다는 낫겠다.
얼굴이 못난 사람을 흉보는 말.

메주를 예쁘게 만들면 예쁜 딸을 낳는다.
메주덩이는 보통 함부로 뭉치는데, 이것도 보기 좋게 만들라는 데서 유래된 말.

메주를 짝수로 만들면 불길하다.
메주는 쑤어서 매달 때 짝수로 매달지 말고 홀수로 매달아야 장맛이 좋아진다는 뜻.

메주 먹고 술트림한다.
없는 사람이 있는 척하고 허세를 부린다는 뜻.

메주 밟듯 한다.
무엇을 메주 밟듯이 자꾸 밟는다는 뜻.

메주 쑤는 날 머리를 빗으면 메주에 털이 난다.
메주를 만들 때는 정성을 들이고 깨끗하게 만들어야 장맛이 좋다는 뜻.

무른 메주 밟듯 한다.
아무런 지장이 없이 마구 돌아다닌다는 뜻.

신일辛日에 메주를 쑤면 장맛이 시다.
일진日辰에 〈신〉자가 든 날 메주를 쑤면 장맛이 시게 되므로, 이 날에는 메주를 쑤지 말라는 뜻.

팔도강산을 메주 밟듯 하였다.
전국 방방곡곡을 메주 밟듯이 다 돌아다녀서 지리를 잘 안다는 뜻.

팥으로 메주를 쑤겠다.
팥으로 메주를 쑬 수 없듯이 되지도 않는 짓을 한다는 뜻.

팥으로 메주를 쑨다 해도 믿는다.
평소에 신임을 얻은 사람은 거짓말을 해도 믿게 된다는 뜻.

54
소금

난리나면 곡식짐 버리고 소금짐 지고 간다.
난리가 났을 때 곡식 한 짐 지고 가다 그 곡식이 떨어지면 굶어죽지만, 소금 한 짐 지고
가면 풀이나 나무 껍질에 소금을 쳐먹으며 오래 견딜 수 있다는 뜻.

맛은 소금이 낸다.
소금은 음식맛을 내는 중요한 구실을 한다는 뜻.

번갯불에 소금 구워먹겠다.
행동이 매우 민첩한 사람을 비유하는 말.

부뚜막의 소금도 집어넣어야 짜다.
아무리 가까이 있는 것이라도 자기 손에 들어와야 비로소 제 이익이 된다는 뜻.

비 오는 것은 소금 장수가 먼저 안다.
저기압이 되면 소금에 누기漏氣가 치므로 소금 장수가 먼저 알게 된다는 뜻.

소금국에 조밥이다.
가난한 사람은 소금국에 조밥 먹기도 어렵다는 뜻.

소금도 곰팡난다.
(1) 무슨 일이고 절대로 탈이 안 생긴다고 장담은 못한다는 뜻.
(2) 철석같이 믿었던 사람도 배신한다는 뜻.

소금도 맛보고 사랬다.
물건을 살 때에는 잘 살펴보고 사야 한다는 말.

소금도 먹은 놈이 물켠다.
(1) 벌은 죄를 지은 사람이 받게 된다는 뜻.
(2) 빚은 돈 쓴 사람이 갚게 된다는 뜻.

소금도 없이 간 내먹는다.
(1) 밑천도 안 들이고 큰 이득을 보려고 한다는 뜻.
(2) 매우 인색한 사람을 비유하는 말.

소금 먹다가 장을 먹으면 조갈병燥渴病에 죽는다.
소금만 먹던 사람이 장을 먹으면 장맛이 좋아서 많이 먹게 되듯이, 없는 사람이 잘 살게 되면 사치하기 쉽다는 뜻.
* 조갈병: 목이 마르는 병.

소금 먹은 개가 장을 먹으면 조갈증燥渴症에 죽는다.
짠 소금을 먹은 개가 짠 장을 먹으면 조갈증으로 죽듯이, 고생하는 사람이 돈을 아끼지 않고 쓰면 더욱 고생을 한다는 뜻.

소금 먹은 고양이 상이다.
상판때기를 보기 흉한 꼴로 하고 있다는 뜻.

소금 먹은 놈이 물도 켠다.
(1) 무슨 일이나 원인이 있으면 결과도 나타나게 된다는 뜻.
(2) 죄를 지은 사람이 벌도 받게 된다는 뜻.

소금 먹은 소 굴우물 들여다보듯 한다.
보기만 하고 못하는 일은 안타깝기만 하다는 뜻.

소금 먹은 소 물켜듯 한다.
소금 먹은 소가 물을 먹듯이 물이나 술을 많이 먹는다는 뜻.

소금 먹은 푸성귀다.
우쭐거리던 사람이 별안간에 풀이 죽어 초라하게 된 것을 비유하는 말.

소금밥도 못 먹는다.
3,4월 보릿고개 때는 소금밥도 못 먹고 굶주린다는 뜻.

소금밥에 정 붙는다.
가난한 집에서 성의껏 해주는 음식이 매우 고마워 더 친해진다는 뜻.

소금밥이라도 먹고 가라.
반찬이 없는 맛없는 밥이나마 먹고 가라는 뜻.

소금섬을 물로 끌라면 끌고, 엉덩이로 밤송이를 까라면 깐다.
상부의 명령은 이유 없이 그대로 집행해야 한다는 뜻.

소금섬을 물로 끌어라 해도 끌겠다.
손해를 입는 일이 있더라도 하라는 대로 순종하겠다는 뜻.

소금섬을 물에 넣으라면 넣는다.
손해를 보는 일이라도 시키는 대로 순종한다는 뜻.

소금섬을 지고 물로 들어간다.
손해 보는 어리석은 짓을 한다는 뜻.

소금 실은 배만하다.
짠 소금을 실은 배도 간이 배서 조금은 짜듯이 먼 일가관계가 된다는 뜻.

소금 없이는 절여지지 않는다.
일을 하려면 필요한 재료가 있어야 한다는 뜻.

소금에 곰팡이 나겠다.
절대로 그렇지 않다고 장담할 수 있다는 뜻.

소금에 아니 전 놈이 장에 절까?
큰 꾀에도 안 넘어간 사람이 얕은 꾀에 넘어갈 리가 없다는 뜻.

소금에 안 절여지는 나물 없다.
가혹한 고문에는 견뎌내는 사람이 없다는 뜻.

소금에 절인 파김치가 되었다.
사람이 맥을 못 쓰도록 까부라졌다는 뜻.

소금으로도 열두 가지 반찬을 만든다.
솜씨 있는 사람은 좋지 않은 재료도 여러 가지 맛있는 반찬을 만든다는 뜻.

소금으로 바다 메우기다.
아무리 애를 써도 아무 성과가 없는 짓을 한다는 뜻.

소금으로 장을 담근다 해도 곧이 안 듣는다.
신용이 없기 때문에 믿을 수 없다는 뜻.

소금은 반찬 중에서 으뜸이다.
소금은 반찬의 근원이 된다는 말.

소금을 굽는다.
냉방이라 추워서 잠을 한숨도 못 잤다는 뜻.

소금을 먹은 개가 장을 먹으면 조갈병燥渴病에 죽는다.
가난하게 살던 사람이 조금 넉넉하게 되었다고 돈을 헤프게 쓰면 다시 고생하게 된다는 뜻.

소금을 지고 물로 들어가도 제 멋이다.
손해 보는 짓을 하더라도 제 재미로 한다는 뜻.

소금을 팔러 가니까 비가 온다.
무슨 일을 하려고 하면 방해되는 일이 생긴다는 뜻.

소금을 팔러 가면 비가 오고, 가루를 팔러 가면 바람이 분다.
재수가 없는 사람은 하는 일마다 잘 되는 일이 없다는 뜻.

소금이 쉴 때까지 기다려라.
무슨 일을 오래 기다려 보라는 말.

소금이 쉴 일이다.
절대로 그럴 리가 없다는 뜻.

소금이 썩을 일이다.
절대로 그렇지 않다고 단언할 수 있다는 뜻.

소금이 얼 때까지만 기다려라.
소금이 얼 때까지 기다리듯이 무슨 일을 한없이 기다리라는 뜻.

소금이 짜다고 해도 곧이듣지 않는다.
여러 번 속인 사람의 말은 바른말을 해도 믿지 않는다는 뜻.

소금 장수다.
인정사정 없고 체면도 모르는 인색한 사람이라는 뜻.

소금 장수보다도 더 짜다.
세상 사람들 중에서 가장 인색한 사람이라는 뜻.

소금 좀 먹어야겠다.
싱거운 짓만 해대는 사람더러 하는 말.

소금짐을 지고 물로 가고, 화약짐을 지고 불로 간다.
하는 짓마다 손해 볼 짓만 골라서 한다는 뜻.

소금짐을 지고 물로 들어가도 제 재미다.
손해야 보든말든 자기 하고 싶은 대로 한다는 뜻.

솥뚜껑의 소금도 집어넣어야 짜다.
(1) 쉬운 일도 하지 않으면 이루어지지 않는다는 뜻.
(2) 일을 해야 먹고 살 수 있다는 뜻.

없는 놈은 소금밥도 대접 못한다.
극빈한 사람은 손님이 와도 식사 대접을 하지 못한다는 뜻.

피난 짐에는 곡식 내려놓고 소금 지고 간다.
산중으로 피난을 갈 때는 쌀보다도 소금이 더 중요하다는 뜻.

55
기름

기름맛 본 개다.
개가 기름맛을 알면 보기만 하면 먹는다는 뜻.

기름먹인 가죽은 부드럽다.
가죽에 기름을 먹이면 부드럽듯이, 뇌물을 먹이면 부드럽게 일이 잘된다는 뜻.

기름먹인 종이에 치부置簿해 두라.
빚이나 외상값을 오래 있다가 갚는다는 말.

기름 쏟고 깨 줍는다.
큰 손해를 본 다음에 사소한 이익이나마 얻으려고 애를 쓴다는 뜻.

기름 쏟고 종지 깬다.
한 가지 일이 잘못되면 연쇄반응을 일으켜 다른 일까지 망치게 된다는 뜻.

기름 엎지르고 깨 줍는다.
큰 손해를 보고 하찮은 것으로 보충하려는 어리석은 짓을 한다는 뜻.

기름에 물 탄 것 같다.
얼른 보기에는 같아 보이지만 서로 화합이 되지 않는다는 말.

기름에 물 탄 듯, 물에 기름 탄 듯하다.
얼핏 보기에는 잘 구분할 수 없다는 뜻.

기름으로 불 끄기다.
일을 도와 준다는 것이 도리어 악화시켰다는 뜻.

기름을 버리고 깨를 줍는다.
정작 소중한 것은 버리고 하찮은 것은 소중하게 다룬다는 말.

기름을 엎지르고 깨를 줍는다.
귀중하고 값비싼 것은 버리면서 하찮은 것은 소중히 여긴다는 뜻.

기름이 다 닳으면 등불은 꺼진다.
기름이 다 닳으면 등불이 저절로 꺼지듯이, 사람도 나이를 많이 먹으면 죽게 된다는 말.

기름쟁이마냥 반드럽다.
사람됨이 어수룩한 맛이 없고 몹시 약다는 뜻.

기름 짜듯 한다.
장소가 너무 좁아서 몸을 움직이지 못하게 되었다는 뜻.

반드럽기는 기름집 방앗공이다.
반지빠르고 얄미운 사람을 가리키는 말.

56
서 리

대추 서리는 바가지를 쓰고 한다.
대추를 딸 때에는 대추가시에 얼굴을 찔릴 수 있으므로 바가지를 쓰고 하라는 뜻.
* 대추 서리: 여러 사람이 주인 모르게 대추를 따먹는 장난.

동지 섣달에는 닭 서리.
예전에 농촌에서는 월별로 서리가 있는데, 11월과 12월에는 닭 서리가 많았다는 뜻.
* 닭 서리: 여러 사람이 주인 모르게 닭을 훔쳐다 먹는 장난.

오뉴월에는 밀 서리.
5월에는 밀이 여물게 되므로 밀 서리의 적기라는 뜻.

6,7월에는 외 서리.
음력 6,7월은 참외 서리의 적기라는 뜻.

7,8월에는 대추 서리.
음력 7,8월은 대추 서리의 적기라는 뜻.

7,8월에는 콩 서리.
음력 7,8월은 콩 서리의 적기라는 뜻.

8,9월에는 감 서리.
음력 8,9월에는 감 서리가 적기라는 뜻.

57
약과藥果

교동校洞 대감댁 나귀는 약식도 잘 먹는데, 사동寺洞 대감댁 말은 약과도 마다한다.
조선조 말엽에 안동 김씨들이 득세하였을 때의 호화스러운 생활상을 야유한 말.
* 사동: 인사동.
  사동 대감: 김병국金炳國.

꿀보다 약과가 더 달다.
꿀로 만든 약과가 꿀보다 더 달다는 것은 사리에 맞지 않는다는 말.

꿀은 적어도 약과만 달면 된다.
적은 재료라도 목적만 달성하면 만족한다는 뜻.

비지 먹은 배는 연약과도 싫다 한다.
하찮은 음식이라도 배를 채운 다음에는 맛 좋은 음식도 못 먹게 된다는 뜻.

약과맛을 보겠다.
제사에 쓰는 약과를 먹는다는 말은 곧 죽을 때가 되었다는 뜻.

약과 먹기다.
맛 좋은 약과를 먹는 것은 즐겁듯이 일하기가 쉽고도 즐겁다는 뜻.

약과 먹은 벙어리다.
맛있는 약과를 먹은 벙어리처럼 아무 말도 없다는 뜻.

약과에 꿀 찍은 맛이다.
약과만 먹어도 맛있는데 더구나 꿀을 찍어먹게 되어 더 맛이 좋듯이, 즐거운데다가 더 즐거운 일이 생겨 매우 기쁘다는 뜻.

58
엿

가마 뚜껑에 엿을 놓고 왔나.
오자마자 가려고 서두르는 사람을 보고 하는 말.

가마 전에 엿을 놓았나?
가마솥 전에 엿을 두고 온 사람처럼 오자마자 가는 사람을 비유하는 말.

곶감국 먹고 엿목판에 엎드러진다.
어디를 가나 먹을 것만 밝히고 다닌다는 뜻.

귀여운 자식에게는 매채를 주고, 미운 자식에게는 엿을 주랬다.
귀여운 자식은 엄하게 가르치고, 미운 자식은 달래서 가르치라는 뜻.

나중에 꿀 한 그릇보다 당장에 엿 한 가락이 낫다.
없는 사람은 장래 일보다도 당장 일이 더 급하다는 뜻.

노구솥 전에 엿을 붙였나?
뜨거운 노구솥 전에 엿을 붙여 놓으면 곧 녹아서 흘러 버리기 때문에 바삐 돌아가야 하듯이, 왔다가 바로 가는 사람에게 하는 말.

달기는 엿방 할머니 손가락이다.
늘 엿을 만지는 사람은 그 손가락도 달다는 뜻.

두루마기 속에서 엿 먹기다.
잔꾀로 남을 속이려고 한다는 뜻.

불가에 엿 두고 왔나?
손님이 왔다가 바로 갈 때 못 가게 말리면서 하는 말.

뺑덕어미 엿값이 쉰 냥이라고.
뺑덕어미처럼 엿을 매우 즐기는 사람을 조롱하는 말.

살림 못하는 년이 양식 주고 엿 사먹는다.
살림 못하는 계집이 양식 주고 엿을 사먹은 뒤에 양식이 떨어져 굶는다는 뜻.

솥뚜껑에 엿을 놓았나?
왔다가 바로 가는 손님을 붙들면서 하는 말.

솥 전에 엿을 붙여 놓고 왔나?
왔다가 바로 가려는 손님을 붙들며 하는 말.

아랫목에 엿을 두고 왔나?
손님이 왔다가 바로 가려고 할 때 못 가게 만류하는 말.

앗다, 엿이나 먹어라.
골탕을 한 번 먹어 보라는 뜻.

어린아이 꾀어서 엿 빼앗아 먹는다.
제 욕심만 채우려고 어리석은 사람을 속인다는 뜻.

어린아이에게는 회초리보다 엿이 낫다.
어린아이의 버릇은 매로 고치는 것보다 엿으로 달래가며 고치라는 뜻.

어린아이 엿도 꾀어서 빼앗아 먹겠다.
체면도 없고 염치도 없는 인색한 사람을 비웃는 말.

어린아이 엿 조르듯 한다.
어린아이가 엿을 사달라고 조르듯이 몹시 떼를 쓴다는 뜻.

없는 곡식 주고 엿 사먹는다.
살림 못하는 계집이 양식으로 엿 사고 끼니를 굶는다는 뜻.

엿가락처럼 늘인다.
짧은 것을 길게 늘여서 만든다는 뜻.

엿기름을 넣는다.
남의 것을 제 것마냥 감춘다는 뜻.

엿 늘어지듯 한다.
엿가락처럼 늘어지면서 일을 않는다는 뜻.

엿 물고 개잘량에 엎드러진 놈 같다.
수염이 많이 난 텁석부리 영감을 놀리는 말.
* 개잘량: 개가죽 방석.

엿물을 흘렸다.
갖은 곤란을 다 당했다는 뜻.

엿이나 먹어라.
엿은 주지 않으면서 상대방의 부아를 내게 할 때 쓰는 말.

엿이 크고 작은 것은 엿 장수에게 달렸다.
무슨 일을 자유자재로 하는 것은 실력자에게 달렸다는 뜻.

엿 장수네 아이 꿀 단 줄 모른다.
늘 단 엿을 먹은 사람은 꿀 단것을 탐내지 않는다는 뜻.

엿 장수 놋쇠 사러 다니듯 한다.
엿 장수는 값비싼 헌 놋쇠를 가장 좋아한다는 뜻.

엿 장수 마음대로다.
권력을 가진 사람의 마음대로 한다는 뜻.

엿 장수 마음대로지 댓꼭지 임자 마음대로냐?
무슨 일을 이랬다저랬다 마음대로 하는 것은 권력을 가진 사람에게 달렸다는 뜻.

엿 장수 엿 주무르듯 한다.
엿 장수가 엿 주무르듯이 무슨 일을 자기 뜻대로 한다는 뜻.

오뉴월 엿가락 늘어지듯 한다.
무슨 일을 바로 하지 않고 질질 끌면서 늘어진다는 뜻.

이불 밑에 엿 묻어두고 왔나?
나그네가 왔다가 바로 갈 때 붙잡으며 하는 말.

장옷 쓰고 엿 먹는다.
숨어서 엿을 먹듯이 남이 안 보는 데서 나쁜 짓을 한다는 뜻.
* 장옷: 예전 여자들의 출입복으로서 온몸을 가리도록 된 옷.

파방罷榜에 수수엿 장수다.
일이 이미 잘못되어 볼 것도 없다는 뜻.

파장 수수엿 장수 팔 듯한다.
물건을 되는 대로 싸게 판다는 말.

파장 엿이다.
파장에 파는 엿값마냥 물건값이 매우 싸다는 뜻.

파장 엿 장수 엿 팔 듯한다.
파장이 되어 엿 장수가 엿을 마구 팔 듯이 물건을 싸게 판다는 뜻.

파장 장군보다 엿 장수가 더 많다.
정작 중요한 사람보다 불필요한 사람이 더 많다는 뜻.

포선布扇 뒤에서 엿 먹는다.
겉으로는 점잖은 체하면서도 남이 보지 않는 데서는 행실이 바르지 않다는 뜻.
* 포선: 상제가 외출할 때 얼굴을 가리는 물건.

화롯가에 엿 두고 왔나?
손님이 왔다가 바로 갈 때 만류하는 말.

회초리보다 엿이 낫다.
어린아이 교육은 엄하게 하는 것보다 잘 달래면서 하는 것이 낫다는 뜻.

59
꿀

강계江界 석청꿀이냐, 인제麟蹄 석청꿀이냐 한다.
우리 나라에서 가장 좋은 꿀은 평안도 강계산 석청꿀과 강원도 인제산 석청꿀이라는 뜻.
* 석청꿀: 꿀 중에서 가장 좋은 꿀.

강원도 인제 꿀이다.
강원도 인제산 석청꿀은 국내에서 가장 양질의 꿀이라는 뜻.

개미가 꿀단지에 덤비듯 한다.
개미떼가 꿀단지에 덤비듯이 사람들이 많이 모여든다는 뜻.

거지 꿀 얻어먹기다.
거지가 꿀을 얻어먹듯이 매우 어려운 일이라는 뜻.

꿀 다 파먹은 꿀단지다.
실속은 다 없어진 빈 껍데기만 남았다는 뜻.

꿀단지가 집에 있는데 눈깔사탕 찾아 밖에 나갈까?
꿀이 있으면 사탕을 구하지 않듯이, 좋은 물건을 가진 사람은 나쁜 물건을 사지 않는다는 뜻.

꿀단지 겉핥기다.
내용이나 참뜻을 모르면서도 아는 척하는 사람을 비유하는 말.

꿀단지 동이듯 한다.
꿀단지가 깨지지 않게 동이듯이 매우 소중히 취급한다는 뜻.

꿀단지에 개미떼 덤비듯 한다.
꿀단지에 개미떼가 덤비듯이 사람들이 많이 모인다는 뜻.

꿀도 사흘만 먹으면 단 줄 모른다.
맛있는 음식도 늘 먹으면 그 맛을 모르게 된다는 말.

꿀도 약이라면 쓰다.
도움이 될 이로운 충고를 하면 듣기 싫어한다는 뜻.

꿀맛이다.
일이 잘되어 기분이 매우 좋다는 뜻.

꿀 먹은 개 욱대듯 한다.
꿀 먹은 개 꾸짖듯이 말도 제대로 못하고 딱딱거리기만 한다는 뜻.

꿀 먹은 벙어리다.
꿀 먹은 벙어리처럼 말이 없다는 뜻.

꿀 먹은 벙어리요, 침 먹은 지네다.
꿀 먹은 벙어리가 맛 좋은지는 알지만 어떻다고 말을 못하듯이, 가슴이 몹시 답답하다는 뜻.

꿀보다 더 단 건 진고개 사탕이다.
일제시대 진고개에서 판 사탕이 매우 달았다는 뜻.
* 진고개: 일본인 상점가였던 현 충무로.

꿀보다 약과가 더 달다.
약과가 꿀보다 더 달 수는 없는데 더 달다고 하는 것처럼 사리에 어긋난다는 뜻.

꿀은 달아도 벌은 쏜다.
좋은 것을 얻으려면 수고를 많이 해야 한다는 말.

꿀은 적어도 약과만 달면 된다.
밑천이야 적게 들더라도 결과적으로 제품만 좋으면 그만이라는 뜻.

꿀이야 많든 적든 약과만 달면 그만이다.
밑천이야 많이 들이든말든 물건만 좋게 만들면 그만이라는 뜻.

꿀 있는 꽃이라야 벌도 찾아간다.
허울이 아무리 좋아도 실속이 없으면 가까이하지 않는다는 말.

꿀하고 게를 함께 먹으면 죽는다.
꿀하고 게를 함께 먹으면 식중독을 일으킨다는 뜻.

꿀항아리에 개미 덤비듯 한다.
먹을 것만 보면 악착같이 덤빈다는 뜻.

나중에 꿀 한 그릇보다 당장에 엿 한 가락이 낫다.
궁색한 사람은 미래 일보다도 당장 일이 더 급하다는 뜻.

나중에 꿀 한 식기 먹으려고 당장에 엿 한 가락 안 먹을까.
없는 사람은 당장이 급하기 때문에 장래를 생각할 겨를이 없다는 뜻.

단 꿀 빨 듯한다.
(1) 시장해서 음식을 아주 맛있게 먹었다는 뜻.
(2) 남의 재물을 모두 빨아먹었다는 뜻.

달지 않은 꿀이다.
(1) 도무지 있을 수 없는 일이라는 뜻.
(2) 무엇이 잘못돼도 크게 잘못되었다는 뜻.

양봉에는 메밀꽃 꿀이 막꿀이다.
메밀꽃이 가을에 피기 때문에 양봉에서는 마지막 꿀이 된다는 뜻.

진상 가는 꿀단지 동이듯 한다.
나라에 바치는 꿀단지가 수송 도중에 안 깨지게 동이듯이 일을 정성들여 한다는 뜻.

평안도 강계江界 석청石淸이다.
평안도 강계 석청꿀은 국내에서 가장 질 좋은 꿀이라는 뜻.

60 사탕

꿀보다 더 단 건 진고개 사탕이다.
일제시대 진고개에서 일본인이 파는 사탕이 매우 달았다는 뜻.

눈깔사탕맛이다.
눈깔사탕처럼 달고 오래 먹는다는 뜻.

달콤한 사탕이 우선 먹기는 좋다.
긴 안목으로 일을 하지 않고 근시안적으로 한다는 말.

당장 먹기는 사탕이 달다.
일이 많이 쌓였을 때는 우선 하기 쉽고 급한 것부터 한다는 뜻.

사탕발림이다.
얕은 속임수로 겉치레만 잘한다는 뜻.

사탕 붕어에 건깡깡이다.
주머니에 돈이 한푼도 없는 것을 비유하는 말.

사탕은 먹을 때만 달다.
사탕은 먹을 때만 달 듯이, 달콤한 말은 들을 때만 좋지 실속이 없다는 뜻.

쓴 약 먹고 사탕은 먹어도 사탕 먹고 쓴 약은 못 먹는다.
(1) 쓴 약 먹은 뒤에 사탕을 먹으면 입가심이 되지만, 사탕 먹은 뒤에 쓴 약을 먹으면 더욱 쓰다는 뜻.
(2) 일은 순서대로 해야 한다는 뜻.

어린아이가 사탕을 많이 먹으면 이가 상한다.
어린아이에게 사탕을 많이 먹이면 이가 약해진다는 뜻.

우선 먹기는 사탕이 달다.
사탕은 달기 때문에 우선 먹기는 좋다는 뜻.

VI
술·담배편

61 술

가을비는 떡비요, 겨울비는 술비다.
농가에서는 가을철에 비가 오면 곡식이 넉넉하니 집안에서 떡을 해먹으며 쉬고, 겨울철에 비가 오면 술을 마시며 즐겁게 논다는 뜻.

값싼 것이 보리술이다.
보리로 만든 막걸리는 맛이 시금털털하기 때문에 술 중에서 값이 가장 싼 술이라는 뜻.

거지도 술 얻어먹을 날이 있다.
얻어먹는 거지도 잔칫집이 있을 때는 술을 얻어먹을 수 있듯이, 살다 보면 좋은 기회를 만날 때가 있다는 뜻.

거지 술상 같다.
잔칫집에서 거지에게 술을 대접할 때는 먹던 안주에 술도 잔을 채우지 않고 주듯이, 대접을 박하게 한다는 뜻.

겉은 눈으로 보고, 속은 술로 본다.
사람의 외모는 눈으로 보면 알 수 있지만 마음속은 알 수 없으므로, 취하도록 술을 먹여 놓으면 술김에 속에 감추어두었던 말을 다하게 된다는 뜻.

겨울비는 술비다.
겨울에 눈은 안 오고 철 지난 비가 오면, 농촌에서는 흔히 모여서 술을 마시며 편히 쉰다는 뜻.

광산 김씨의 술이요, 은진 송씨의 떡이다〔金酒宋餠〕.
예전 논산군 연산 김씨의 술맛이 좋았고, 대전 회덕 송씨의 떡맛이 좋기로 유명하였다는 뜻.

국은 여름같이 먹고, 술은 겨울같이 먹는다.
음식맛은 재료도 좋아야 하고 요리 솜씨도 좋아야 하지만 먹을 때의 온도도 매우 중요하다는 뜻으로서, 국은 뜨끈뜨끈해야 맛이 있고 술은 약간 찬 것이 좋다는 뜻.

권주가勸酒歌 바람에 술 취한다.
술을 권하는 노랫소리를 들으면서 술을 마시다 보니 취한다는 뜻.

꿈에 똥칠을 하면 술이 생긴다.
옷에 똥칠하는 꿈을 꾸면 그날 술이 생길 징조라는 뜻.

나쁜 술 먹기가 정승하기보다 어렵다.
술을 아무리 좋아하는 술꾼이라도 변질된 나쁜 술은 먹을 수가 없다는 뜻.

남의 상에 술 놓아라 안주 놓아라 한다.
남의 술상에 주제넘게 관여하듯이, 쓸데없이 남의 일에 참견하기를 좋아하는 사람을 비유하는 말.

남촌은 술이고, 북촌은 떡이다.
옛날 서울에서는 남촌 술이 유명하였고, 북촌은 떡이 유명하였다는 뜻.

내기 장기에서는 진 사람이 술낸다.
술내기 장기에서는 이긴 사람은 공술을 먹게 되고, 진 사람이 술값을 부담하게 된다는 뜻.

노인 봉양에는 술보다 더 좋은 약이 없다.
술을 좋아하는 어른을 모시고 있는 사람은, 항상 술이 떨어지지 않도록 준비하여 늙은 어른을 봉양하라는 뜻.

늦게 술자리에 오면 벌주 석 잔을 들어야 한다.
약속을 어기고 술좌석에 늦게 참석한 사람은, 벌주로 거듭 석 잔을 먹어서 먼저 참석한 사람과 주량이 비슷하도록 한다는 뜻.

늦게 술자리에 오면 석 잔이다.
술자리에 늦게 오면 거듭 석 잔을 먹어서 다른 사람과 취기가 비등하도록 해야 한다는 뜻.

단술 먹고 여드레 만에 취한다.
무슨 일을 한 것이 뒤늦게 비로소 이루어졌다는 뜻.

당나귀새끼처럼 술 때는 잘 안다.
술맛을 본 당나귀는 술 때만 되면 소리를 지르듯이, 술을 좋아하는 사람은 술자리를 알고서 찾아온다는 뜻.

대보름날 아침에는 귀밝이술을 먹어야 귀가 밝아진다.
음력 정월 보름날 아침에 귀밝이술을 조금 마시게 되면 1년 동안 귀가 밝아진다 하여 누구나 귀밝이술은 먹는다는 뜻.

더운술을 불면서 먹으면 코끝이 붉어진다.
술이 더울 때는 식혀가면서 조용히 마셔야지 뜨거운 술을 불어가면서 마시지 말라는 뜻.

돈은 마음을 검게 하고, 술은 얼굴을 붉게 한다.
돈을 보면 욕심이 생겨 비양심적인 수단을 써서라도 취하려 하게 되고, 술은 먹으면 먹은 양만큼 얼굴에 나타나서 속이지 못하게 된다는 뜻.

동성同姓 아주머니 술도 싸야 사먹는다.
일가 아주머니 술도 비싸면 안 사먹고 싼 집에 가 사먹는다는 뜻.

떡집에 가서 술 달란다.
술꾼이 취중에 술집에 간다는 것이 떡집에 가서 술을 찾듯이, 엉뚱한 짓을 하는 사람을 비유하는 말.

막술에 목이 멘다.
술도 좋지 못한 것에 목이 메이듯이, 하찮은 것이 사람을 해친다는 뜻.

말 실수는 술 실수다.
술 취한 사람이 말을 실수하게 되는 것은 술 먹는 데서 발생한다는 뜻.

말은 할 탓이요, 술은 먹을 탓이다.
말은 하기에 따라 다르게 될 수 있고, 술은 먹기에 따라 행동이 다르게 되므로 본성을 잃지 않는 범위에서 마시라는 뜻.

먹다 남은 술상을 받는다.
남이 먹다가 남긴 술상으로 대접을 받듯이, 푸대접을 받았다는 뜻.

먹다 남은 술에 식은 안주다.
(1) 거지 대접하듯이 사람을 박대한다는 뜻.
(2) 잔치가 끝난 뒤에 남은 음식을 먹듯이 기회를 잃었다는 뜻.

먹던 술도 떨어진다.
애주가는 술이 떨어지지 않도록 항상 준비를 하지만 간혹 떨어지는 경우도 있듯이, 사람이 하는 일은 실수할 수 있다는 뜻.

메주 먹고 술트림한다.
메주 먹은 사람이 술을 먹은 것처럼 과장하여 위세를 부리듯이, 잘난 체하는 사람을 비유하는 말.

며느리 술값은 열닷 냥, 시어머니 술값은 열 냥이라고.
(1) 집안이 안 되려면 술 잘 먹는 며느리가 들어온다는 뜻.
(2) 일의 선후가 바뀌었다는 뜻.

모든 연회에는 술이 없으면 안 된다.
어떤 연회이든 술이 없으면 연회의 분위기가 조성되지 않을 정도로 술의 역할이 중요하다는 뜻.

모주母酒 먹은 돼지 껄때청이다.
모주 먹은 돼지 목청처럼 컬컬거리며 쉰목소리를 내는 사람을 비유하는 말.
* 모주: 거르지 않은 밑술.

모주 먹은 돼지 벼르듯 한다.
거르지 않은 술을 먹은 돼지가 벼르듯이, 잘못한 사람을 벼른다는 뜻.

물 댄 놈은 술 차지하고, 쌀과 누룩 댄 놈은 지게미 차지한다.
(1) 술을 만들 때 물을 부담한 사람은 술을 차지하고 쌀과 누룩을 부담한 사람은 지게미만 차지하듯이, 분배가 반대로 되었다는 뜻.
(2) 어리석은 사람은 똑똑한 사람에게 속게 된다는 뜻.

물덤벙술덤벙 한다.
(1) 무턱대고 함부로 날뛴다는 뜻.
(2) 아무 일에나 까불고 덤비는 사람을 비유하는 말.

물에 물 탄 듯, 술에 술 탄 듯.
(1) 아무리 잘해 보려고 해도 잘되지 않고 그 모양대로 있다는 뜻.
(2) 아무리 교양을 주고 가르쳐도 조금도 나아지지 않는다는 뜻.

미운 놈이 술 사달란다.
미운 놈이 염치도 없이 술을 사달라고 조르듯이, 미운 놈은 미운 짓만 골라 한다는 뜻.

미친 듯이 취한 듯이 날뛴다.
미친 사람이나 술 취한 사람처럼 함부로 날뛴다는 뜻.

밀밭에 가서 술 찾는다.
술의 원료인 밀을 심은 밭에 가서 술을 찾듯이 성미가 몹시 급하다는 뜻.

박주薄酒 한 잔이 차 한 잔보다 낫다.
손님을 접대함에 있어서는 좋지 못한 술이라도 차보다 낫다는 뜻.

박한 술이 차보다 낫다.
손님을 접대하는 데는 좋은 차 한 잔보다 값싼 술 한 잔이 더 낫다는 뜻.

반 잔 술에 눈물 나고, 한 잔 술에 웃음 난다.
술을 반 잔 주는 것은 박대하는 것이므로 눈물이 나고 한 잔 가득히 주는 것은 대접을 후하게 하는 것이므로 웃듯이, 남에게 무엇을 주려면 푸짐하게 주어야 그렇지 못하면 도리어 인심을 잃게 된다는 뜻.

밥 대신 술로 산다.
애주가愛酒家는 밥은 정상적으로 먹지 않아도 술은 항상 먹는다는 뜻.

밥 먹고 술 먹으나 술 먹고 밥 먹으나, 뱃속에 들어가 똥오줌 되기는 일반이다.
일에는 반드시 일정한 순서가 있는 것이 아니라, 어느것은 순서를 바꾸어도 아무런 지장이 없다는 뜻.

밥은 배부르게 줘야 하고, 술은 취하도록 줘야 한다.
남에게 음식을 줄 때는 감질나게 주지 말고 흡족하게 주어야 고맙게 여긴다는 뜻.

밥은 봄같이 먹고, 국은 여름같이 먹고, 장은 가을같이 먹고, 술은 겨울같이 먹는다.
음식맛은 재료·양념·솜씨 등에 따라 좌우되기도 하지만 온도에 따라서도 좌우되므로 밥은 봄 날씨처럼 따뜻해야 하고, 국은 여름 날씨처럼 뜨거워야 하며, 장은 가을 날씨처럼 약간 따끈따끈해야 하고, 술은 술에 따라 찬술로 먹거나 찬기가 없는 정도로 먹어야 제 맛이 난다는 뜻.

밥주머니에 술포대다.
일도 않고 밥과 술만 먹고 사는 사람이라는 뜻.

변학도 잔치에 이도령 술상이다.
춘향전春香傳에서 보듯이 변학도 생일잔치에 각 원님들의 주안상은 푸짐하건만 과객차림의 이도령 주안상은 먹다 남은 술과 안주로 초라하듯이, 사람의 접대를 하대한다는 뜻.

병 하나에 두 가지 술 못 담는다.
(1) 두 가지 술을 한 병에 넣으면 혼합되어 술맛의 특성이 없어지게 되므로 따로 저장해야 한다는 뜻.
(2) 한 사람이 한 번에 두 가지 일은 못한다는 뜻.

분풀이 술을 마신다.
분한 마음을 진정시키기 위하여 술을 마냥 취하도록 마신다는 뜻.

사람은 술자리를 함께 해봐야 속을 안다.
사람의 본심은 평상시에는 감추고 있기 때문에 알 수 없지만, 술을 먹게 되면 그 본성이 노출되므로 알게 된다는 뜻.

사후死後 술 석 잔이 생전 한 잔 술만 못하다.
죽은 뒤에 잘 대접하는 것보다는 살아 있을 때 간소한 대접이라도 하는 것이 낫다는 뜻.

사후에 술 석 잔 주려고 말고, 살아서 한 잔만 달라.
누구나 죽게 되면 제사 때 술 석 잔은 얻어먹게 되지만, 이것보다는 살아 있을 때 단 한 잔이라도 먹는 것이 낫다는 뜻.

사후의 석 잔 술보다 살아서 한 잔 술이 낫다.
죽어서 제사 때 석 잔을 주는 것보다 우선 당장에 먹고 싶은 술을 한 잔이라도 주는 것이 더 좋다는 뜻.

산싯불이 술이라도 먹을 놈 없으면 못 먹는다.
산에서 흐르는 물이 술이라도 먹을 사람이 없으면 아무 소용이 없듯이, 사람이 있고 재물이 있다는 뜻.

살아 석 잔 죽어 석 잔이다.
술은 죽은 사람에게도 제사 때 석 잔은 주는 것이므로, 산 사람에게도 술을 줄 때는 석 잔 이상은 주어야 한다는 뜻.

상시에 먹은 마음 취중에 난다.
평소에 생각하고 있던 것을 술 취하게 되면 말한다는 뜻.

생색은 나그네가 내고, 술은 주인이 낸다.
주인이 술대접을 하는데 곁에 있던 나그네가 생색을 내듯이, 일이 반대로 되었다는 뜻.

선술에 배 굳이고 아랑 설사한다.
나쁜 술을 먹고 배탈이 나듯이, 나쁜 사람의 말을 듣다가는 봉변을 당하게 된다는 뜻.
* 아랑: 소주 곤 뒤에 남은 찌꺼기.

선술 할머니 배분다.
술집 할머니가 술이 익었는지 덜 익었는지 자주 맛을 보다가 술배만 부르듯이, 무슨 일이 안 될 때는 수고만 많이 하게 된다는 뜻.

선주船主 아주머니 인심이 좋아 냉수를 달래도 술 퍼준다.
선주 아주머니는 어부들의 사기를 돋우기 위하여 술이나 음식을 후대한다는 뜻.

선짓국 먹고 발등걸이를 하였다.
(1) 술을 먹어 얼굴이 붉게 된 사람을 조롱하는 말.
(2) 술을 먹고 안 먹은 척한다는 뜻.

설날은 도소주屠蘇酒로 악귀惡鬼를 물리친다.
음력 설날 아침에는 술을 조금씩 먹어 집안에 악귀를 물리친다는 뜻.

성급한 놈이 술값 먼저 낸다.
여러 친구들이 술집에 가서 술을 먹고 난 다음에는 성급한 사람이 먼저 술값을 내듯이, 성미가 급하면 손해를 보게 된다는 뜻.

성복술(成服酒)로 권주가 부른다.
남의 집 초상술을 먹고 권주가를 부르듯이, 예의도 모르고 탈선 행위를 한다는 뜻.

손수 술을 따라 마신다.
대작하는 사람 없이 혼자서 쓸쓸하게 술을 마신다는 뜻.

수풀에 꿩은 개가 내몰고, 오장에 맺은 술이 내몬다.
숲 속에 있는 꿩은 개가 내쫓고, 가슴 속에 숨긴 말은 술을 먹게 되면 한다는 뜻.

술값보다 안주값이 더 비싸다.
술값이 많고 안주값이 적어야 할 것이 뒤바뀌었다는 뜻.

술과 늦잠은 가난이다.
술에 취하면 일을 못하게 되고, 늦잠을 자고 나면 그날 일을 반나절밖에 못하므로 가난을 면하기 어렵다는 뜻.

술과 안주를 보면 맹세도 잊는다.
술꾼이 술을 안 먹겠다고 맹세하고도 술만 보면 다시 먹듯이, 술은 끊기가 매우 어렵다는 뜻.

술 괴자 임 오신다.
술이 익자 공교롭게도 임이 오시어 술 대접을 할 수 있게 되듯이, 무슨 일이 척척 잘 풀려 나간다는 뜻.

술 괴자 체 장수 온다.
주인이 술 대접을 하는데 곁에 있던 나그네가 생색을 내듯이, 일이 반대로 되었다는 뜻.

술김에 사촌 땅 사준다.
술에 취하면 자신의 처지도 생각지 않고 즉흥적으로 일을 하게 되므로 실수를 하여 후회하게 되는 일이 있다는 뜻.

술김에 사촌 집 사준다.
술에 취하면 앞뒤를 가리지 않고 즉흥적으로 처리하므로 후회하는 일이 많이 생기게 된다는 뜻.

술 나쁜 것 먹기는 정승하기보다 어렵다.
아무리 술을 좋아하는 술꾼이라도 비위에 맞지 않는 술은 먹을 수 없다는 뜻.

술덤벙물덤벙 한다.
(1) 무턱대고 함부로 날뛴다는 뜻.
(2) 무슨 일에나 함부로 덤비는 사람을 야유하는 말.
(3) 술이나 물만 먹어도 불량한 행동을 한다는 뜻.

술도 핑계가 있어야 마신다.
술도 아무런 핑계가 없이는 마시지 않듯이, 무슨 일을 할 때에는 그만한 이유가 있다는 뜻.

술로 못을 만들고, 고기로 숲을 만든다(酒池肉林). 《史記》
호화스러운 생활을 하면서, 술과 진수성찬을 먹으며 마냥 음란하고 사치스러운 생활을 한다는 뜻.

술만 보면 맹세도 잊는다.
술을 끊겠다고 맹세한 뒤에도 술만 보면 맹세한 것도 잊어버리고 여전히 먹는다는 뜻.

술 먹고 밥 먹으나, 밥 먹고 술 먹으나, 뱃속에 들어가 똥오줌 되기는 매일 반이다.
술을 먼저 먹은 뒤에 밥을 먹는 것이 순서이지만 사정에 따라서는 밥 먼저 먹고 술을 먹듯이, 일에는 두서를 바꾸어 해도 결과적으로는 아무런 손해가 없다는 뜻.

술 먹여 놓고 해장하러 가자고 한다.
술을 취하게 한 뒤에 다시 술을 깨워 주려고 하듯이, 일을 망쳐 놓고서 도와 주는 척한다는 뜻.

술 먹으면 사촌 기와집도 사준다.
술을 먹으면 배포가 커져서 돈 아까운 줄도 모르고 함부로 쓰게 된다는 뜻.

술 먹은 개다.
(1) 술에 취하면 개처럼 행세한다는 뜻.
(2) 술 마신 사람은 상대하지 말라는 뜻.

술 먹은 사람보고 술 먹었다고 하면 성낸다.
술 취한 사람보고 술 먹었다고 하면 성을 내듯이, 누구나 자신의 잘못을 지적하면 싫어한다는 뜻.

술 먹은 사람보고 술 먹었다면 성내고, 병신보고 병신이라면 노여워한다.
(1) 사람은 누구나 자신의 잘못을 말하면 싫어한다는 뜻.
(2) 바른말을 듣게 되면 누구나 싫어한다는 뜻.

술 못 먹는 귀신 없고, 글 모르는 귀신 없다.
생시에 술을 못 먹던 사람도 죽은 뒤에는 제주祭酒를 먹게 되고, 생시에 무식했던 사람도 죽은 뒤에는 제삿날 지방 보고 찾아온다는 뜻.

술 못 얻어먹은 흉은 주태백이 하고, 음식 못 얻어먹은 흉은 호래자식이 한다.
무슨 일이나 남의 흉을 보는 것은 그 일과 이해관계가 있는 사람이 본다는 뜻.

술 받아 주고 뺨 맞는다.
자기 돈을 써가면서 남을 대접하고도 도리어 욕을 본다는 뜻.

술 배우려면 술버릇부터 배워야 한다.
술에 취하면 좋은 버릇보다 나쁜 버릇이 더 많기 때문에 술을 배울 때는 나쁜 버릇에 물들지 않도록 삼가라는 뜻.

술병[酒病]은 술로 고쳐야 한다.
술병에는 술을 못 먹어서 생기는 병이 있고 술을 과음해서 생기는 병이 있는데, 어느것이나 술로 치료해야 낫는다는 뜻.

술병을 흔들면 싸움한다.
막걸리가 든 병술은 침전되는 경우가 있어서 술자리에서 술병을 흔들어 가면서 잔에 따르는 경우가 있는데, 이것은 모양새가 좋지 못하므로 삼가라는 뜻.

술 빚자 임 오신다.
술 익자 임이 왔기 때문에 술대접을 잘하게 되듯이, 무슨 일이 순조롭게 잘 풀려 나간다는 뜻.

술 샘나는 주전자다.
술이 주전자에서 항상 저절로 나듯이, 좋은 재운財運을 가지고 있다는 뜻.

술술 넘어간다고 술이다.
술잔을 입에 대면 술은 술술 저절로 넘어간다고 하여 그 이름을 술이라고 부르게 되었다는 뜻.

술 안 먹어서는 거짓말하던 사람도 술 먹으면 바른말을 하게 된다.
평소에 거짓말을 하던 사람도 술을 먹으면 속에 숨겨두었던 말을 다하게 된다는 뜻.

술에는 삼 껄이 있다.
술을 몇 잔 먹은 뒤에 술을 권하면 〈안 될껄〉 하면서 먹고, 또 권하면 〈과할껄〉 하면서 먹고, 또 권하면 〈취할껄〉 하면서 먹는다는 뜻.

술에는 안 될껄, 취할껄, 과할껄의 삼 껄이 따라다닌다.
술에 절반쯤 취하게 되었을 때 술을 권하면 〈안 될껄〉 하면서도 한 잔 먹고, 또 권하면 〈취할껄〉 하며 한 잔 먹고, 또 권하면 〈과할껄〉 하면서 먹듯이, 술꾼은 과하다고 하면서도 계속해서 먹는다는 뜻.

술에는 장사가 없다.
아무리 술을 잘 먹고 힘이 센 사람이라도 술을 많이 먹게 되면 실언도 하게 되고, 실수도 하기 마련이라는 뜻.

술에도 개평술이 있다.
술도 떼를 써서 얻어먹는 경우가 있다는 뜻.

술에 물 타나 물에 술 타나 마찬가지다.
(1) 술 장수가 쉽게 돈을 버는 방법은 술에 물을 타는 방법이라는 뜻.
(2) 일하는 순서만 바뀌었을 뿐이지 결과는 같다는 뜻.

술에 물 탄 것 같다.
사람의 성격이나 성품이 뜨뜻미지근하여 똑똑하지 못한 사람을 비유하는 말.

술에 물 탄 맛이다.
술에 물을 타면 맛이 싱거워지듯이 싱거운 사람을 조롱하는 말.

술에 술 탄 것 같다.
(1) 술에 같은 술을 타면 아무런 변화가 없듯이 일은 했어도 흔적이 없다는 뜻.
(2) 일을 하나마나 매일반이라는 뜻.

술에 술 탄 듯, 물에 물 탄 듯하다.
(1) 술에 술을 타거나 물에 물을 타거나 아무런 변화가 없듯이, 무슨 일을 해도 아무런 효과가 없다는 뜻.
(2) 무슨 일을 여러 가지 방법으로 고치려고 해도 본바탕은 조금도 변화가 없다는 뜻.

술에 일의 성패가 달렸다.
어려운 일일수록 상대방에게 술대접을 잘하고 못하는 데서 결정되는 경우가 많다는 뜻.

술은 괼 때 걸러야 하고, 종기는 곪았을 때 짜야 한다.
술은 익었을 때 걸러야 제 맛이 나고, 종기는 곪았을 때 짜야 탈없이 쉬 낫듯이, 무슨 일이나 적기에 해야 좋은 성과를 거둘 수 있다는 뜻.

술은 괼 때 걸러야 한다.
술은 괼 때 걸러야 제 맛이 나듯이, 무슨 일이나 좋은 기회를 놓치지 말라는 뜻.

술은 권하지 않고 마시는 것이 즐거운 것이다.
술을 과취하지 않도록 먹으려면 술잔을 서로 권하지 말고 자기 주량대로 자기가 따라 마셔야 실수하는 일이 없다는 뜻.

술은 근심 걱정을 잊게 한다.
근심 걱정이 있을 때는 술을 먹고 잊어버리는 것이 상책이라는 뜻.

술은 근심을 잊게 하는 약이다.
근심으로 고민할 때는 술을 얼근하게 먹고 잊어버리는 것이 상책이라는 뜻.

술은 기분으로 마신다.
술은 기분이 좋았을 때는 기분을 더 돋우기 위해서 마시고 기분이 나쁠 때는 기분을 전환하기 위해서 마시듯이, 좋은 일에나 나쁜 일에나 마시게 된다는 뜻.

술은 기분으로 먹고, 음식은 맛으로 먹는다.
술은 기분 좋게 하기 위하여 마시고, 음식은 맛이 좋아야 더 먹게 된다는 뜻.

술은 기뻐도 먹고 슬퍼도 먹는다.
술은 기쁜 일이 생겨도 가장 먼저 먹게 되고 슬픈 일이 생겨도 먹듯이, 술의 용도는 넓다는 뜻.

술은 나이 순으로 든다.
술좌석에서 처음 술을 따를 때는 나이 순서대로 따른다는 뜻.

술은 남촌 술이 좋고, 떡은 북촌 떡이 좋다〔南酒北餠〕.
조선조 서울에서 술은 남촌 술이 좋았고, 떡은 북촌 떡이 좋았다는 말.

술은 뒤끝이 깨끗해야 한다.
술을 마신 뒤에는 남에게 실언이나 실수하는 일이 없도록 취한 후의 행동을 잘해야 한다는 뜻.

술은 들어가고, 망신은 나온다.
술은 마실수록 취하고 취할수록 실언과 실수를 하여 망신을 당하게 되므로 과취하지 않도록 먹으라는 뜻.

술은 맏물에 취하고, 사람은 훗물에 취한다.
술은 마시기 시작할 때부터 취하기 시작하고, 사람은 오랫동안 사귀는 과정에서 친해진다는 뜻.

술은 맛으로 먹는 것이 아니라 멋으로 먹는다.
술의 본맛은 쓰지만, 술은 먹는 재미와 취하는 멋으로 마신다는 뜻.

술은 망우물忘憂物이다.
술은 사람의 근심 걱정을 잊어버리게 한다는 뜻.

술은 먹어도 술에게 먹히지는 말랬다.
처음에는 사람이 술을 먹지만 술에 취하면 술이 사람을 먹게 되므로 이런 일이 생기지 않도록 조심하라는 뜻.

술은 먹을 탓이요, 길은 갈 탓이다.
술은 먹기에 따라 조금 먹을 수도 있고 많이 먹을 수도 있는 것이며, 길은 가기에 따라 많이 갈 수도 있고 조금 갈 수도 있듯이, 모든 일은 하기에 따라 결정된다는 뜻.

술은 몸을 돌보지 않는다.
술이 사람을 돌보아 주는 것이 아니므로 그 자신이 주량에 알맞도록 먹어야 한다는 뜻.

술은 묵을수록 좋고, 의사는 늙을수록 용하다.
술은 밀봉하여 오래 둘수록 맛이 좋아지고, 의사는 경험이 많은 늙은 의사가 병을 잘 고친다는 뜻.

술은 미운 놈도 준다.
술자리에서 미운 사람이 함께 있을 때라도 술은 주어야 한다는 뜻.

술은 미치광이가 되는 광약狂藥이다.
술은 알맞게 먹으면 좋은 약이 되지만 많이 먹게 되면 취해서 미친 사람처럼 된다는 뜻.

술은 발광주發狂酒다.
술은 과음하게 되면 미치광이가 된다는 말.

술은 백약百藥의 왕이다.
술은 알맞게 먹으면 여러 가지 보약 중에서도 가장 좋은 보약이 된다는 뜻.

술은 백약의 장이고, 만병의 근원이다.
술은 알맞게 먹으면 좋은 보약이지만, 과음하게 되면 몸을 해치는 근본이 된다는 뜻.

술은 백약의 장이다.
술은 여러 가지 보약 중에서 가장 좋은 보약이라는 뜻.

술은 백약 중에서 으뜸이다.
술은 여러 가지 약 중에서 가장 좋은 보약이라는 뜻.

술은 본성을 나타내게 한다.
술에 취하면 그가 평소에 지니고 있던 본성을 서슴지 않고 발로하게 된다.

술은 살아서도 석 잔이고, 죽어서도 석 잔이다.
술은 죽은 사람에게도 제주祭酒로 석 잔은 주므로, 산 사람에게는 석 잔 이상은 주어야 한다는 뜻.

술은 수구문水口門 차례다.
술잔은 나이 많은 순서로 돌려가면서 먹는다는 뜻.
* 수구문: 광희문光熙門의 속칭으로서, 예전에는 이 문 밖에 공동묘지가 있어서 성 안 송장들이 이 문으로 나간 데서 유래된 말.

술은 술술 넘어간다고 술이다.
술잔을 입에 대면 술술 저절로 목으로 넘어간다고 해서 술이라고 부르게 되었다는 뜻.

술은 어른 밑에서 배워야 한다.
술은 어른 밑에서 배워야 술 먹은 티를 내지 않고 행동을 얌전히 가지게 된다는 뜻.

술은 얼굴을 붉게 하고, 돈은 마음을 검게 한다.
술을 먹게 되면 얼굴이 붉어져 술 먹은 것이 그대로 노출되고, 돈을 벌기 위해서는 비양심적인 행위도 서슴지 않고 하는 경우가 많다는 뜻.

술은 예절로 시작하여 소란으로 끝난다.
술을 처음 먹기 시작할 때는 예절을 지키지만, 막상 취하고 나면 술좌석이 소란해지기 쉽다는 뜻.

술은 인일寅日에는 담그지 않는다.
술을 담그는 날의 일진이 범의 날에 해당하면 술맛이 나쁘게 된다는 설이 있으니, 이 날은 담그지 말라는 뜻.

술은 제 어미가 따라도 맛이 난다.
술은 여자가 따라 주어야 그 맛이 더 난다는 뜻.

술은 주인이 권하고, 밥은 손이 권한다.
주객이 함께 식사를 할 때는 주인은 손에게 자꾸 술을 권하고, 손은 주인에게 밥을 권한다는 뜻.

술은 주인이 내고, 생색은 나그네가 낸다.
(1) 주인이 낸 술에 치사는 나그네가 받는다는 뜻.
(2) 일이 반대로 되었다는 뜻.

술은 즐거워도 먹고 슬퍼도 먹는다.
술은 즐거울 때는 그 즐거움을 북돋우기 위해서 마시고, 슬플 때는 그 슬픔을 잊어버리기 위해서 마신다는 뜻.

술은 즐겁게 하는 약이고, 슬픔을 잊게 하는 약이다.
술은 즐거울 때 먹으면 더욱 즐거워지고, 슬플 때 먹으면 슬픔을 잊게 하는 역할을 한다는 뜻.

술은 초물에 취하고, 사람은 훗물에 취한다.
(1) 술은 처음 마실 때 취하게 되고, 사람은 오랫동안 사귄 뒤에야 친해지게 된다는 뜻.
(2) 전처前妻보다 후처後妻에게 더 반하게 된다는 뜻.

술을 똥구멍으로 먹었나?
술 먹고 제 몸 갈무리도 못하고 추태를 부리는 사람을 욕하는 말.

술을 먹어도 술에 먹히지는 말랬다.
술은 정신을 잃지 않을 정도로 먹어야지 정신을 잃고 실수를 해서는 안 된다는 뜻.

술을 먹어도 즐겁지 않다.
즐겁게 기분전환을 하려고 술을 마셔도 걱정이 사라지지 않고 괴롭기만 하다는 뜻.

술을 먹으면 사촌 기와집도 사준다.
술에 취해서 하는 일에는 기분대로 처리하는 경우가 있기 때문에 손해를 보는 일이 많다는 뜻.

술을 못 얻어먹는 흉은 주태백酒太白이 보고, 음식 못 얻어먹는 흉은 호래자식이 본다.
술을 줄 처지에 있으면서 술을 안 준다는 흉은 술꾼이 보게 되고, 음식을 줄 처지에 있으면서 음식을 안 준다는 흉은 호래자식이 보듯이, 남의 흉은 이해관계가 있는 사람이 본다는 뜻.

술을 배우려거든 술버릇부터 배워야 한다.
술주정은 망신주정이니 술을 배울 때는 아예 주정하는 버릇은 배우지 않도록 명심하라는 뜻.

술을 보거든 간장같이 대하랬다.
주벽이 있어서 술을 먹으면 실수를 잘하는 사람은, 술을 보거든 간장같이 대하고 과음하는 일이 없도록 하라는 뜻.

술을 보거든 간장같이 여기고, 고기를 보거든 콩잎같이 여기랬다.
불교에 입문한 중은 술을 대할 때 간장처럼 보면 먹지 않게 되고, 고기를 대할 때 콩잎같이 보면 먹지 않게 된다는 뜻.

술을 자기 손으로 따라 마신다.
술자리에서 대작할 상대가 없어서 혼자 외롭게 자작한다는 뜻.

술이 나쁠지라도 차보다는 낫다.
손님을 접대하는 데는 차로 대접하는 것보다는 비록 술이 좋지 못하더라도 술이 있으면 술로 대접하는 편이 낫다는 뜻.

술이 독해도 먹지 않으면 취하지 않는다.
아무리 독한 술이라도 마시지 않으면 취하지 않듯이, 아무리 악한 사람이라도 상대를 하지 않으면 피해가 없다는 뜻.

술이 들어가고 망신은 나온다.
술을 알맞게 먹지 않고 과음하면 망신을 당하게 되므로 과음하지 말라는 뜻.

술이 들어가면 혀는 나오게 된다.
술이 뱃속으로 들어가면 뱃속에 있던 말이 입을 통하여 밖으로 나오게 된다는 뜻.

술이라면 사지四肢를 못 쓴다.
술꾼은 술을 보면 불고염치하고 먹으려고 애쓴다는 뜻.

술이 사람을 먹는다.
술을 조금 먹을 때는 사람이 술을 먹지만, 술을 먹고 취하면 술에게 사람이 먹히게 된다는 뜻.

술이 생기는 항아리다.
(1) 술꾼이 가장 바라는 것은 술이 저절로 생기는 항아리라는 뜻.
(2) 술 사먹을 돈 대주는 사람이 있다는 뜻.

술이 술을 먹는다.
술에 취한 뒤에 먹는 술은 사람이 술을 먹는 것이 아니라 술이 술을 먹게 된다는 뜻.

술이 아무리 독해도 먹지 않으면 취하지 않는다.
아무리 해로운 일이라도 하지 않으면 피해가 없다는 뜻.

술이 없으면 잔치도 안 된다.
모든 잔치에는 술이 없으면 안 될 정도로 술이 중요하다는 뜻.

술이 욕하겠다.
귀중한 술을 먹고 술주정을 하게 되면 술까지도 욕을 하므로 술은 실수하지 않을 정도로만 먹으라는 뜻.

술 익자 임 오시고, 체 장수도 온다.
임 주려고 담근 술이 익자 때맞추어 임이 오고, 술을 거를 체가 없던 차에 체 장수가 때맞추어 오듯이 무슨 일이 잘되려니까 모든 것이 공교롭게 잘 풀린다는 뜻.

술 익자 임 오신다.
임을 대접하려고 준비한 술이 익자 때맞추어 임이 오듯이, 일이 공교롭게도 잘 풀린다는 뜻.

술 익자 체 장수 온다.
술이 익어 거르려고 체를 사려던 차에 마침 체 장수가 오듯이, 무슨 일이 순조롭게 풀린다는 뜻.

술 있는 강산에는 다 호걸이다.
술이 있는 곳에서는 호걸들처럼 술을 마시고 즐길 수 있다는 뜻.

술자리에 늦게 오면 석 잔을 먹어야 한다.
약속을 어기고 늦게 술자리에 참석하는 사람은, 거듭 석 잔을 먹어서 먼저 먹은 사람들과 비슷한 수준으로 취하도록 되어야 한다는 뜻.

술자리에서 술 안 먹고 얌전한 척하는 놈이 계집은 따먹는다.
여러 사람이 술을 먹을 때 술도 별로 먹지 않고 얌전부리던 사람이 나중에는 술을 접대하는 여자와 친해지듯이, 얌전한 체하는 사람이 뒤로는 계집질을 잘한다는 뜻.

술잔 든 팔이 안으로 굽지 밖으로 굽을까?
(1) 술잔을 든 팔은 저절로 자기 입으로 들어오게 된다는 뜻.
(2) 일은 가까운 사람의 편을 들게 된다는 뜻.

술잔은 나이 먹은 차례로 든다.
술자리가 마련되면 첫 술잔은 나이 먹은 순서대로 권하는 것이 예의라는 뜻.

술잔은 둘 이상을 두지 않는다(酒不雙杯).
주석에서는 남에게서 받은 잔을 두 개 이상 두지 말고, 받은 잔은 바로 반배返杯하여야 한다는 뜻.

술잔은 작아도 빠져죽는다.
술잔은 작지만 여러 잔을 먹게 되면 술에 취하여 망신도 당하고, 심한 경우에는 패가하게 된다는 뜻.

술잔은 짝수로 먹지 않는다.
술을 먹을 때는 짝수로 먹지 않고 홀수로 먹어야 한다는 뜻.

술잔은 차야 맛이고, 임은 품어야 맛이다.
술잔은 가득히 채워서 먹어야 기분이 좋고, 사랑하는 남녀간에는 서로 품고 노는 것이 가장 즐겁다는 뜻.

술 잘 먹고 돈 잘 쓰면 금수강산이요, 술 못 먹고 돈 못 쓰면 적막강산이다.
술 잘 먹고 돈을 흔하게 쓰는 사람은 살기가 좋은 세상이고, 술도 못 먹고 돈도 못 쓰는 사람은 살기가 괴로운 세상이라는 뜻.

술 잘 먹고 돈 잘 쓰면 활량이다.
술 잘 먹고 돈 잘 쓰는 사람은 유흥가에서 인기를 끈다는 뜻.
* 활량: 한량閑良이 변한 말.

술좌석에 늦게 오면 벌주 석 잔을 먹어야 한다.
약속을 어기고 늦게 술좌석에 온 사람은 벌주로 석 잔을 먹어야 한다는 뜻.

술지게미 먹고 취한 돼지 같다.
돼지가 술지게미를 먹고 취해서 걸걸대듯이, 정신을 못 차리고 비실거리는 사람을 비유하는 말.

술지게미에 취한 도갓집 강아지 같다.
도갓집 강아지가 술지게미를 먹고 취해서 정신을 못 차리듯이, 술에 취하여 몸 갈무리도 제대로 못하는 사람을 비유하는 말.

술지게미와 쌀겨도 배부르게 먹지 못한다.
옛날 가난한 사람들은 봄철이 되면 식량이 떨어져서 술지게미나 쌀겨를 먹었는데, 이것조차 구하기가 어려워 풀뿌리와 나무 껍질까지 먹고 살았다는 뜻.

술친구는 술 끊어지면 그만이다.
술 먹는 과정에서 친한 사람은 술 먹을 기회가 없어지면 만나지 못하게 되므로, 서로 고락을 나눌 수 있는 친구가 될 수 없다는 뜻.

술친구는 친구가 아니다.
술자리에서 만나서 술 먹기 위하여 친한 친구는 술 먹을 기회가 없어지면 만나지 못하게 되므로, 이런 사람은 친구가 될 수 없다는 뜻.

술탈을 술로 떼는 격이다.
술탈 난 사람에게 술을 먹여 더 취하게 하듯이, 일의 해결을 점점 어렵게 만든다는 뜻.

술 한 잔 마시면 외조카 밭 사주겠다고 한다.
술에 취하게 되면 술김에 돈 아까운 줄 모르고 마구 쓰듯이, 술 취해서 하는 일에는 실수가 많다는 뜻.

시아버지 화난 데는 술로 풀어 주고, 시어머니 화난 데는 이 잡아 풀어 준다.
시아버지가 화났을 때는 시아버지가 좋아하는 술로 풀어 주어야 하고, 시어머니가 화난 데는 시어머니의 가려운 머릿니(頭蝨)를 잡아서 머리를 시원하게 해주면 화가 풀어진다는 뜻.

시아버지 화난 데는 술 받아 준다.
시아버지 화난 데는 시아버지가 좋아하는 술과 좋은 안주를 마련하여 드리면 바로 풀리듯이, 모든 일을 푸는 데는 요령이 있어야 한다는 뜻.

시어머니 술값은 닷 냥, 며느리 술값은 열닷 냥이라고.
술을 먹어서는 안 될 며느리가 시어머니보다도 더 먹는다는 것은 근본적으로 잘못되었다는 뜻.

싫다던 술 더 마신다.
술꾼이 술 안 먹겠다는 약속은 거짓말이라는 뜻.

싫은 밥은 있어도 싫은 술은 없다.
밥에는 먹기 싫은 밥이 있을 수 있지만, 애주가는 아무리 나쁜 술이라도 마다하지 않는다는 뜻.

아이와 술취한 사람은 거짓말을 하지 않는다.
아이들은 순박하기 때문에 바른말만 하고, 술취한 사람은 술김에 말하기 때문에 바른말만 하게 된다는 뜻.

아전의 술 한 잔은 환자還子가 석 섬이다.
관리에게 뇌물을 주면 그것의 몇 곱절 이득을 얻을 수 있다는 뜻.
* 아전: 예전의 하급 관리.
* 환자: 각 고을 사창에서 국민들에게 꾸어 주었던 곡식을 가을에 이자를 붙여 받아들이는 일.

아주머니 술도 싸야 사먹는다.
아주머니 술도 비싸면 안 사먹듯이 이해관계에 있어서는 촌수보다도 이해가 앞선다는 뜻.

아침 술은 먹지 말고, 저녁 술은 먹어야 한다.
술은 아침에 먹게 되면 그날 일하는 데 지장이 있기 때문에 일을 마친 저녁에 먹고 잠을 잘 자는 것이 좋다는 뜻.

안주만 봐도 끊은 술 생각이 난다.
술을 끊었어도 안주를 보면 술 먹고 싶은 생각이 나듯이 술은 끊기가 매우 어렵다는 뜻.

앉기는 술상머리에 앉아도 마음은 술잔에 있다.
술꾼은 어디를 가든지 술 생각만 하고 있듯이, 자기가 좋아하는 것은 항상 마음에 지니고 있다는 뜻.

어깨동무 사발동무 술 한 잔이 반 잔일세.
다정한 사람이 어깨동무를 하게 되면 웃음은 하나가 되고 발은 네 발(사발)이 되며, 술 한 잔을 가지고 반 잔씩 나누어 먹을 정도로 서로 친한 사이라는 뜻.

어른의 만수무강萬壽無疆은 술로 헌주獻酒한다.
어른의 생신·환갑·칠순·팔순 등의 잔치에서는 술을 드리며 만수무강을 축원하게 된다는 뜻.

어제 먹은 술이 아직도 깨지 않는다.
전날 술을 과취하면 그 여독이 다음날까지 계속되어 일하는 데 지장을 준다는 뜻.

언제는 이태백이 맞돈만 내고 술 먹었다더냐?
하루 3백 잔의 술을 먹었다고 전해지는 이태백이 먹을 때마다 현금을 주지 않듯이, 단골 손님에게는 외상술을 으레 주게 된다는 뜻.
* 이태백: 중국 당唐나라 시인詩人이며 유명한 애주가.

영웅은 색을 좋아하고, 호걸은 술을 좋아한다.
영웅은 여자와 놀기를 즐기며, 호걸은 술을 즐기며 논다는 뜻.

오뉴월 감주甘酒맛 변하듯 한다.
(1) 여름 감주맛은 쉽게 변한다는 뜻.
(2) 마음이 잘 변하는 사람을 비유하는 말.

외모는 거울로 보고, 마음은 술로 본다.
외모는 거울로 볼 수 있고 마음은 술에 취해야 다 털어놓듯이, 술을 마시면 평소에 생각하고 있던 말을 다하게 된다는 뜻.

유월 감주甘酒 변하듯 한다.
(1) 오뉴월 더위에 단술처럼 잘 변한다는 뜻.
(2) 무엇이 잘 변하는 것을 비유하는 말.

유주강산有酒江山은 금수강산錦繡江山이요, 무주강산無酒江山은 적막강산寂莫江山이다.
(1) 술이 있는 곳에서는 웃음과 노래로 즐기게 되지만 술이 없는 곳에서는 적적하고 쓸쓸하게 지낸다는 뜻.
(2) 있는 사람은 향락 속에서 살고, 없는 사람은 근심 속에서 산다는 뜻.

음식 못 얻어먹은 흉은 거지가 하고, 술 못 얻어먹은 흉은 주태백이 한다.
음식을 안 주는 사람의 흉은 거지가 보게 마련이고, 술자리에서 술을 안 주는 흉은 술꾼이 본다는 뜻.

이 술 저 술 해도 입에 들어가는 술이 천하일미天下一味다.
이 술이 좋으니 저 술이 좋으니 해도 입에 들어가는 술이 세상에서 가장 맛이 좋은 술이지, 먹지 못하는 술은 아무리 좋아도 소용이 없다는 뜻.

이태백李太白도 술병(酒病)이 날 때가 있다.
이태백처럼 술을 잘 먹으면서 무병한 사람도 과취하게 되면 술병이 발병될 수 있으므로 과취는 삼가라는 뜻.

이태백은 하루 3백 잔을 먹었다.
(1) 이태백이 하루에 3백 잔을 마실 정도의 대주객이었듯이 대주객을 비유하는 말.
(2) 술을 많이 마신 사람에게 술을 권하는 말.

1일 걱정은 아침 술에 있고, 1년 걱정은 가죽신 작은 것에 있고, 1백 년 걱정은 악한 아내에 있다.
하루를 편하게 살려면 아침 술을 먹지 말고, 1년 동안 발을 편하게 하려면 넉넉한 신을 신고, 일생을 편하게 지내려면 아내를 잘 얻어야 한다는 뜻.

임 오시자 술 익고, 술 익자 체 장수 온다.
임이 오시자 술이 익어 술대접을 하게 되었고, 또 때맞추어 체 장수가 와서 술도 거르게 되듯이 모든 일이 순조롭게 잘 이루어진다는 뜻.

임 오시자 술 익는다.
반가운 임이 오자 술이 익어 술대접을 하게 되듯이, 일이 공교롭게 잘 풀린다는 뜻.

임은 품에 들어야 맛이고, 술은 잔에 차야 맛이다.
사랑하는 사람들끼리는 서로 품는 것이 좋고, 술은 잔을 채워서 먹어야 기분이 좋다는 뜻.

자작(自酌·子爵)은 친일파다.
술좌석에서 자기가 따라 마시는 자작自酌을 못하도록 하고 남이 따라 주는 술잔을 들도록 하기 위한 말로서, 자작子爵은 한일합방 때 일제로부터 친일파에게 준 작위爵位이므로 자작自酌은 하지 말라는 뜻.

자작子爵이 남작男爵보다 높아서 자작自酌한다.
술을 자작自酌하는 사람에게 따라 주겠다고 할 때, 남이 따라 주는 남작(남이 따라 주는 술잔)보다 자작子爵이 높으니 내가 따라 마신다는 뜻.

작부酌婦질 석삼 년에 엉덩이만 커졌다.
술집에서 접대부로 9년 동안 일하고도 돈은 못 벌고 몸만 버렸다는 뜻.

잔술에 눈물난다.
(1) 술자리에서 자기 차례를 빼놓고 잔을 돌리면 몹시 섭섭하듯이, 사소한 것이라도 다른 사람은 다 주면서 자기만 안 주면 몹시 섭섭하다는 뜻.
(2) 한 잔 술만 마셔도 흥분해서 서럽게 운다는 뜻.

잔술에 웃기도 하고 울기도 한다.
(1) 비록 한 잔 술이라도 후대하면서 주는 술은 기분 좋게 먹고, 박대하면서 주는 술에는 눈물이 난다는 뜻.
(2) 사소한 물건이라도 주는 사람의 태도에 따라 기분이 좌우된다는 뜻.

잔은 수구문水口門 차례다.
술잔은 나이가 많은 사람부터 차례로 드는 것이 예의라는 뜻.

잔은 차야 맛이고, 임은 품어야 맛이다.
잔은 가득 채워서 먹어야 술맛이 나고, 사랑하는 사람은 마냥 품고 놀아야 좋다는 뜻.

잔 잡은 팔은 안으로 굽게 마련이다.
(1) 잔 잡은 팔은 자기 입에 대듯이, 무슨 일이나 자신에게 이롭게 처리한다는 뜻.
(2) 자기와 가까운 사람에게 정이 더 쏠리는 것이 사람의 상정常情이라는 뜻.

잔 잡은 팔이 밖으로는 펴지지 못한다.
(1) 잔 잡은 팔은 안으로 굽어져 자신의 입으로 가져간다는 뜻.
(2) 자기와 이해관계가 있는 사람에게 정이 쏠리게 된다는 뜻.

잘 먹으면 약주요, 잘못 먹으면 망주妄酒다.
술은 자기 주량 범위 내에서 먹으면 몸에 이롭지만, 과취하면 망신을 당한다는 뜻.

정월 보름날 귀밝이술을 먹으면 귀가 밝아진다.
음력 정월 대보름날 아침에 귀밝이술을 온 가족이 먹으면 모두 1년 동안 귀가 밝아진다는 말.

정월 보름날 아침에 술을 먹으면 귓병이 안 걸린다.
음력 정월 보름날 아침에 귀밝이술을 먹으면 1년 동안 귓병을 예방할 수 있을 뿐 아니라 귀가 밝아진다는 뜻.

제삿술로 친구 사귄다.
별도로 술값을 안 들이고 제삿술로 친구를 사귀듯이, 일거양득一擧兩得이 되는 일을 한다는 뜻.

종기는 곪았을 때 짜야 하고, 술은 괼 때 걸러야 한다.
종기는 곪았을 때 짜야 쉽게 낫고 술은 익었을 때 걸러야 맛이 있듯이, 무슨 일이나 시기를 놓치지 말고 처리를 해야 한다는 뜻.

주인은 손에게 술을 권하고, 손은 주인에게 밥을 권한다〔主酒客飯〕.
주객이 한 상에서 밥과 술을 먹을 때는, 주인은 손에게 술을 권하게 되고 손은 주인에게 밥을 권하는 것이 예의라는 뜻.

죽어서도 석 잔이다.
죽은 사람에게도 석 잔을 주는데, 하물며 산 사람에게 석 잔을 안 주어서야 되겠느냐는 뜻.

죽어서도 석 잔인데 한 잔 술이 어디 있나.
(1) 죽은 사람 제사에도 석 잔을 놓는데, 산 사람에게 술을 한 잔만 주어서는 안 된다는 뜻.
(2) 술을 한 잔밖에 안 줄 때 더 달라는 말.

죽어서 석 잔보다 살아서 한 잔 술이 낫다.
죽어서 제삿술 석 잔 얻어먹는 것보다는 당장 한 잔 술을 먹는 것이 실속이 있다는 뜻.

죽어서 석 잔 술이 살아서 한 잔 술만 못하다.
죽은 뒤에 제사 때 술 석 잔 주는 것보다 살아 있을 때 한 잔 술이 낫듯이, 죽은 뒤에 제사를 잘 지내려 하지 말고 살아 있을 때 잘해야 한다는 뜻.

죽어서 술단지가 되겠다.
술을 몹시 즐기고 많이 마시는 사람을 조롱하는 말.

죽어서 큰상이 살아서 한 잔 술만 못하다.
죽어서 제물을 잘 차려 주는 제사보다도 살아 있을 때 단 한 잔의 술이라도 주는 것이 낫다는 뜻.

죽어 석 잔 살아 석 잔이다.
술을 접대할 때는 죽은 사람에게도 석 잔을 주기 때문에 석 잔 이상은 주어야 한다는 뜻.

죽은 뒤에 많은 제물보다 살아서 한 잔 술이 낫다.
죽은 뒤에 제물을 많이 차리고 제사를 지내 주는 것보다 살아 있을 때 단 한 잔이라도 주는 것이 낫다는 뜻.

죽은 뒤에 술 석 잔이 살아서 술 한 잔만 못하다.
장래 큰 이득보다는 당장 적은 이득을 가지는 편이 낫다는 뜻.

중도 술 좋아하는 중 있고, 씹 좋아하는 중 있다.
중도 술 좋아하는 사람이 있고 여자 좋아하는 사람이 있듯이, 사람의 취미는 각각 다르다는 뜻.

중매는 잘하면 술이 석 잔이고, 잘못하면 뺨이 석 대다.
혼인 중매는 잘하면 술대접을 받게 되지만, 잘못하면 도리어 뺨을 맞게 되므로 억지로 권할 일은 못 된다는 뜻.

중신은 잘하면 술이 석 잔이고, 잘못하면 참바가 세 개다.
중신은 잘하면 술대접을 받을 정도지만, 잘못하였을 때는 양갓집으로부터 원망만 듣게 된다는 뜻.

중은 술을 곡차曲茶라고 하면서 마신다.
스님은 술이라며 마시지 않고 곡차라면서 마시듯이, 무슨 일을 억지로 합리화시킨다는 뜻.

즐거워도 먹고 슬퍼도 먹는 것이 술이다.
술은 경사가 있을 때는 즐겁다고 마시게 되고, 슬플 때는 슬픔을 잊기 위하여 먹듯이, 이 핑계 저 핑계를 대어가며 어느 때나 마실 수 있다는 뜻.

질병(瓦甁)에 감홍로(甘紅露) 들었다.
허술한 질그릇병에 고급 술인 감홍로가 들어 있듯이, 겉보기보다는 내용물이 알차고 좋다는 뜻.
* 감홍로: 평양에서 생산되던 고급 소주.

처음에는 사람이 술을 먹고, 나중에는 술이 사람을 먹는다.
처음 술을 먹기 시작할 때는 본정신으로 먹지만, 나중에는 본정신이 아닌 상태에서 먹게 된다는 뜻.

처음에는 사람이 술을 먹고, 다음에는 술이 술을 먹고, 나중에는 술이 사람을 먹는다.
술꾼이 술을 마실 때는 처음에는 본정신으로 마시게 되고, 다음 단계에서는 반 본정신으로 마시게 되고, 나중에는 본성을 잃고 마시게 된다는 뜻.

청탁(淸濁) 가리는 주객 없고, 인물 가리는 오입쟁이 없다.
주객은 좋은 술만 마시는 것이 아니라 있는 대로 가리지 않고 마시며, 오입쟁이는 미인만 상대하는 것이 아니라 여자라면 가리지 않고 상대한다는 뜻.

청탁을 불문한다.
술을 좋아하는 사람은 청주나 탁주나 가리지 않고 다 좋아한다는 뜻.

체 장수 오자 술 익는다.
술은 익었는데 체가 없던 차에 마침 체 장수가 와서 술을 거르게 되듯이, 무슨 일이 공교롭게도 잘 풀린다는 뜻.

초상술로 친구 사귄다.
남의 술로 생색을 내는 약삭빠른 사람을 비유하는 말.

초상술 먹고 춤춘다.
초상난 집에 가서 술 마시고 춤을 추듯이, 주책 없이 행동하는 사람을 비유하는 말.

초상술에 권주가勸酒歌 부른다.
초상집에서 술 마시며 권주가를 불러 애도의 분위기를 깨뜨리는 무례한 행동을 하듯이, 때와 장소를 분별하지 못하는 행동을 한다는 뜻.

초장初場 술에 파장罷場 매다.
아침 초장부터 술만 먹고 주정하다가 저녁 파장에서는 매만 맞는다는 뜻.

취객醉客이 외나무다리는 잘 건너간다.
술에 취한 사람도 위험하게 되면 본정신을 차리게 된다는 뜻.

하루 근심은 아침 술에서 생긴다.
아침에 술을 취하도록 마시면 하루 일을 못하게 되므로 일에 지장이 생기게 된다는 뜻.

하루를 편히 살려면 아침 술을 먹지 말아야 한다.
아침에 술을 마시게 되면 종일 술에 취하여 일이 안 되므로 술은 아침에 마시지 말고 저녁에 마시라는 뜻.

하루 신수가 편하려면 아침 술을 들지 말고, 평생 신수가 편하려면 두 계집을 거느리지 말랬다.
하루를 편안하게 지내려면 아침부터 술 마시는 것은 삼가야 하며, 일생을 편히 살려면 첩을 얻지 말라는 뜻.

하루 화근은 식전 술에 있다.
식전에 술을 취하도록 마시게 되면 종일 일을 못하게 될 뿐 아니라 집안이 소란하게 된다는 뜻.

한 잔 먹은 김에 노래한다.
(1) 술을 마시면 흥이 나게 되므로 노래를 부르게 된다는 뜻.
(2) 술과 노래는 따라다닌다는 뜻.

한 잔 먹은 놈이 두 잔 먹은 척한다.
(1) 술을 조금 마시고도 많이 마신 척하고 주정을 한다는 뜻.
(2) 무슨 일을 과장한다는 뜻.

한 잔 술도 없어서는 안 된다.
애주가 집안에는 항상 술이 있어서 수시로 마실 수 있도록 준비해야 한다는 뜻.

한 잔 술로 속 푼다.
술이 몹시 먹고 싶을 때는 한 잔 술만 먹어도 기분이 좋다는 뜻.

한 잔 술로 시름 잊는다.
근심이 있을 때는 단 한 잔 술만 마시고도 근심이 사라지는 경우가 있다는 뜻.

한 잔 술에 눈물난다.
술자리에서 어느 사람에게는 여러 잔을 주면서 한 사람에게는 겨우 한 잔만 주게 되면 면박당한 것이 분해서 눈물이 나듯이, 사람 접대는 차별을 두고 해서는 안 된다는 뜻.

한 잔 술에 울고 웃는다.
단 한 잔 술이라도 정답게 주는 술은 고맙고, 박대하면서 주는 술은 섭섭하다는 뜻.

한 잔 술에 정이 든다.
한 잔 술이라도 정성껏 주는 술에는 정이 붙게 된다는 뜻.

한 잔 술엔 청탁불문淸濁不問이고, 두 잔 술엔 노소불문老少不問이고, 석 잔 술엔 생사불문生死不問이다.
애주가는 한 잔 술은 좋고 나쁜 것을 가리지 않고 마시며, 두 잔 술을 마시게 될 때는 대작對酌하는 사람이 젊고 늙음을 가리지 않고 마시며, 세 잔이 넘게 되면 죽고 사는 것을 돌보지 않고 마신다는 뜻.

한 잔 술이 두 잔 되고, 두 잔 술이 여러 잔으로 된다.
술은 마실수록 한 잔 두 잔 더 마시게 되다가 나중에는 과음하게 된다는 뜻.

한 잔이 두 잔 되고, 두 잔이 석 잔 된다.
술꾼은 술을 한 잔 두 잔 먹을수록 더 먹어 과취하게 된다는 뜻.

한 잔 한 잔 하다가 밤 새운다.
한 잔만 더 먹고 일어나겠다던 사람이 한 잔 한 잔 먹다가 밤을 새워가면서 마시듯이, 술꾼은 술잔을 잡으면 엉덩이가 무거워진다는 뜻.

헌 체로 술 거르듯 한다.
(1) 일하기가 매우 수월하다는 뜻.
(2) 말을 유창하게 한다는 뜻.

호걸豪傑은 술을 좋아하고, 영웅은 색을 좋아한다.
호걸들은 모여서 술 마시기를 좋아하고, 영웅은 여자를 가까이하기를 좋아한다는 뜻.

홀아비 장가가서 좋고, 홀어미 시집가서 좋고, 동네 사람 술 얻어먹어 좋다.
외롭게 사는 홀아비와 홀어미가 결혼을 하면 서로 정답게 살 수 있게 되고 덕분에 동네 사람들은 잔치 음식을 잘 먹게 되듯이, 여러 사람들이 다 이롭게 되었다는 뜻.

후래삼배後來三盃라고.
술좌석에 늦게 참석한 사람은 거듭 석 잔을 먹어서 먼저 참석한 사람들과 비등하게 취하도록 하라는 뜻.

흰 술은 사람의 얼굴을 누르게 하고, 황금은 사람의 마음을 검게 한다.
술은 사람의 안색을 변하게 하고 돈은 사람의 마음을 악하게도 할 수 있으므로, 술과 돈에 대해서는 처신을 잘하라는 뜻.

62
술 장사

강 건너 주막 꾸짖기다.
지나간 일에 대한 분풀이를 한다는 뜻.

거지 술상이다.
술상을 정상적으로 차리지 않고 하대하여 접대한다는 뜻.

건넛마을 주막 꾸짖기다.
(1) 주막 주인의 잘못이 있으면 직접 대해서 꾸짖지 못하고 간접적으로 주막을 꾸짖듯이, 무슨 일을 빗대어 놓고 한다는 뜻.
(2) 무슨 일을 대면해서 해결하지 않고 먼 데 가서 혼자 푼다는 뜻.

계집을 좋아하면 술도 좋아하게 된다.
화류계의 여자를 가까이하는 사람은 술도 좋아하게 된다는 뜻.

내닫기는 주막집 강아지 같다.
주막집을 지나려면 주막집 강아지가 내다보듯이, 남의 일에 함부로 참견하는 사람을 비유하는 말.

단골 손은 진국 주고, 뜨내기 손은 멀국 준다.
단골 손님에게는 친분이 있기 때문에 진국 술을 주고, 가끔 오는 뜨내기 손님에게는 보통술을 준다는 뜻.

도갓집 우물은 물이 돈이다.
술을 만드는 도갓집 우물은 그 물을 술에 타기만 하면 돈이 되기 때문에 우물이 돈이라는 뜻.

동성同姓 아주머니 술도 싸야 사먹는다.
일가 되는 아주머니 술이라도 싸야 사먹듯이, 혈연관계보다도 이해관계가 더 중요하다는 뜻.

모주母酒 장수 열바가지 두르듯 한다.
모주 장수 아주머니가 얼마 되지 않는 모주를 많은 것처럼 술바가지를 두르듯이, 적은 것을 많은 것처럼 과장한다는 뜻.
* 열바가지: 박을 절반으로 쪼개서 만든 바가지.

물 장사 10년에 남은 재산은 국자만 남았다.
술 장사를 오랫동안 했지만 인심이 좋아서 돈을 벌지 못했다는 뜻.

물 장수는 돈 장수다.
예전에 막걸리 장수는 자기 집에서 직접 만들어 팔았기 때문에 돈이 많이 남았다는 뜻.
* 물 장수: 술 장수.

물 장수 3년에 남은 것은 깨진 주전자밖에 없다.
술 장사를 하면 돈 번다고 하기에 3년을 하였으나 번 것이 없듯이, 돈벌이가 좋은 장사라고 누구나 다 돈을 버는 것은 아니라는 뜻.

물 장수 3년에 남은 것은 물고리뿐.
오랫동안 애쓰고 한 일에 소득이 없어 남은 것이 변변치 않다는 말.

물 장수 3년에 얻은 것은 궁둥잇짓뿐이다.
술 장수 3년 동안 돈은 못 벌고 배운 것이라고는 서방질을 하는 과정에서 요분질하는 재주밖에 배운 것이 없다는 뜻.

물 장수 상이다.
먹고 난 밥상이 아주 깨끗하여 빈 그릇만 남았을 경우를 이르는 말.

미운 놈 보려면 술 장사 하랬다.
술 장사를 하게 되면 별의별 사람이 올 뿐만 아니라 술주정하는 사람과 행패를 부리는 사람들을 많이 보게 된다는 뜻.

북한산에서 술 팔 듯한다.
북한산을 어쩌다 지나는 나그네에게 술을 팔 듯이, 술집에 손님이 거의 없다는 뜻.

술 못 먹는 귀신 없고, 글 모르는 귀신 없다.
살아서 술을 못 먹던 사람도 죽어 귀신이 되면 술을 먹게 되고, 무식한 사람도 죽어 귀신이 되면 글을 알게 된다는 뜻.

술 장사는 쓸개가 둘이 있어야 한다.
술 장사를 하자면 별의별 사람들을 상대하게 되므로 눈꼴이 시리고 속상한 일이 많아도 이것을 참고 견딜 수 있는 아량이 있어야 한다는 뜻.

술 장사를 하려면 계집은 놔먹여야 한다.
젊은 아내를 술 장사시키려면 뭇남자와 상대를 하게 되므로 탈선하는 경우도 있다는 것을 이해하고 시작하여야 한다는 뜻.

술 장사를 하려면 아예 쓸개를 빼고 하랬다.
술 장사를 하게 되면 술 취한 사람을 상대로 하기 때문에 속을 너그럽게 써야 한다는 뜻.

술 장사 3년에 국자만 남고, 갈보 3년에 버선짝만 남는다.
돈벌이 좋다는 술 장사를 3년이나 했어도 돈 한 푼 못 벌었고, 갈보 노릇을 3년이나 해도 돈 한 푼 못 벌 듯이, 돈은 재운이 있어야 번다는 뜻.

술 장사 3년에 술국자만 남는다.
돈벌이가 좋다고 하여 술 장사를 시작하였으나 벌기는 고사하고 집안만 망하듯이, 돈벌이가 좋다고 다 버는 것이 아니라 돈은 재복이 있어야 번다는 뜻.

술 장사 10년에 깨진 국자밖에 안 남는다.
술 장사가 돈이 남는다고 해서 시작한 지 10여 년이 되어도 술국자밖에 남는 것이 없듯이, 큰 포부를 가지고 오랫동안 애쓰고 고생을 했으나 실패하게 되었다는 뜻.

술 장사 10년에 남은 건 주전자뿐이다.
술 장사를 10년 동안이나 했어도 돈도 못 벌고 살림만 파산되듯이, 돈은 재운이 있어야 번다는 뜻.

술 장사 10년에 얻은 것이라고는 요분질밖에 없다.
술 장사를 10년 동안 했어도 돈은 못 벌고 뭇남자들과 성교하는 과정에서 요분질하는 재주밖에 배운 것이 없다는 뜻.

술집에 가서 떡 달란다.
(1) 술집과 떡집을 구별하지 못하는 어리석은 사람이라는 뜻.
(2) 세상 물정을 모르는 사람을 비유하는 말.

술집에 가야 외상술도 먹는다.
술집에 가야 외상술을 먹을 수 있듯이, 무슨 일이나 활동을 해야 이루어진다는 뜻.

아주미 술도 싸야 사먹는다.
친척이 파는 술이라도 싸야 사먹듯이, 친분보다는 이해관계가 앞선다는 뜻.

아줌마, 아줌마 하면서 외상술 달란다.
아주머니, 아주머니 부르며 친절하게 인사한 끝에는 반드시 외상술을 달라고 하듯이, 친절하게 하지 않을 사람이 친절하게 할 때는 야심이 있다는 뜻.

안방 술집이다.
전문 술집이 아니라 살림집 안방에서 단골 손님에게만 파는 술집이라는 뜻.

주막 여인네 오줌 짐작이다.
시간 측정을 자기의 버릇으로 짐작한다는 뜻.

주막집 개가 사나우면 술이 안 팔린다.
술집에서 사나운 개를 기르게 되면 손님들이 무서워 가지 못하므로 술이 안 팔리듯이, 무슨 일이나 분위기가 좋지 못하면 일이 잘되지 않는다는 뜻.

주모酒母가 열바가지 두르듯 한다.
술항아리에 술이 얼마 남지 않은 것을 많은 것처럼 보이기 위하여 술바가지를 내두른다는 뜻.

주모만 봐도 취한다.
술 장수 아주머니만 봐도 취할 정도로 술을 전혀 마시지 못한다는 뜻.
* 주모: 술 파는 아주머니.

주모 보면 염소 똥 보고 설사한다.
술밑으로 넣는 지에밥을 보고 나서 그와 비슷하게 생긴 염소 똥만 보고도 설사를 한다는 뜻으로서, 술을 전혀 못 먹는 사람을 조롱하는 말.

63
술꾼

말술도 사양하지 않는다(斗酒不辭).
주량이 한 말 되는 술도 먹을 정도의 대주객大酒客이라는 뜻.
* 말술: 한 말은 18.039리터의 술

말술이다.
한 말, 즉 18.039리터가 되는 술도 먹을 수 있는 대주객이라는 뜻.

밥 대신 술로 산다.
술꾼은 밥은 굶어도 술을 끊고는 못 산다는 뜻.

술과 늦잠은 가난이다.
술을 지나치게 좋아하거나 늦잠이 생활화된 사람은 생업에 지장을 주기 때문에 가난하게 될 수밖에 없다는 뜻.

술꾼 술 끊는다는 건 세상이 아는 거짓말이다.
술꾼은 술을 마시고 실수할 때마다 술을 끊겠다고 맹세하지만 막상 술을 보면 또 먹듯이, 한 번 든 버릇은 고치기가 어렵다는 뜻.

술꾼 술 끊는다는 것과 노름꾼 노름 끊는다는 것은 멀쩡한 거짓말이다.
술꾼은 술 마시고 실수할 때마다 끊겠다고 맹세하고 노름꾼은 돈을 잃었을 때마다 끊겠다고 맹세하지만 이들은 기회만 있으면 또 하듯이, 한 번 버릇이 든 것은 끊기가 어렵다는 뜻.

술꾼 술 끊는다는 것과 노름꾼 노름 끊는다는 것은 세상이 다 아는 거짓말이다.
술꾼이 술 마시고 실수할 때마다 끊겠다는 것과, 노름꾼이 돈 잃을 때마다 하는 끊겠다는 맹세는 지키지 못하는 거짓말이라는 뜻.

술꾼 술 끊는다는 것은 거짓말이다.
술꾼은 술을 끊는다고 늘 맹세하지만 술잔만 들면 맹세를 잊게 된다는 뜻.

술꾼은 노소를 가리지 않는다.
술꾼은 노소를 가리지 않고 술좌석을 마련하고 함께 즐긴다는 뜻.

술꾼은 멀고 가까운 것을 가리지 않는다.
술꾼은 술맛이 좋은 데가 있다면 멀고 가까운 것을 가리지 않고 찾아간다는 뜻.

술꾼은 밥은 굶어도 술은 굶지 못한다.
술꾼은 밥은 한두 끼 굶는 한이 있어도 술은 단 하루이틀도 참기가 어렵다는 말.

술꾼은 안주가 없으면 손가락 빨아가면서 마신다.
술을 좋아하는 사람은 안주가 좋거나 나쁜 것에는 관심이 없고 오직 술만 많으면 만족한다는 뜻.

술꾼은 죽고 사는 것을 돌보지 않는다.
술꾼은 술좌석이 벌어지면 몸을 돌보지 않고 폭주를 하게 된다는 뜻.

술꾼은 집안일을 돌보지 않는다.
술꾼은 온 정신이 술에만 있기 때문에 가사는 돌보지 않는다는 뜻.

술꾼은 청탁불문淸濁不問이요, 오입쟁이는 미추불문美醜不問이라.
술꾼은 술이 좋고 나쁜 것을 가리지 않으며, 오입쟁이는 여자의 얼굴이 예쁘고 안 예쁜 것을 가리지 않고 한다는 뜻.

술꾼은 청탁을 가리지 않는다.
술을 좋아하는 사람은 술이 좋고 나쁜 것을 가리지 않고 술만 있으면 좋아한다는 뜻.

술꾼은 해장국에 속 푼다.
전날 밤에 취한 술기는 자고 나서 아침에 뜨끈뜨끈한 해장국을 먹으면 속이 시원하게 풀린다는 뜻.

술꾼은 해장술에 살찐다.
술꾼은 아침 해장술맛이 가장 좋다는 뜻.

술꾼은 해장술에 속 푼다.
술꾼은 밤 사이에 풀린 술기를 해장술로 보충함으로써 속이 시원하게 된다는 뜻.

술꾼이 맞돈만 내고 술 먹는다더냐?
술꾼은 현금만 내고 술을 먹는 것이 아니라, 돈 없을 때는 외상술을 먹게 된다는 뜻.

술꾼치고 외상술 안 먹는 사람 없고, 오입쟁이치고 오입 않는 사람 없다.
술꾼은 으레 외상술을 먹게 되고 오입쟁이는 으레 오입질을 하듯이, 한 번 든 버릇은 고치기 어렵다는 뜻.

술꾼치고 외상술 안 먹는 사람 없다.
애주가는 현금만 주고 술을 사먹는 것이 아니라, 돈이 없을 때는 외상술을 먹는 것이 상례라는 뜻.

오입쟁이는 인물을 가리지 않고, 주객은 청탁을 가리지 않는다.
오입쟁이는 오입질할 때 여자의 얼굴을 가리지 않고 기회만 있으면 하는 것이고, 술꾼은 좋은 술만 찾는 것이 아니라 아무 술이나 있으면 먹게 된다는 뜻.

주객酒客은 청탁불고淸濁不顧요, 오입쟁이는 미추불고美醜不顧다.
술을 좋아하는 사람은 좋고 나쁜 술을 가리지 않고 있는 대로 마시게 되고, 오입질을 잘 하는 사람은 인물을 가리지 않고 여자만 있으면 성교를 한다는 뜻.

주객酒客이 청탁淸濁을 가리고, 오입쟁이가 얼굴을 가릴까?
술을 좋아하는 사람은 좋은 술만 먹으려고 하지 않고 있는 대로 먹게 되고, 오입쟁이는 예쁜 여자만 고르지 않고 여자만 있으면 가까이한다는 뜻.

주객이 청탁을 가리랴?
술을 좋아하는 사람은 술이 좋고 나쁜 것을 가리지 않고 있는 대로 먹는다는 뜻.

주태백酒太白이다.
술 잘 마시던 이태백 같은 애주가라는 뜻.

64 술 맛

막걸리맛은 시금털털한 맛으로 먹는다.
막걸리맛은 변하기가 쉬우므로 맛이 변하여 시금털털하게 되었다는 뜻.

보리술은 보리술맛으로 먹는다.
보리술은 비록 하급주이기는 하지만 보리술도 맛을 들이면 보리술의 독특한 술맛이 있다는 뜻.

술과 아내는 오래 묵을수록 좋다.
술은 맛이 변하지 않도록 오래 묵힌 것이 맛이 좋고, 아내는 오래 될수록 믿음성이 생기게 되므로 더 정다워진다는 뜻.

술과 친구는 오래 될수록 좋다.
술은 오래 될수록 맛이 좋아지고 친구는 오래 될수록 믿음성과 친분이 두터워진다는 뜻.

술은 묵어야 좋고, 옷은 새 옷이 좋다.
(1) 술은 오랫동안 묵힐수록 맛이 좋아지고 옷은 반대로 새 옷일수록 좋다는 뜻.
(2) 물건에는 옛것이 좋은 것도 있고 새것이 좋은 것도 있다는 뜻.

술은 묵을수록 맛이 좋고, 의사는 늙을수록 용하다.
술은 오래 묵을수록 맛이 더 좋아지고, 의사는 경험이 많은 늙은 의사가 병을 잘 고친다는 뜻.

술은 묵을수록 좋다.
고급 술은 묵혀서 오래 될수록 맛이 좋아진다는 뜻.

술은 제 어미가 따라도 술맛이 낫다.
술은 여자가 따라 주어야 술맛이 더 좋다는 뜻.

술통만 보고는 술맛을 모른다.
술통만 보고는 그 속에 담긴 술맛을 알 수 없듯이, 무슨 일이나 겉만 보고는 그 내용을 알지 못한다는 뜻.

싫은 밥은 있어도 싫은 술은 없다.
밥은 먹기 싫은 밥이 있어도 술꾼이 먹기 싫은 술은 없다는 뜻.

아내와 술은 묵을수록 좋다.
아내는 오래 될수록 정이 두터워지고 믿음성이 있게 마련이고, 술은 묵을수록 맛이 좋아진다는 뜻.

여름 감주甘酒맛 변하듯 한다.
(1) 여름 감주맛은 쉽게 변한다는 뜻.
(2) 언행이 경솔하고 변덕스러운 사람을 비유하는 말.

오뉴월 보리술맛 변하듯 한다.
(1) 여름철에 보리술맛 변하듯이, 쉽게 변한다는 뜻.
(2) 성미가 가벼워서 잘 변하는 사람을 비유하는 말.

옷은 새 옷이 좋고, 술은 묵은 술이 좋다.
옷은 아름답고 깨끗한 새 옷이 좋고, 술은 묵혀서 술맛이 잘 든 것이 좋다는 뜻.

의사는 늙을수록 용하고, 술은 묵을수록 맛이 좋다.
의사는 늙은 의사가 경험이 많아서 병을 잘 고치고, 술은 오래 될수록 맛이 좋아진다는 뜻.

좋은 술도 맛을 봐야 안다.
아무리 좋은 술이라도 맛을 보지 않고서는 모르듯이, 무슨 일이나 겉만 보아서는 그 내용을 모르게 되므로 속까지 봐야 한다는 뜻.

좋은 술에는 간판이 없다.
유명하고 좋은 술은 광고로 알리지 않아도 주객들이 찾아오게 된다는 뜻.

좋은 술은 첫 잔에 안다.
(1) 좋은 술은 맛만 보아도 알 듯이, 좋은 물건은 견본만 보아도 안다는 뜻.
(2) 착한 사람은 대면해서 한두 마디 말만 해봐도 안다는 뜻.

질병에 든 술이 맛은 좋다.
허술한 질그릇병의 술은 맛있는 술이 담겨 있듯이, 겉만 보고는 내용을 모르는 경우가 많다는 뜻.

친구와 술은 오래 될수록 좋다.
친구는 오래 될수록 정이 들어 좋고, 술은 오래 될수록 맛이 좋아진다는 뜻.

65
막걸리

값싼 것이 보리술이다.
술 중에서 가장 싼 술이 보리로 만든 술로서 맛이 시금털털하고 값이 싸다는 뜻.

겉보리 술지게미가 사람 속인다.
겉보리 술지게미도 많이 먹으면 취하듯이, 겉으로 보기와는 달리 맹랑한 사람을 비유하는 말.

농주農酒는 시장기를 때운다.
농사지을 때 막걸리를 간식으로 주는 것은 시장기를 면하게 하는 동시에 술기운으로 일의 능률을 높이기 위함이라는 뜻.

농주는 식사 대신으로 먹는다.
농촌에서 간식으로 막걸리를 주는 것은 시장기를 면하게 하는 동시에 술기운으로 일의 능률을 올리는 데 그 목적이 있다는 뜻.

농주에는 보리술도 한몫 한다.
막걸리는 보통 쌀막걸리를 하는 것이지만, 예전에는 여름에 쌀이 없기 때문에 보리막걸리를 만들어 농주로 사용하였다는 뜻.

농주에는 풋고추에 된장 안주가 제격이다.
들에서 농주를 마실 때는 밭에서 풋고추를 따서 된장에 찍어먹으면 맛이 좋다는 뜻.

막걸리 거르려다가 지게미도 못 건진다.
막걸리를 거를 목적으로 한 것이 지게미도 못 건지듯이, 큰 것을 욕심내다가 작은 것조차 잃게 되었다는 뜻.

막걸리는 농주다.
막걸리는 농촌에서 농사철에 밥 대신 사이참에 먹게 된다는 뜻.

막걸리는 배가 불러 못 먹는다.
막걸리는 독하고 취해서 못 먹는 것이 아니고, 더 먹고 싶어도 배가 불러 못 먹게 된다는 뜻.

막걸리 먹고는 수염 쓰다듬는다.
수염이 많은 사람은 막걸리를 먹으면 수염이 뿌옇게 되므로 막걸리를 먹은 후에는 손으로 수염을 닦는다는 뜻.

막걸리 안주에는 갈치젓이다.
막걸리 안주에는 값싸고 맛있는 갈치젓이 격에 어울리듯이, 안주는 술에 따라서 결정된다는 뜻.

막걸리 안주에는 풋고추다.
여름철에 막걸리 안주로서는 풋고추를 된장에 찍어먹으면 좋듯이, 안주는 술에 따라서 결정된다는 뜻.

보리개떡이 떡이냐, 보리술이 술이냐?
보리떡은 떡 중에서 가장 맛이 없고, 보리술은 술 중에서 가장 맛이 없는 술이라는 뜻.

보리로 담근 술 보리 냄새 안 빠진다.
보리술에 보리 냄새가 없으면 보리술이라고 않듯이, 무엇이든지 제 본성은 그대로 지닌다는 뜻.

보리술 막지가 사람 죽인다.
보리술 지게미도 많이 먹으면 취하듯이, 겉보기보다 알고 보니 맹랑한 사람이라는 뜻.
* 막지: 술지게미의 사투리.

보리술은 농주다.
비록 보리술은 맛이 없고 뒤끝이 좋지 못해도 농주로서 매우 중요한 구실을 한다는 뜻.

보리술은 보리 내가 나게 마련이다.
(1) 보리로 만든 술은 당연히 보리 냄새가 나듯이, 본성은 숨길 수 없다는 뜻.
(2) 못난 사람은 못난 짓을 하게 된다는 뜻.

보리술은 보리 냄새 안 빠진다.
(1) 보리술에서는 보리 냄새가 나는 것이 제 맛이듯이, 무엇이나 본성은 지니고 있다는 뜻.
(2) 근원이 좋으면 결과도 좋고, 근원이 나쁘면 결과도 나쁘게 된다는 뜻.

보리술은 보리맛이 제 맛이다.
보리술의 특성은 보리맛이 제 맛이듯이, 모든 것은 나름대로 특성을 지니고 있다는 뜻.

보리술은 시금털털한 맛으로 먹는다.
보리술맛은 시금털털한 맛이 제 맛으로서 이것도 맛을 들이면 좋아진다는 뜻.

보리술은 오뉴월이라야 제 맛이 난다.
보리술은 여름에 먹어야 제 맛이 나듯이, 무슨 음식이나 철에 따라서 맛도 변한다는 뜻.

보리술이 더 취한다.
값이 싼 보리술이 먹으면 취하기는 더 취하게 된다는 뜻.

보리술이 술이냐, 남의 계집이 계집이냐?
보리술은 농주로서 먹는 술이고, 남의 집 계집과는 사귀어도 끝이 좋지 못하다는 뜻.

보리술이 술이냐, 의붓아비가 아비냐?
보리술은 농주로서나 먹지 접객용으로는 먹지 않는 술이고, 의붓아버지는 어머니 때문에 맺어진 아버지이므로 어쩔 수 없이 모시는 아버지라는 뜻.

보리술이 제 맛 있다.
무엇이든지 제 본성은 지닌다는 뜻.

시금털털한 막걸리다.
오뉴월 막걸리는 맛이 변하기가 쉽기 때문에 여름 막걸리의 맛은 시금털털한 것이 제 맛이라는 뜻.

시금털털한 보리술이다.
여름 보리술은 맛이 변하기가 쉬우므로 여름철 보리술의 맛은 시금털털한 것이 제 맛이라는 뜻.

시금털털한 오뉴월 보리술이다.
오뉴월 보리술은 맛이 변하여 시금털털한 것이 제 맛이라는 뜻.

쓴 막걸리 한 잔도 없다.
어떤 일을 도와 주어 큰 이득을 얻고도 보수는 그만두고라도 막걸리 한 잔이라도 주면서 고맙다는 인사조차 하지 않는다는 뜻.

여름 보리막걸리맛 변하듯 한다.
오뉴월 보리막걸리는 맛이 빨리 변하게 된다는 뜻.

의붓아버지가 아비냐, 보리술이 술이냐?
의붓아버지는 아무리 잘해 준다 해도 친아버지만 못하고, 보리술은 아무리 맛이 좋다고 해도 쌀술을 당할 수 없다는 뜻.

66
남의 술

곗술(契酒)로 낯내기다.
공동 소유물인 곗술로 자기 얼굴만 내듯이, 남의 것을 이용하여 생색내기를 좋아하는 사람을 비유하는 말.

곗술로 벗 사귄다.
여러 사람이 다같이 내서 산 곗술을 마치 자기가 산 술처럼 생색을 내면서 친구를 대접하듯이, 남의 덕으로만 살려는 염치 없는 사람을 비유하는 말.

곗술로 생색낸다.
여러 계원들이 다같이 낸 돈으로 산 곗술을 자기가 산 술처럼 생색을 내면서 친구를 대접하듯이, 얼굴에 철판을 댄 염치 없는 사람이라는 뜻.

남의 술로 생색낸다.
제 술도 아닌 남의 술을 제 술처럼 남을 대접하면서 생색내듯이, 밑천 안 들이고 생색내기를 좋아하는 사람을 비유하는 말.

남의 술로 선심 쓴다.
남의 술을 이용하여 생색은 제가 낸다는 뜻.

남의 술로 제사지낸다.
(1) 조상에 대한 제사도 마지못해 형식적으로 지낸다는 뜻.
(2) 돈에 몹시 인색한 사람을 비유하는 말.

남의 술로 친구 대접한다.
(1) 친구 접대를 건성으로 한다는 뜻.
(2) 돈에 대하여 몹시 인색한 사람을 비유하는 말.

남의 술에 삼십 리 간다.
남의 술을 얻어먹었으니 하기 싫은 일이라도 하지 않을 수 없듯이, 남의 것을 먹으면 복종하게 된다는 뜻.

남의 잔칫술로 생색낸다.
(1) 남의 술을 제 술처럼 가장하여 친구를 대접하는 얌통머리 없는 사람이라는 뜻.
(2) 남을 잔꾀로 속이면 바로 탄로가 난다는 뜻.

상갓술로 벗 사귄다.
남의 집 초상술로 생색을 내가면서 친구를 사귀듯이, 몹시 약삭빠르고 인색한 사람을 비유하는 말.

상두술로 낯내기다.
초상집 술을 가지고 제 술처럼 생색을 내듯이, 남의 것을 가지고 생색을 낸다는 뜻.

술 본 김에 설 쇤다.
남에게 의지하여 살려고 하는 인색한 사람을 비유하는 말.

술 본 김에 제사지낸다.
자기 돈은 한 푼도 안 쓰고 남의 덕에만 의존하려는 인색한 사람을 비유하는 말.

옆집 잔칫술로 낯낸다.
자기 돈은 아까워 못 쓰고 남의 것을 이용하여 생색내기를 좋아하는 사람을 비유하는 말.

옆집 잔칫술로 친구 사귄다.
이웃집 잔치에 가서 잔칫술을 자기 술처럼 낯을 내가면서 친구 대접을 하듯이, 남의 덕으로만 살려고 하는 사람을 비유하는 말.

이웃집 잔칫술로 생색낸다.
이웃집 잔칫술을 제 술인 것처럼 하고 생색을 내듯이, 남의 덕으로만 살려고 하는 인색한 사람을 비유하는 말.

67
공술

공술도 세 번이다.
남에게 얻어먹는 술도 세 번 얻어먹으면 그만이지 더이상은 못 얻어먹듯이, 남에게 지나친 피해를 주어서는 안 된다는 뜻.

공술맛이 더 좋다.
생각지도 않았던 공술이 생기면 기분이 좋아서 술맛도 더 좋아진다는 뜻.

공술 먹은 놈이 트집한다.
공술을 얻어먹으면 감사할 줄 알아야 하는데 도리어 트집을 잡으며 싸우려 하듯이, 은혜를 원수로 갚으려고 한다는 뜻.

공술에 술 배운다.
(1) 돈 안 드는 공술이라고 마시다가 술을 배우듯이, 공것을 좋아하다가는 더 큰 손해를 보게 된다는 뜻.
(2) 술은 남의 권유에 못 이겨 마시게 된다는 뜻.

공술이라면 사지四肢를 못 쓴다.
제 돈으로는 술을 사먹지 않고 남의 술만 그저 얻어먹는 몰염치한 사람을 비유하는 말.

공술이라면 삼십 리라도 멀지 않다고 한다.
제 돈으로는 아까워서 술을 못 사먹으면서 남의 술좌석은 악착같이 찾아다니면서 얻어만 먹듯이, 눈치코치도 없는 구두쇠라는 뜻.

공술이라면 초를 술이라고 해도 먹는다.
공것이라면 좋든 나쁘든 가리지 않고 덤비는 사람을 조롱하는 말.

공술이라면 한 잔 더 먹는다.
공것이라면 소용이 있거나 없거나 더 가지려는 물욕이 많은 구두쇠라는 뜻.

공술이 맛은 더 좋다.
공으로 얻어먹는 술은 기분이 좋아서 맛이 더 좋듯이, 공것을 얻게 되면 기분이 좋다는 뜻.

공술 한 잔 보고 십 리 간다.
(1) 제 돈 안드는 공것은 무엇이나 다 좋아한다는 뜻.
(2) 공것이라고 마구 먹다가는 목에 걸리게 된다는 뜻.

술에는 공술이 있어도 씹에는 공씹이 없다.
술자리에 가면 공술은 얻어먹을 수 있지만 계집질에는 돈을 안 쓸 수 없다는 뜻.

술에도 공술은 없다.
남에게서 술을 한두 번 얻어먹게 되면 한 번이라도 갚아야 체면이 선다는 뜻.

얻어먹는 술이 시니 다니 한다.
남의 술을 공으로 먹는 사람이 고맙다는 인사는 고사하고 술타박만 한다는 뜻.

68
해장술

달질이 장변을 내서도 해장술은 한다.
해장술은 유별나게 맛이 있기 때문에 변돈을 내서라도 먹게 된다는 뜻.
* 달질이 장변: 한 달에 100%의 이자를 주는 고리高利의 빚.

말만 잘하면 해장술도 얻어먹는다.
맞돈만 받는 해장술도 말만 잘하면 얻어먹을 수 있듯이, 무슨 일이나 성공 여부는 거의가 말을 잘하고 못하는 데서 결정되므로 말을 신중히 하라는 뜻.

술 깨는 데는 해장술이 약이다.
저녁에 과취한 술을 깨게 하는 데는 아침에 해장술이 좋다는 뜻.

술꾼은 해장 막걸리에 살찐다.
아침에 해장국에 해장술을 먹으면 속이 시원하고 기분이 매우 좋다는 뜻.

술독은 해장술로 풀어야 좋다.
저녁에 술을 많이 먹은 술독酒毒은 아침에 해장술을 마시면 풀린다는 뜻.

술 먹여 놓고 해장하자고 한다.
술을 잔뜩 먹여 놓고는 또 해장하자고 하듯이, 일을 잘못되게 망쳐 놓고는 다시 도와 주는 척한다는 뜻.

술 속은 해장국으로 풀어야 한다.
술의 여독이 자고 나서도 있을 때는 해장국으로 푸는 것이 가장 효과적이라는 뜻.

저녁 술 깨는 데는 해장술이 약이다.
저녁에 먹은 술기가 자고 나도 깨지 않을 때는 해장술로 풀라는 뜻.

하루의 화근은 해장술에 있고, 1년 화근은 발에 신는 가죽신에 있고, 백 년 화근은 악처에 있다.
하루를 편하게 지내려면 아침술을 마시지 말고, 1년 동안 발이 편하려면 넉넉한 가죽신을 신고, 일생을 편안하게 살려면 아내를 잘 얻어야 한다는 뜻.

하루 화근은 해장술에 있고, 평생 화근은 악처에 있다.
아침에 술을 마시게 되면 그날 일도 못할 뿐 아니라 소란만 일으켜 집안이 편하지 못하게 되며, 아내를 잘못 얻으면 평생 원수라는 뜻.

해장술에 맛들이면 땅 팔아먹는다.
해장국에 해장술을 마시는 별미는 돈 아까운 줄 모르고 마신다는 뜻.

해장술은 땅 판 돈으로 사먹어도 아깝지 않다.
식전에 뜨끈뜨끈한 해장국을 먹어가면서 마시는 해장술맛은 너무도 맛이 있기 때문에 돈 아까운 줄 모르고 사먹게 된다는 뜻.

해장술은 빚내서도 사먹는다.
식전에 해장국을 안주삼아 마시는 해장술맛은 유별나게 맛이 좋아서 돈이 없으면 빚을 내서라도 기어이 먹는다는 뜻.

해장으로 속 푼다.
아침에 얼큰한 해장국과 술 한 잔으로 간밤에 먹은 술독을 푼다는 뜻.

69
외상술

무식하고 돈 없는 놈이 술집 담벼락에 외상술값 긋듯 한다.
술집에서 외상술을 자주 먹는 사람이 무식해서 기록은 못하고 술집에서 나올 때 벽에다 술 먹은 잔수를 막대로 긋듯이, 무식한 사람도 자기 나름대로 계산하는 방법은 있다는 뜻.

술값 천 년 약값 만 년이다.
술과 약은 이문이 많기 때문에 외상값을 늦게 갚아도 무방하다는 뜻.

술꾼이 맞돈만 내고 먹는다더냐.
술꾼은 돈이 없어도 단골집에 가서 외상술을 먹게 된다는 뜻.

술꾼치고 외상술 안 먹는 사람 없고, 오입쟁이치고 오입 않는 사람 없다.
술꾼은 돈이 없어도 단골집에 가서 외상술을 먹게 되고, 오입쟁이는 으레 오입질을 하게 된다는 뜻.

술꾼치고 외상술 안 먹는 사람 없다.
술꾼은 단골 술집이 있기 때문에 돈이 있거나 없거나 늘 술을 먹게 된다는 뜻.

외상술값 억지쓰듯 한다.
외상술을 여러 차례 먹고 나서 한꺼번에 계산을 하게 되면 의외로 많기 때문에 틀리다고 주인과 시비하는 경우가 많다는 뜻.

외상술값은 받아야 받은 것이다.
예전에는 외상도 많았고 떼이는 경우도 많았기 때문에 외상술값은 믿을 수가 없다는 뜻.

외상술은 먹고 긋는다.
단골집에 가서 술을 먹을 때에는 외상술이라는 말을 먼저 하고 먹는 것이 아니라, 먹고 난 다음에 외상이니 적어 놓으라고 한다는 뜻.

외상술은 먹을 때는 공술 같고, 갚을 때는 빚 갚듯 한다.
외상술을 먹을 때는 돈을 내지 않으므로 공술처럼 마구 먹지만, 갚을 때는 의외로 많을 뿐 아니라 생돈을 빼앗기는 기분으로 갚는다는 뜻.

외상술은 먹지 말랬다.
외상술을 공술처럼 먹다가는 술값이 밀려서 갚지 못하고 망신을 당하게 되므로 삼가라는 뜻.

외상술이 맛은 더 좋다.
돈이 없어 구차할 때는 음식맛이 더 좋다는 뜻.

이태백이 언제는 맞돈만 내고 술 먹었다더냐?
술꾼은 현금만 주고 먹는 것이 아니라 돈이 없어도 단골집에서 외상술을 먹을 수 있다는 뜻.

70
안주

거지 술안주 같다.
손님으로 접대하는 것이 아니라 거지같이 하대하여 기분이 매우 나쁘다는 뜻.

그 술에 그 안주다.
그 집에 술과 안주는 이미 다 알고 있는 터라 먹으러 가고 싶지 않다는 뜻.

먹고 남은 잔술에 식은 안주다.
남들이 먹다 남은 술과 안주로 푸대접을 한다는 뜻.

술값보다 안주값이 더 비싸다.
술상에서는 술값이 비싸고 안주값이 싼 것이 정상인데, 반대로 안주값이 비싸고 술값이 헐하듯이, 마땅히 많아야 할 것이 적고 적어야 할 것이 많아져 일이 뒤바뀌었다는 뜻.

술값은 서 푼인데 안주값은 팔 푼이다.
술에는 술이 주主이고 안주가 부副임에도 불구하고 값이 뒤바뀌듯이, 주객이 전도되었다는 뜻.

술과 안주가 아무리 좋아도 먹어 봐야 안다.
술과 안주가 아무리 좋다고 해도 본인이 직접 먹어 보지 않으면 참맛을 모르듯이, 말로 듣는 것보다 실제로 맛을 봐야 정확하게 알게 된다는 뜻.

술과 안주를 보면 맹세도 잊는다.
술꾼이 술을 끊기로 맹세하고 술을 끊었으나 막상 술을 보면 다시 먹게 된다는 뜻.

술 내고 안주 낸다.
술을 내게 되면 으레 안주도 내듯이, 기왕 남을 대접하려면 고루 정성껏 대접하라는 뜻.

술 사고 안주 산다.
(1) 술과 안주를 한 사람이 산다는 뜻.
(2) 술과 안주는 항상 따라다닌다는 뜻.

술안주를 떡으로 하면 미련해진다.
배부르라고 먹는 떡을 술안주로 한다는 것은 격에 맞지 않는 미련스러운 짓이라는 뜻.

술안주만 보면 끊은 술 생각이 난다.
술을 끊은 뒤에도 술에 대한 미련은 여전히 남아 있기 때문에 술안주만 보아도 술 생각이 난다는 뜻.

술안주만 봐도 술 끊은 것이 후회된다.
억지로 술을 끊은 후에도 술은 고사하고 안주만 보아도 술 생각이 나면서 술 끊은 것이 후회가 될 정도로 술이 마시고 싶다는 뜻.

술안주만 봐도 술 생각이 절로 난다.
애주가는 술은 고사하고 안주만 봐도 술 생각이 나서 참기가 어렵다는 뜻.

술은 안주가 좋아야 한다.
술은 안주가 좋아야 안주를 많이 먹어서 술이 덜 취하게 된다는 뜻.

안주 내고 술 내고 한다.
안주를 내게 되면 으레 술을 내게 되듯이, 이왕 남을 대접하려면 고루 정성껏 베풀어야 한다는 뜻.

안주를 빨리 먹으면 손자를 쉬 본다.
성미가 급한 사람이 안주를 빨리 먹기 때문에 손자도 남보다 빨리 볼 것이라는 뜻.

안주만 보아도 술 생각이 간절하다.
애주가는 술안주거리만 보아도 술 생각이 나서 참기가 어렵다는 뜻.

안주 안 먹으면 사위 덕을 못 본다.
술을 먹은 후에 안주를 안 들면 더 취하게 되므로 안주를 먹도록 유도하기 위한 말.

안주 없이 좋아한다.
술에는 안주가 필수적임에도 불구하고 안주 없는 술도 좋아하듯이, 무슨 일을 사리도 모르고 함부로 한다는 뜻.

안주와 술이 아무리 좋아도 먹어 봐야 안다.
술과 안주가 아무리 좋아도 먹어 보지 않고서는 알 수 없듯이, 무슨 일이나 겉만 봐서는 그 내용을 알 수 없다는 뜻.

얄미운 놈이 고기안주 없다고 투정한다.
얻어먹는 주제에 좋으니 나쁘니 타박을 한다는 뜻.

71 대작

꽃 피자 임 오시고, 임 오시자 술도 익는다.
꽃 피는 춘삼월에 사랑하는 사람이 찾아오자 마침 술도 익어 함께 마시며 즐길 수 있듯이, 모든 일이 공교롭게도 다 잘 풀려서 즐겁다는 뜻.

권주가勸酒歌가 술맛을 돋운다.
술좌석에서는 여자가 있어 노래를 불러가며 마시면 주흥이 나서 술을 더 많이 마시게 된다는 뜻.

권커니 잣거니 한다.
술은 서로 권하는 재미로 잔을 주고받으며 마신다는 뜻.

남자 술은 여자가 따라야 하고, 여자 술은 남자가 따라야 맛이 더 난다.
술좌석은 동성同性끼리만 갖는 것보다 이성과 함께 서로 권하며 마시면 주흥이 더욱 난다는 뜻.

남자 술은 장모가 따라도 여자가 따라야 맛이 더 난다.
남자들 술좌석에는 여자가 있어서 술을 따라 주면 술맛과 취흥이 더욱 좋다는 뜻.

사람은 술자리를 함께 해봐야 안다.
상대방의 성격을 알려면 술을 함께 먹어 보면 그 사람의 술 먹는 버릇으로 그의 인격과 행동을 짐작할 수 있다는 뜻.

술은 권주가가 있어야 술맛을 돋운다.
술좌석에서는 권주가를 부르면서 잔을 주고받으며 먹으면 술맛이 더욱 좋아지고 주흥도 난다는 뜻.

술은 권하는 재미로 마신다.
술좌석에서는 술잔을 서로 권하면서 먹어야 주흥이 더 난다는 뜻.

술은 다정한 친구를 만나면 천 잔도 모자란다.
오랜만에 다정한 친구를 만나서 술좌석을 마련하여 정담을 나누며 술을 마시면 취하는 줄도 모르고 많이 마시게 된다는 뜻.

술은 대작對酌이 있어야 맛이 있다.
술은 혼자서 먹는 것보다는 서로 마주 앉아서 잔을 주거니 받거니 하면서 먹어야 술맛이 더 좋고 주흥도 난다는 뜻.

술은 어미가 따라도 맛이 더 난다.
(1) 술은 혼자 마시거나 남자끼리 마시는 것보다 여자가 따라 주어야 술맛도 더 좋고 취흥도 더 난다는 뜻.
(2) 주색은 따라다닌다는 뜻.

술은 잔을 주거니 받거니 하는 재미로 마신다.
술을 마실 때는 서로 잔을 주거니 받거니 하는 재미에 취흥이 더 난다는 뜻.

술은 잔을 주거니 받거니 하다가 취한다.
술은 서로 잔을 주거니 받거니 하는 과정에서 취하게 된다는 뜻.

술은 장모가 따라도 여자가 따라야 맛이 좋다.
술좌석에는 남자끼리 술을 마시는 것보다는 여자가 곁에서 술을 따라 주게 되면 취흥이 더욱 흥겨워진다는 뜻.

술은 제 어미가 따라도 맛이 난다.
술은 여자가 따라 주어야 술맛이 더 좋다는 뜻.

술은 주고받는 맛으로 먹는다.
술은 혼자서 먹는 것보다는 상대가 있어서 서로 잔을 주고받으며 마셔야 주흥이 더 난다는 뜻.

여자 술은 시아버지가 따라도 남자가 따라야 맛이 난다.
여자가 술을 마실 때는 여자들끼리 먹는 것보다 남자가 있어서 서로 잔에 술을 따라서 주거니 받거니 하면 더욱 기분이 좋아진다는 뜻.

잔을 주거니 받거니 하다가 취한다.
술은 서로 잔을 권하며 주고받는 과정에서 취하게 된다는 뜻.

주거니 받거니 하다 보면 취한다.
술은 서로 잔을 주고받으며 권하는 과정에서 취하게 된다는 뜻.

72 주량

과음은 정신을 어지럽게 한다.
술을 자기 주량보다 많이 먹으면 정신을 잃고 실언과 실수를 하게 된다는 뜻.

다섯 잔을 먹으면 일곱 잔도 먹는다(五杯七可).
술을 다섯 잔 정도 먹는 사람은 한두 잔 더 먹어도 충분히 견딜 수 있다는 뜻.

많이 마시면 망주妄酒요, 조금 먹으면 약주藥酒다.
술은 많이 마시면 망신을 하게 되고, 알맞게 마시면 혈액순환을 촉진시키는 역할을 하여 건강에 도움이 되므로 자신의 주량에 알맞게 마시라는 뜻.

말술도 사양하지 않는다.
술을 한 말(斗)이라도 먹을 수 있는 주량酒量이라는 뜻.

밥주머니에 술부대다.
밥도 잘 먹고 술도 많이 먹는 건강한 사람을 비유하는 말.

석 잔은 적고 다섯 잔이 알맞다(三少五宣).
술 마시는 사람의 주량으로 볼 때, 석 잔에서 다섯 잔을 마시는 사람은 중간층에 속하는 술꾼이라는 뜻.

섬술이다.
술자리에 앉았다 하면 자그마치 먹는 것이 아니라 한 섬 정도의 술을 마시는 대주객이라는 뜻.

술고래다.
고래가 물을 마시듯이, 술만 보면 폭주하는 사람을 조롱하는 말.

술독에 밥주머니.
술독에 술을 담듯이 술도 많이 먹고, 밥주머니에 밥을 담듯이 밥도 많이 먹는 사람을 비유하는 말.

술독에서 산다.
자나깨나 술 마시는 것을 일로 삼고 사는 사람을 비유하는 말.

술은 자신自身을 알고 먹어야 한다.
술을 마실 때는 자신의 주량에 알맞게 마시도록 하라는 뜻.

술은 잘 먹고 잘 삭여야 한다.
술은 자기 주량에 알맞게 마셔야 하며, 남에게 실언이나 실수하는 일이 없도록 마셔야 한다는 뜻.

술은 잘 먹으면 약이다.
술은 자기 주량보다 많이 마시게 되면 건강에 해로울 뿐 아니라 실수도 하게 되지만, 알맞게 마시면 혈액순환을 촉진시키는 역할을 하는 좋은 보약이 된다는 뜻.

술은 잘 먹으면 약주藥酒가 되고, 잘못 먹으면 망주妄酒가 된다.
술은 자신의 몸에 알맞게 마시면 보약이 되지만, 과음하게 되면 몸에도 해로울 뿐만 아니라 망신도 당하게 되므로 삼가라는 뜻.

술은 적게 먹으면 약이요, 많이 먹으면 욕辱이 된다.
술은 자기 주량에 알맞게 마시면 좋은 약이 되지만, 과음하게 되면 실수도 하게 되고 앓기도 한다는 뜻.

술은 정도에 지나치게 마시지 말아야 한다.
술은 자기 주량에 넘치게 마시면 실수를 하게 되므로 과취되는 일이 없도록 마시라는 뜻.

술은 조금 먹으면 약주요, 많이 먹으면 독주다.
술은 알맞게 마시면 몸에 이로운 약으로 되지만, 과음을 하게 되면 몸을 해치는 독약이 된다는 뜻.

술을 고래 물 마시듯 한다.
고래가 물을 마시듯이, 막걸리를 큰 그릇으로 계속해서 마셔대는 사람을 비유하는 말.

술을 들고는 못 가도 먹고는 간다.
술꾼은 막걸리 한 말을 들고는 못 가도 마시고는 가듯이, 폭주하는 사람을 비유하는 말.

술을 지고는 못 가도 먹고는 간다.
술을 잘 마시는 사람은 술을 지고는 못 가도 마시고는 간다는 뜻.

술자루에 밥주머니다.
술을 가죽자루에 담듯이 많이 마시고, 밥을 큰 주머니에 담듯이 많이 먹는 대식가大食家라는 뜻.

술주머니에 밥포대다.
술도 많이 마실 뿐 아니라 밥도 많이 먹는 대식가라는 뜻.

술푸대다.
술을 뱃속에 채우는 것이 아니고 푸대에 담듯이 많이 마신다는 뜻.

술푸대에 밥주머니다.
술도 많이 마시고 밥도 많이 먹는 대식가를 조롱하는 말.

술 한 말 들고는 못 가도 먹고는 간다.
신체가 약하면서도 술을 많이 마시는 사람은 들고는 못 가도 마시고는 갈 수 있듯이, 술을 많이 마시는 대주객을 비유하는 말.

술항아리 속에서 산다.
항상 술에 취해서 취흥醉興으로 세월을 보내는 사람을 비유하는 말.

아홉 잔이 넘으면 마시지 말아야 한다[九越不可].
주량이 큰 사람이라도 아홉 잔이 넘으면 술을 마시지 말아야지 더 마시게 되면 실수하게 된다는 뜻.

적게 먹으면 약주藥酒요, 많이 먹으면 독주毒酒다.
(1) 술은 알맞게 마시면 몸에 이롭지만 지나치게 마시면 몸을 해친다는 뜻.
(2) 무슨 일이나 정도에 알맞게 해야 한다는 뜻.

정도에 지나치는 술은 경계하랬다.
술은 자기 주량에 알맞게 먹어야지 과취하게 되면 몸에 해롭기 때문에 삼가라는 뜻.

주량酒量이 말술이다.
한 말 되는 술도 마실 정도의 대주객이라는 뜻.

주량이 커서 한없이 마신다.
주량이 큰 사람 중에는 상상 외로 많이 마시는 사람이 있다는 뜻.

첫 잔에 목 축이고, 둘째 잔에 술맛 나고, 셋째 잔에 웃음 나고, 넷째 잔에 취기 난다.
술은 자기 주량에 알맞게 마시면 기분도 좋고 즐겁지만 과취하게 되면 해롭기만 하다는 뜻.

퇴주退酒 그릇인 줄 안다.
술좌석에서 어느 한 사람에게 여러 사람이 집중적으로 술잔을 권할 때 하는 말.

한 잔 술은 약이요, 두 잔 술은 웃음이요, 석 잔 술은 방종이요, 마지막 술은 광증狂症을 낸다.
술은 한 잔만 마시면 약이 되고, 두 잔을 마시면 웃음이 절로 나고, 석 잔이면 주정기가 생기고, 더 마시면 본정신을 잃게 된다는 뜻.

73
과음

고주苦酒 망태가 되었다.
술에 몹시 취하여 몸도 못 가누고 정신도 못 차리는 사람을 비유하는 말.

과하다면서 석 잔 먹고, 그만 먹는다면서 다섯 잔 먹는다.
술에 얼근히 취하면 술이 술을 먹게 되므로 주량이 되는 대로 마구 마시고 실수를 하게 된다는 뜻.

깊은 물보다 얕은 잔에 더 빠져죽는다.
깊은 물에 빠져죽는 사람보다는 술로 신세를 망치는 사람이 더 많으므로 술을 삼가여 마시라는 뜻.

깊은 물에는 안 빠져도 얕은 물에는 빠진다.
깊은 물은 조심하게 되므로 빠지는 경우가 거의 없지만, 술은 마실수록 주흥이 나서 조심하지 않고 먹으면 실수하는 경우가 생긴다는 뜻.

눈에서 술지게미가 나도록 먹는다.
막걸리를 너무 많이 마셔 눈에서 눈곱이 마치 술지게미가 나온 것처럼 보이도록 과취한 사람을 조롱하는 말.

모주母酒 먹은 돼지 목청이다.
모주를 먹은 돼지의 목청처럼 목소리가 컬컬하게 쉰 사람을 조롱하는 말.

물에 빠져죽은 사람보다 술에 빠져죽은 사람이 더 많다.
세상에는 물에 빠져죽은 사람의 수보다 술로 패가 망신을 하는 경우가 더 많다는 뜻.

물에 빠진 사람은 건져도 술에 빠진 사람은 못 건진다.
물에 빠진 사람은 건져서 살릴 수가 있지만 술에 타락한 사람은 구제할 방법이 없다는 뜻.

벌물 켜듯 한다.
강제로 물을 마시듯이, 술을 마구 들이켬을 이르는 말.

벌주罰酒 먹듯 한다.
약속을 어기고 어쩔 수 없이 억지로 마시는 술이라는 뜻.

소나기 술에 사람 곯는다.
술을 마실 때 안주도 안 먹고 폭주하면 몸에 해롭기 때문에, 술을 마실 때는 안주도 많이 먹어가면서 서서히 마셔야 한다는 뜻.

술독 속에 든 초파리다.
세상 물정이 어떻게 돌아가는지도 모르는 사람을 비유하는 말.

술독에 빠진 놈이다.
술에 취하여 정신을 못 차리는 사람을 조롱하는 말.

술상 가녁에 코방아 찧는다.
술에 취하여 정신을 잃고 몸가짐도 제대로 못하는 사람을 비유하는 말.

술은 과음하면 광약狂藥으로 된다.
술은 지나치게 마시면 실언과 실수를 하는 광약이 되기 때문에 과음은 삼가라는 뜻.

술은 과음하지 말아야 한다.
술은 과음하면 언행이 거칠어지면서 실언과 실수를 하게 되므로, 주량에 알맞게 마시라는 뜻.

술은 많이 먹으면 망주다.
술을 적당히 마시는 것은 몸에도 이롭지만 많이 마시면 망신을 당하게 된다는 뜻.

술을 과음하면 망신주妄身酒가 된다.
술은 자신의 주량에 지나치도록 마시면 말과 행동을 함부로 하게 되므로 망신을 당하게 된다는 뜻.

술을 많이 먹으면 발광주發狂酒로 된다.
술은 알맞게 마시면 약주가 되지만, 과음하면 미치광이가 되어 망신을 당한다는 뜻.

술을 싫다면서 과음한다.
말로는 술을 안 마시겠다고 하면서도 술만 보면 취하도록 마시듯이, 말과 행동이 일치하지 않다는 뜻.

술주전자 꼭지에 주둥이를 대고 산다.
애주가는 항상 술을 조금씩 계속해서 마신다는 뜻.

이태백李太白은 하루 3백 잔이다.
옛날 중국의 시인이며 대주객인 이태백은 하루 3백 잔의 술을 마셨다는 뜻.

코가 비틀어지도록 먹었다.
술이 과취되도록 많이 마신 사람을 조롱하는 말.

74
주색

계집을 좋아하게 되면 술도 좋아하게 된다.
(1) 여자를 좋아하는 사람은 술집 출입이 잦아져 술도 좋아하게 된다는 뜻.
(2) 주색은 따라다닌다는 뜻.

남자가 못 참는 건 첫째가 술이고, 둘째가 계집이고, 셋째가 노래다.
남자가 처세를 잘하려면 술을 마셔도 남에게 실수하지 않도록 마셔야 하고, 여자관계도 깨끗해야 하고, 노래도 때와 장소를 봐서 불러야 한다는 뜻.

남자의 원수는 술과 계집이다.
술은 과취하면 주정뱅이가 되고, 오입질을 하게 되면 신세를 망치게 되므로, 주색에 빠지지 않도록 조심하라는 뜻.

노름·술·계집은 패가의 장본이다.
남자가 주색잡기에 반하게 되면 집안은 패가하게 된다는 뜻.

사내가 못 참는 것은 첫째가 술이고, 둘째가 계집이고, 셋째가 노래다.
남자가 행세를 잘하려면 술은 알맞게 마셔야 하고, 여자관계는 깨끗해야 하며, 노래는 함부로 부르지 말라는 뜻.

사내 원수는 술과 계집이다.
남자가 실수하거나 망신을 당하는 원인은, 주로 술을 과취하거나 계집질을 하는 데 있으므로 이것에 주의하라는 뜻.

세상에서 남자의 원수는 술과 계집이다.
남자가 처세함에 있어서 술을 과음하여 실수를 하거나 망신을 당하지 않도록 해야 하며, 계집질을 하여 가정에 풍파를 일으키지 않도록 삼가라는 뜻.

술·계집·노름은 패가의 삼대 장본이다.
술과 계집과 노름 중에서 어느 하나에라도 빠지면 패가하게 되므로 조심하라는 뜻.

술과 계집과 노름은 사내의 삼도락三道樂이다.
남자가 술 마시고 계집질하고 노름하는 데 재미를 붙이면 패가 망신할 수 있으므로 조심하라는 뜻.

술과 계집과 노름은 패가의 장본이다.
남자가 술과 계집질과 노름에 빠지면 패가 망신을 하게 되므로 삼가라는 뜻.

술과 돈과 여자에 유혹되지 말아야 한다.
술을 과음하거나 돈에 탐욕을 내거나 성생활에서 탈선하지 않도록 성실한 생활을 하라는 뜻.

술에 빠진 건 건져도 계집에 빠진 건 못 건진다.
술꾼은 술을 끊지는 못해도 과취하는 것은 삼갈 수 있지만, 오입쟁이는 오입질을 버리지 못한다는 뜻.

술·여자·재물에 유혹되지 말아야 한다.
남자는 술에 빠지고 계집에 반하고 재물에 탐욕하는 일이 없도록 하는 것이 현명한 처세라는 뜻.

술을 좋아하게 되면 계집도 좋아하게 된다.
술과 계집은 따라다니는 것이므로 술은 마시되 여자는 가까이하지 말라는 뜻.

인생삼락人生三樂은 술·노래·색이다.
남자가 가장 즐기는 것이 술과 노래와 계집이라는 뜻.

주색酒色에 곯으면 추하게 늙는다.
술과 색에 곯은 사람은 늙으면 얼굴이 추해지므로 젊어서 주색을 삼가라는 뜻.

주색에는 노소가 없다.
술자리에서는 노소를 가리지 않고 대작對酌하게 되고, 남녀간에는 노소의 관계가 없이 가까이하게 된다는 뜻.

주색에는 선생이 없다.
술 마시고 계집질하는 것은 특별히 배우지 않아도 저절로 알게 된다는 뜻.

주색에 미치면 집안이 망한다.
술과 계집에 미치면 패가 망신하게 되므로 삼가라는 뜻.

주색에 빠지면 도리를 잃는다.
술과 계집에 미치면 자신의 처지를 지키지 못하고 타락하게 된다는 뜻.

주색에 빠진 사람은 서로 더하려고 한다.
주색에 빠진 사람끼리 만나면 서로 경쟁이라도 하듯이 더하게 되므로 주색을 좋아하는 사람과는 가까이하지 말라는 뜻.

주색은 따라다닌다.
술을 좋아하다가는 계집질도 하게 되고 계집질을 하게 되면 술도 좋아하게 되듯이, 양자는 밀접한 관계가 있으므로 어느것이나 명심하라는 뜻.

주색은 패가의 장본이다.
술과 계집을 너무 좋아하다가는 필경에 패가 망신을 하게 되므로 조심하라는 뜻.

주색은 함정이다.
술 좋아하고 계집 좋아하다가는 함정에 빠져서 패가하게 된다는 뜻.

주색잡기酒色雜技는 선생이 따로 없다.
술 마시고 계집질하고 노름하는 것은 선생한테 배워서 하는 것이 아니라 자연스럽게 알게 된다는 뜻.

주색잡기는 패가 망신의 장본이다.
술 좋아하고 계집과 노름을 가까이하면 타락하게 되므로 필연적으로 패가하게 된다는 뜻.

주색잡기에 패가 망신 아니하는 놈 없다.
주색잡기에 빠지면 아무리 큰부자라도 패가하게 되므로 삼가라는 뜻.

75
취 담

늘 생각하던 것은 취중에 말한다.
평소에 하지 못했던 말은 술에 취하면 하게 된다는 뜻.

마음속에 두었던 말은 취중에 말하게 되고, 속에 숨겨둔 정은 꿈에서 본다.
마음속에 숨겨둔 말은 취중에 하고, 마음속에 깊이 숨겨둔 사랑은 꿈에서나 즐긴다는 뜻.

마음은 술로 보고, 외모는 거울로 본다.
평소에 감추어 둔 속마음은 취중에 하는 말로 알게 되고, 겉모양은 거울로 알게 된다는 뜻.

말 많고 실수하는 것은 다 술탓이다.
술에 취하면 이성을 잃고 말도 함부로 하여 실수하는 경우가 많으므로 지나치게 마시지 말라는 뜻.

말 실수는 술 실수다.
말에 실수하게 되는 대부분의 원인은 술에 취했을 때이므로, 술은 실수하지 않을 정도로만 마셔야 한다는 뜻.

생시生時에 먹은 마음 취중에 튀어나온다.
평소 마음속에 감추어두었던 말은 술 마시고 취하면 하게 된다는 뜻.
* 생시: 잠을 자지 않고 있는 동안.

속에 숨겨둔 말은 술이 몰아낸다.
평상시에 꾹 참고 하지 않던 말도 술에 취하면 다 털어놓게 된다는 뜻.

술 마실 때 함부로 말하지 않는 사람은 참된 군자다.
술좌석에서 말을 함부로 하지 않는 것은 교양이 있는 훌륭한 사람이라는 뜻.

술 속에서 진담眞談 들었다.
술을 마시게 되면 평소에 감추어두었던 진담을 서슴없이 말하게 된다는 뜻.

술은 마실수록 말이 는다.
술은 많이 마실수록 취하면서 할 말 못할 말 수다스럽게 하게 된다는 뜻.

숲 속의 꿩은 개가 내몰고, 오장 속의 말은 술이 내몬다
숲 속의 꿩은 사냥개가 몰아서 내쫓고, 평소에 못하고 있던 말은 술김에 다하게 된다는 뜻.

심중心中에 말은 취중에 나온다.
마음속에 감추어둔 비밀도 술에 취하면 발설하게 된다는 뜻.

아이와 술 취한 사람은 거짓말을 않는다.
아이는 순박하기 때문에 거짓말이 없고, 술 취한 사람은 술김에 말하기 때문에 거짓말을 않는다는 뜻.

어린아이와 술 취한 사람은 바른말만 한다.
어린아이는 순박하여 바른말만 하고, 술에 취한 사람은 술김에 속에 있는 말을 다 털어놓게 된다는 뜻.

오장에 있는 말은 술이 내몬다.
술에 취한 사람은 속에 감추어었던 말을 술김에 다 공개하게 된다는 뜻.

취담醉談 중에 진담眞談 있다.
술에 취해서 하는 말 가운데는 평소에 숨기고 있던 진담도 담겨 있다는 뜻.

취담하며 웃고 즐긴다.
술좌석에서는 환담을 나누며 술을 마시는 것이 즐겁다는 뜻.

취중에 진담 나온다.
술 취해서 말을 하다 보면 진담도 나온다는 뜻.

평시에 먹은 마음 취중에 말한다.
평시에 하고 싶던 말을 취하면 하게 된다는 뜻.

76
취함

거짓으로 취한 체한다.
(1) 술좌석에서 술을 더 안 마시기 위하여 취한 척한다는 뜻.
(2) 생시에 못할 말을 하기 위하여 취한 척한다는 뜻.

군자君子는 취해도 말이 없다.
군자는 교양이 있기 때문에 술에 취해도 말 실수를 하지 않는다는 뜻.

권주가勸酒歌 바람에 술 취한다.
술을 권하는 노랫소리에 술을 마시다 보니 취한다는 뜻.

김서방이 먹고 이서방이 취한다.
(1) 술 마신 사람은 잠자코 있는데, 술도 마시지 않은 사람이 건주정을 한다는 뜻.
(2) 인과의 법칙에 어긋난다는 뜻.

꽃은 반개半開가 좋고, 술은 반취半醉가 좋다.
꽃은 활짝 핀 것보다도 반쯤 핀 것이 더 아름다우며, 술은 많이 마시는 것보다 반취가 되도록 마시는 것이 실수도 하지 않고 기분도 더 좋다는 뜻.

낯짝이 말고기 좌판坐板 같다.
술에 취해서 얼굴이 말고기처럼 붉은 사람을 조롱하는 말.

낯짝이 원숭이 낯짝 같다.
술에 취해서 얼굴색이 원숭이 얼굴처럼 붉다는 뜻.

낯짝이 원숭이 볼기짝 같다
술에 취해서 얼굴이 원숭이 엉덩이처럼 붉은 사람을 조롱하는 말.

늘 술에 취하여 깨지 않고 있다.
일은 하지 않고 항상 취흥醉興으로 세월을 보낸다는 뜻.

독한 술은 빨리 취한다.
(1) 독한 술은 빨리 취하므로 안주를 많이 먹어가면서 천천히 마시라는 뜻.
(2) 과단성이 있는 사람은 일을 신속히 처리한다는 뜻.

매는 아프라고 때리고, 술은 취하라고 먹는다.
매를 때리는 목적은 아프라고 때리는 것이고, 술은 얼근하게 취해서 취흥이 나도록 마셔야 한다는 뜻.

밀밭도 못 지나간다.
술을 전혀 못한다.

밀밭만 지나가도 취한다〔過麥田大醉〕.
술의 원료인 밀이 심어진 밀밭만 지나가도 취할 정도로 술을 전혀 못 마신다는 뜻.

반은 취하고 반은 깨었다〔半醉半醒〕.
술에 만취가 되었다가 반은 깨어나고 아직 반은 취하여 정신을 겨우 차리게 되었다는 뜻.

밥은 배가 부르도록 줘야 하고, 술은 취하도록 줘야 한다.
음식을 대접할 때는 상대방이 만족할 수 있도록 충분히 주어야 한다는 뜻.

복은 반복半福이 좋고, 술은 반취半醉가 좋다.
반복은 온복보다 장래성이 있기 때문에 더 좋은 것이고, 술은 만취보다도 반취가 본정신을 가질 수 있기 때문에 더 좋다는 뜻.

사람은 취해야 본성을 나타내고, 용은 자야 체신을 나타낸다.
사람의 본성은 평상시에는 나타나지 않으나 술에 취하면 서슴없이 나타나게 되고, 용은 평상시에는 날아다니기 때문에 그 체신을 볼 수 없지만 잠을 잘 때는 똑똑히 보이므로 알 수 있게 된다는 뜻.

사람은 취해야 본성이 나타난다.
사람은 평상시에는 자기에게 불리한 말을 하지 않기 때문에 그 본성을 알 수 없으나, 술에 취하면 본성을 노출시키므로 그 본심을 알게 된다는 뜻.

상시常時에 먹은 마음 취중에 나온다.
평소에 가지고 있던 생각을 차마 이야기하지 못하고 있던 차에 술을 먹고 흥분되어 말하게 된다는 뜻.

수풀에 꿩은 개가 내몰고, 오장에 말은 술이 내몬다.
술에 취하게 되면 평소에 숨겨둔 비밀까지 다 말하게 된다는 뜻.

술도 먹은 놈이 취한다.
(1) 원인이 있으면 결과도 있게 된다는 뜻.
(2) 죄를 지으면 탄로가 나게 된다는 뜻.

술 안 먹고 취할까?
술을 아니 먹고서는 취할 리가 없듯이, 무슨 일이나 원인이 있으면 반드시 결과도 있게 마련이라는 뜻.

술에 과취하면 난동을 부린다.
과음하면 그 본성을 잃으므로 난폭한 행동을 하게 된다는 뜻.

술에 취하면 그 사람의 본성을 알게 된다.
평소에는 상대방의 마음을 모르다가도 술을 마시고 취하면 평소에 감추어 온 행동들을 다하게 되므로 본성을 알게 된다는 뜻.

술에 취하면 그의 태도를 알 수 있다.
술에 취한 뒤에 그 사람의 행동을 보면 그 사람의 인격을 알 수 있다는 뜻.

술에 취하면 본성이 나타난다.
평상시에는 감추어두었던 말도 술에 취하면 다 털어놓게 되므로 그 본성을 알게 된다는 뜻.

술에 취하여 함부로 말하면 술이 깬 뒤에 후회하게 된다.
술에 취했더라도 교양이 있는 사람은 함부로 말을 하거나 실수하는 일이 없지만, 그렇지 못한 사람은 실언도 하고 실수도 하게 되므로 술이 깬 뒤에야 비로소 후회하게 된다는 뜻.

술은 김서방이 먹고, 취하기는 이서방이 취한다.
술은 김서방이 먹었는데 엉뚱하게 이서방이 취할 수가 없듯이, 원인과 결과로 봐서 도저히 있을 수 없는 일이라는 뜻.

술은 김씨가 먹고 이씨가 취하고, 콩죽은 내가 먹고 배는 네가 앓는다.
(1) 사리에 맞지 않는 모순된 일이라는 뜻.
(2) 상대에게 심술궂은 행동을 한다는 뜻.

술은 맛으로 먹는 것이 아니라 취하라고 먹는 것이다.
술은 그 본맛이 좋아서 마시는 것이 아니라 취흥이 좋아서 마시게 된다는 뜻.

술은 반만 취해야 좋고, 꽃은 반만 피어야 곱다.
술은 반만 취하도록 마셔야 알맞고, 꽃은 반만 핀 것이 활짝 핀 것보다도 곱다는 뜻.

술은 반취가 좋다.
술은 약간 취하도록 마셔야 실언이나 실수가 없으므로 알맞다는 뜻.

술은 조금 취하도록 먹어야 한다.
술은 자기의 주량을 초과하지 않는 범위 내에서 마셔야 실수하는 일이 없다는 뜻.

술은 취하는 멋으로 마신다.
술은 마신 뒤에 얼근하게 취해서 취흥이 일어날 정도로 먹어야 한다는 뜻.

술은 취하는 재미로 마신다.
술은 약간 취기가 생길 정도로 마셔야 기분이 좋다는 뜻.

술은 취하도록 줘야 하고, 밥은 배부르도록 줘야 한다.
술을 남에게 줄 때에는 취할 정도로 주어야 하고, 밥을 줄 때에는 배가 부를 정도로 주어야 고마워하듯이, 남을 도와 줄 때는 넉넉하게 도와 주어야 한다는 뜻.

술은 취하라고 먹고, 매는 아프라고 때린다.
술은 맛만 보려고 마시는 것이 아니라 취하는 멋으로 마시는 것이고, 매는 위협하려는 것이 아니라 아프라고 때린다는 뜻.

술은 취하라고 먹고, 음식은 배부르라고 먹는다.
술은 얼근하게 취하여 취흥을 돋우기 위하여 마시고, 음식은 배고프지 않게 먹어야 한다는 뜻.

술은 취하라고 먹는다.
술을 마시는 목적은 얼근하게 취하여 취흥을 돋우는 데 있다는 뜻.

술은 취하자고 먹는 것이지 마시기 위해서 먹는 것은 아니다.
술꾼이 술을 마시는 목적은 먹는 재미로 마시는 것이 아니라, 취해서 취흥醉興을 내려고 마신다는 뜻.

술은 취하자는 술이다.
술은 취하도록 마신 후에 취흥에 즐기는 재미로 마신다는 뜻.

술이 사람을 취하게 하는 것이 아니라 사람 스스로가 취하는 것이다.
술에 취하고 안 취하는 것은 술에 있는 것이 아니라, 사람이 많이 마시느냐 조금 마시느냐에 따라 결정된다는 뜻.

술이 아무리 독해도 먹지 않으면 취하지 않는다.
술을 마시지 않으면 취하지 않듯이, 무슨 일이나 하지 않으면 아무런 결과도 나타나지 않는다는 뜻.

술 취하는 것을 싫어하면서도 술은 마신다.
술을 좋아하는 사람은 술에 취해서 주정하는 것이 잘못인지 알면서도 술만 보면 취하도록 마신다는 뜻.

술 취하면 겁나는 것이 없다.
술에 취하면 마음이 부풀어지므로 무서운 것을 모르고 함부로 행동을 하다가 화를 입게 된다는 뜻.

술 취하면 눈에 보이는 것이 없다.
술에 취하면 본성을 잃게 되므로 겁 없이 아무에게나 함부로 행동한다는 뜻.

술 취하면 사촌 땅 사준다.
평소에는 구두쇠 같은 사람도 술에 취하면 돈 아까운 줄 모르고 함부로 쓰게 된다는 뜻.

술 취하면 임금도 보이지 않는다.
술에 취하면 본정신을 잃게 되므로 아무에게나 함부로 행동을 하다가는 화를 입게 된다는 뜻.

술 취한 개다.
술에 취하면 이성을 잃으므로 사람 구실을 못하게 된다는 뜻.

술 취한 놈 달걀 팔 듯한다.
달걀 장수가 술에 취하여 달걀을 마구 팔아 손해를 보듯이, 술에 취해서 하는 일은 실패하기 쉽다는 뜻.

술 취한 놈 속은 모른다.
술 취한 사람은 본성을 잃고 말을 이랬다저랬다 하기 때문에 진심을 바르게 파악하기가 어렵다는 뜻.

술 취한 놈은 임금도 모른다.
술에 취하면 사리 판단을 제대로 못하기 때문에 큰 실수를 저질러 화를 당하기도 한다는 뜻.

술 취한 놈이 외나무다리는 잘 건너간다.
술에 취한 사람은 위험한 일을 당하면 정신을 바짝 차리고 위험을 모면한다는 뜻.

술 취한 뒤에 마시는 것은 안 먹는 것만 못하다.
이미 술에 취한 다음에 과취하도록 먹는 것은 실수할 장본이니 삼가라는 뜻.

술 취한 듯이 살다가 꿈같이 죽는다.
팔자 좋은 사람은 술에 취하여 주흥 속에서 살 듯이, 걱정 근심 없이 살다가 죽을 때도 병으로 고생스럽게 앓지 않고 편안하게 죽는다는 뜻.

술 취한 미치광이다.
술버릇이 나쁜 사람은 술에 취하면 아무에게나 말과 행동을 미친 사람처럼 함부로 한다는 뜻.

술 취한 사람과 아이는 거짓말을 않는다.
술에 취하면 평소에 숨겨두었던 말을 그대로 솔직하게 다 털어놓는다는 뜻.

술 취한 사람 말에 거짓말 없고, 늙은이 말에 그른 말 없다.
술에 취한 사람은 평소에 숨겨둔 말까지 솔직하게 다 말하게 되고, 늙은이의 말은 오랫동안 체험한 후의 말이기 때문에 그른 말이 없으므로 따라야 한다는 뜻.

술 취한 사람 속은 알게 된다.
술에 취하면 평소에 숨겨둔 말까지 다하게 되므로, 그 사람의 속을 알려면 술에 취했을 때의 말을 들으라는 뜻.

술 취한 사람에게 술 먹여 깨게 한다.
술 취한 사람을 깨게 한다면서 술을 먹여 더 취하게 하듯이, 구제한답시고 일을 더욱 악화시킨다는 뜻.

술 취한 사람은 넓은 개천도 좁은 줄 알고 간다.
술에 취하면 사리 판단을 제대로 할 수 없으므로 넓은 개천도 좁은 줄 알고 건너다가 빠지듯이, 술에 취해서 하는 일은 실패하는 경우가 많다는 뜻.

술 취한 사람이 사촌 땅 사준다.
술에 취하면 마음이 부풀어지고 사리 판단이 흐려져서 평소에 구두쇠 같은 사람도 돈을 함부로 쓰게 된다는 뜻.

술 취한 사람이 사촌 집 사준다.
술에 취하면 본성을 잃게 되므로 취중에 하는 일은 실수가 많다는 뜻.

술 취한 중 목탁 치듯 한다.
중이 술에 취하여 목탁을 염불 박자에 맞추어 치는 것이 아니라 제멋대로 치듯이, 술에 취해서 하는 일에는 올바른 일이 없다는 뜻.

술 취한 중이다.
술을 마셔서는 안 되는 중이 더구나 취할 정도로 마신다는 것은 탈선된 행위이므로 대접을 받지 못할 중이라는 뜻.

술 취해서는 동네 사람 땅 사주고, 술이 깨서는 동네 사람 땅을 빼앗아들인다.
술에 취하면 물욕이 없어지면서 남에게 적선도 하지만, 일단 술이 깨면 본성으로 되돌아가게 되므로 다시 인색해진다는 뜻.

술 취해서 말 다르고, 술 깨서 말 다르다.
술에 취했을 때의 말은 이성을 잃고 하는 말이고, 술에서 깨고 난 다음 하는 말은 이성을 가지고 하는 말이기 때문에 서로 말이 다르다는 뜻.

업어가도 모를 정도로 취했다.
술에 취하여 곤히 잠든 사람을 두고 하는 말.

용은 자야 체신을 나타내게 되고, 사람은 취해야 본성을 나타낸다.
용은 구름을 타고 날아다니므로 평소에는 정체를 볼 수 없으나 잠을 잘 때는 볼 수 있어서 알게 되며, 사람의 본성은 숨겨두고 있으므로 알 수 없지만 술에 취하면 본성이 탄로나서 알게 된다는 뜻.

원숭이 낯짝 같다.
술에 취하여 얼굴이 붉은 사람을 조롱하는 말.

원숭이 볼기짝 같다.
술에 취하여 얼굴이 원숭이 볼기짝처럼 붉은 사람을 비유하는 말.

장서방이 마신 술에 이서방이 취한다.
(1) 술은 장서방이 먹었는데 취하기는 이서방이 취하듯이, 도저히 있을 수 없는 일이라는 뜻.
(2) 원인과 결과가 일치되지 않는다는 뜻.

주토朱土 광대廣大를 그린다.
술을 많이 먹어서 얼굴이 주토 광대처럼 붉게 된 사람을 조롱하는 말.
* 주토: 빛이 붉은 흙.

초장初場 술에 취한다.
장을 보러 간 사람이 장도 보기 전에 술 먼저 먹고 저 할 일을 못하게 된다는 뜻.

초장에 취한 놈이 파장에 매맞는다.
아침 초장부터 술에 취해 주정하다가 저녁 파장에는 매를 맞고 망신한다는 뜻.

취객醉客이 외나무다리는 잘 건너간다.
취한 사람도 정신만 차리면 외나무다리도 건너가듯이, 취한 사람도 조심을 하면 실수를 면한다는 뜻.

취담 중에 진담이 있다.
술 마시고 횡설수설하는 말 중에도 본심으로 하는 말이 들어 있다는 뜻.

취중에는 임금도 안 보인다.
술에 취해서 정신을 잃으면 죽을 짓도 서슴없이 하게 된다는 뜻.

취중에 다 털어놓는다.
평소에 숨겨두었던 말도 술에 취하면 다하게 된다는 뜻.

취중에도 말을 함부로 하지 않는 것이 군자다.
술에 취해도 교양이 있는 사람은 말을 함부로 하지 않는다는 뜻.

취중에 무천자無天子다.
술에 취하여 정신을 잃게 되면 위아래를 구분치 못하고 마구 행동하게 된다는 뜻.

취중에 사촌 땅 사준다.
술에 취하여 기분이 좋을 때는 구두쇠도 돈을 함부로 쓰게 된다는 뜻.

취중에 이웃집 땅 사준다.
술에 취하면 기분이 좋은 끝에 돈도 함부로 쓰게 된다는 뜻.

취중에 진담眞談 나온다.
술에 취하면 평시에 감추어두었던 말을 서슴없이 하게 된다는 뜻.

취중에 한 말은 술 깬 뒤에 후회하게 된다.
술에 취했을 때 한 말에는 실언이 많기 때문에 술이 깬 다음에는 후회하게 되므로 취중에는 말을 삼가도록 하라는 뜻.

취중에 한 말은 자고 나면 잊어버린다.
(1) 취중에는 말을 함부로 하게 된다는 뜻.
(2) 취중에 한 말은 상대하지 말라는 뜻.

취하는 것이 싫다면서 술은 먹는다.
(1) 술에 취하면 실수한다는 것을 알면서도 술을 보면 마시게 된다는 뜻.
(2) 나쁜 일인 줄 알면서도 끊지 못하고 여전히 한다는 뜻.

취하면 본성이 나온다.
술에 취하면 평소에 가지고 있던 본성이 나타나게 된다는 뜻.

취한 놈 달걀 팔 듯한다.
술 취한 사람이 계란을 함부로 팔 듯이, 취한 사람은 일을 함부로 하게 된다는 뜻.

취한다면서 술은 더 마신다.
술에 얼근하게 취하면 취한 줄 알면서도 더 마시게 된다는 뜻.

취한 듯 미친 듯한다
과취하게 되면 본정신을 잃고 미친 사람처럼 마구 행동을 한다는 뜻.

취해서 자는 사람은 깨우지 말랬다.
술에 취해서 자는 사람은 술이 깰 때까지 깨우지 말라는 뜻.

평소에 먹은 마음 취중에 나온다.
평상시 속에 간직했던 말은 술에 취하면 폭로하게 된다는 뜻.

하늘이 돈짝만하다.
술에 취하여 넓은 하늘이 겨우 돈짝만큼 작게 보이듯이, 취하면 정신이 오락가락하여 사물을 옳게 판단하지 못한다는 뜻.

77 주정

구정물 먹고 주정한다.
주정은 버릇이기 때문에 술이 아니더라도 술인 줄 알고 마시면 술주정을 한다는 뜻.

김씨가 먹고, 이씨가 주정한다.
(1) 원인과 결과가 모순이 된다는 뜻.
(2) 좋지 못한 결과에 대하여 남에게 책임을 전가시킨다는 뜻.

냉수 먹고 주정한다.
(1) 술꾼은 어떤 핑계만 있으면 건주정을 한다는 뜻.
(2) 멀쩡한 허세만 부린다는 뜻.

뜨물 먹고 주정한다.
(1) 주정은 술에 취해서 하는 것이 아니라 버릇으로 하게 된다는 뜻.
(2) 공연히 취한 체하고 건주정하는 사람을 이르는 말.

말 탄 궁인宮人도 주정뱅이는 피한다.
권세가 당당한 사람도 주정뱅이를 보면 피하듯이, 취한 사람은 상대하지 말라는 뜻.

맹물 먹고 주정한다.
술주정뱅이의 주정은 취했을 때 하는 것이지만, 때로는 술에 취한 척하고 쇼로 하는 경우도 있다는 뜻.

먹기는 김서방이 먹고, 주정은 이서방이 한다.
(1) 원인과 결과가 일치하지 않는다는 뜻.
(2) 이익을 본 사람은 가만히 있는데 구경한 사람이 좋아한다는 뜻.

미친 듯이 취한 듯이 날뛴다.
미친 사람이나 술 취한 사람처럼 함부로 날뛴다는 뜻.

밀밭만 지나도 주정한다.
누룩의 원료인 밀이 심어진 밀밭만 지나가도 취해서 주정을 할 정도로 술을 마시지 못한다는 뜻.

보리밭 지나며 주정한다.
보리술의 원료인 보리를 심은 밭에만 지나가도 취할 정도로 술을 전혀 먹지 못하는 사람을 비유하는 말.

술 먹은 개다.
(1) 교양 있는 사람은 술을 마셔도 실수하는 일이 없지만, 술버릇이 나쁜 사람은 술만 마시면 버릇이 개차반같이 된다는 뜻.
(2) 술에 취한 사람은 상대하지 말라는 뜻.

술은 김가가 먹고, 주정은 이가가 한다.
(1) 술 마신 사람 따로 있고, 주정하는 사람 따로 있다는 것은 사리에 맞지 않는다는 뜻.
(2) 원인과 결과는 다를 수가 없다는 뜻.

술은 주인이 먹고, 주정은 머슴이 한다.
술은 주인 혼자서 먹었는데 머슴이 주정한다는 것은 있을 수 없는 일이듯이, 원인과 결과가 엉뚱하게 되었다는 뜻.

술 좋아하다 보면 주정뱅이 되고, 놀기 좋아하다 보면 건달 된다.
술도 절제 없이 함부로 폭음하게 되면 주정꾼이 되고, 놀기를 좋아하다가는 노름꾼이 되기 쉽다는 뜻.

술 좋아하면 주정꾼이 된다.
술을 무절제하게 즐기다가는 주정꾼으로 전락하게 되므로 술은 자기 주량을 초과하지 않도록 마시라는 뜻.

술주정은 많이 먹는다고 하는 것이 아니다.
술주정을 하게 되는 것은 많이 마셨다고 하는 것이 아니라 버릇이 되어서 하게 된다는 뜻.

술주정은 버릇이다.
술주정은 많이 마셔서 하는 것이 아니라, 처음부터 술버릇이 잘못 들어서 하게 된다는 뜻.

술주정은 하지 말아야 한다.
술에 취하더라도 주정을 하여 남에게 피해를 주는 일이 없도록 삼가라는 뜻.

술주정하려면 술을 먹지 말랬다.
남에게 피해를 주는 주정을 하려면 아예 술을 마시지 말아야 한다는 뜻.

술지게미 먹고 주정한다.
하찮은 술지게미를 먹고 주정하는 것은 취해서 주정하는 것이 아니라, 술 먹는 핑계대고 건주정을 하는 것이라는 뜻.

아는 주정이다
(1) 멀쩡한 건주정을 한다는 뜻.
(2) 보나마나 다 아는 사실이라는 뜻.

원님도 술주정꾼은 피한다.
권세가 당당한 원님도 술에 취한 주정꾼은 아예 상대를 하지 않는다는 뜻.

주정꾼은 뜨물만 먹어도 주정한다.
주정뱅이는 술기운으로 주정을 하는 것이 아니라 버릇으로 한다는 뜻.

주정뱅이는 상감님 망건 살 돈으로도 술 사먹는다.
술에 미친 사람은 도덕과 예의도 모르고 어떤 수단을 써서라도 오로지 술만 마시려고 한다는 뜻.

주정뱅이보고 술 먹었다면 성을 낸다.
술 취한 사람에게 술을 마셨다고 하면 성을 내듯이, 잘못한 사람에게 잘못을 지적하면 화를 낸다는 뜻.

주정은 버릇이다.
술 취한 사람이 주정을 하게 되는 것은 술기운으로 하는 경우도 있지만, 대부분의 경우 버릇에서 빚어진다는 뜻.

중이 술주정한다.
중은 술을 못 마시게 되어 있음에도 불구하고 주정까지 하듯이, 자신의 본분을 모르는 사람을 비유하는 말.

중이 장에 가서 주정한다.
중은 마시지 못하도록 된 술을 마시려면 남의 이목을 피해서 마셔야 하는데도 여러 사람들 앞에서 주정까지 하듯이, 범죄자가 여러 사람들 앞에서 공공연히 날뛴다는 뜻.

도리스
《얀 이야기》 © 2000 JUN MACHIDA

초장初場 술꾸러기는 파장罷場 매꾸러기 된다.
장에 가서 볼일은 안 보고 아침부터 술만 마시는 사람은 파장에 매를 맞고 망신을 당하게 되듯이, 술은 일이 끝난 뒤에는 마실지라도 일하기 전에는 마시지 말라는 뜻.

하던 술주정도 돈 준다면 않는다.
자발적으로 하는 일은 잘하고, 남이 시키는 일은 하기 싫다는 뜻.

78 금주

금주禁酒에 누룩 장사한다.
금주령禁酒令이 내려서 술을 못 팔게 되었을 때 누룩 장사를 하는 것은 손해를 자초하는 행동이라는 뜻.

금주에 누룩 흥정이다.
금주령이 내려서 술을 못 마시게 된 때 누룩을 흥정하듯이, 물정도 모르고 손해 보는 짓만 한다는 뜻.

노름꾼 노름 끊는다는 것과 술꾼 술 끊는다는 것은 세상이 다 아는 거짓말이다.
노름과 술에 빠진 사람은 입버릇처럼 끊는다고는 하지만 끊지 못하고 타락하는 경우가 많다는 뜻.

술 끊고 누룩 흥정한다.
술을 끊었으면 술과 연관된 일은 하지 말아야 함에도 불구하고 항상 미련을 가지고 있듯이, 한 번 맹세한 일을 철저히 집행하지 못한다는 뜻.

술 끊고 모은 돈으로 소 샀더니 호랑이가 물어갔다.
술까지 참아가면서 모은 돈으로 송아지를 샀더니 범이 물어가 버리듯이, 재물은 재운이 있어야 모아지는 것이지 억지로는 모으지 못한다는 뜻.

술 담배 참아 소를 샀더니 호랑이가 물어갔다.
(1) 돈은 재복이 있어야 벌지 재복이 없는 사람이 억지로 벌지는 못한다는 뜻.
(2) 돈은 모으기만 할 것이 아니라 쓸 때는 써야 한다는 뜻.

술 안 먹는다고 술값 밀린다더냐?
술 마시는 사람이 술을 끊는다고 해도 그 술값은 탕감되지 않는다는 뜻.

술은 끊어도 담배는 못 끊는다.
술은 끊을 수 있어도 담배는 끊기가 매우 어렵다는 뜻.

술을 끊으려고 말고 과취를 하지 말랬다.
술을 마시면 망신당하게 된다고 끊으려 하지 말고 조금씩 마시고 망신을 당하지 않도록 하라는 뜻.

안주만 봐도 끊은 술 생각이 난다.
술 끊은 사람은 안주만 봐도 다시 술이 먹고 싶다는 뜻.

79
술을 못 먹음

고두밥만 보아도 취한다.
술을 만드는 원료인 고두밥만 보아도 취하듯이, 술을 전혀 못 마신다는 뜻.

누룩만 보아도 취한다.
술의 원료인 누룩만 보아도 취할 정도로 술을 전혀 마시지 못한다는 뜻.

단술 먹은 여드레 만에 취한다.
무슨 일을 하고 나서 한참 있다가 비로소 그 영향이 나타나게 된다는 뜻.

밀농사를 놉 얻어서 한다.
술 원료인 밀만 보아도 취하기 때문에 밀농사를 직접 짓지 못하고 품꾼을 사서 하듯이, 술을 전혀 마시지 못한다는 뜻.
* 놉: 날삯을 받는 품꾼.

밀밭도 못 지나간다.
밀밭만 지나가도 취할 정도로 술이라고는 전혀 마시지 못한다는 뜻.

밀밭에도 못 간다.
누룩의 원료인 밀이 심어진 밭에만 지나가도 취하기 때문에 밀밭을 못 지나간다는 뜻으로서, 술을 전혀 마시지 못한다는 말.

보리밭만 지나도 취한다.
보리술의 원료인 보리를 심은 보리밭만 지나가도 취할 정도로 술을 마시지 못한다는 뜻.

술 먹는 것만 보아도 취한다.
술 마시는 것을 보기만 해도 취할 정도로 술을 마시지 못한다는 뜻.

술상의 떡을 먹어도 취한다.
술이라고는 조금도 마시지 못한다는 뜻.

술 얘기만 들어도 취한다.
술을 조금도 못 마시는 사람을 비유하는 말.

잔칫상에서 떡만 먹어도 취한다.
(1) 잔칫상에는 으레 술과 떡이 함께 차려져 있기 때문에 떡만 먹어도 술 냄새를 맡게 된다는 뜻.
(2) 술을 전혀 마시지 못한다는 뜻.

80
담배

골초다.
담배를 몹시 좋아하는 사람을 조롱하는 말.

곰배팔이 담배목판 끼듯 한다.
곰배팔이가 담배목판이 땅에 안 떨어지게 힘주어 끼듯이, 온 힘을 들여 일을 한다는 뜻.

궐련 마는 당지唐紙로 인경 싸려고 한다.
당지처럼 약한 종이로 종을 싸듯이, 되지도 않을 어리석은 짓을 한다는 뜻.
* 궐련: 종이로 말아 놓은 담배. 원말은 권연.

그러다가 맞담배질하겠다.
서로 나이 차이가 있는 처지에 벗을 하려고 한다는 뜻.

끼니는 굶어도 담배는 못 굶는다.
밥 한 끼는 굶어도 담배는 못 굶을 정도로 담배는 굶기가 어렵다는 뜻.

담배 끊기가 술 끊기보다 더 어렵다.
담배 끊기가 술 끊기보다 쉬울 것 같지만 담배 끊기가 더 어렵다는 뜻.

담배는 과부초다.
과부가 수심을 달래는 데는 담배가 가장 좋은 기호품이라는 뜻.

담배를 용골대龍骨大처럼 피운다.
옛날 담배를 몹시 좋아하던 용골대(일명은 용고뚜리 또는 용골돌이)와 같이 좋아한다는 말

담배씨로 뒤웅박을 파겠다.
사람이 너무도 잘고 잔소리가 몹시 많다는 말.

담배씨보다도 더 잘다.
몹시 좀스럽고 옹졸한 사람을 비유하는 말.

담배씨 외손자다.
좀스럽고 소견이 없는 사람을 비유하는 말.

담배 잘 피우기는 용고뚜리다.
옛날 용고뚜리라는 사람같이 담배를 잘 피우는 사람이라는 뜻.
* 용고뚜리: 담배를 지나치게 많이 피우는 사람을 농으로 이르는 말.

담뱃대로 가슴을 찌를 노릇이다.
너무도 기가 막히고 답답하여 담배를 피우던 담뱃대로 가슴을 찔러도 시원치 않다는 말.

담뱃대를 상투에 꽂아두고 사흘 찾는다.
(1) 정신이 없는 사람을 비유하는 말.
(2) 물건을 잘못 두면 찾기가 어렵다는 뜻.

담뱃불에 언 쥐 녹여 벗기겠다.
하는 짓이 매우 답답하고 옹졸한 사람을 비유하는 말.

담뱃불에 언 쥐를 구워먹겠다.
사람이 답답하고도 소견이 너무 없다는 뜻.

담뱃불에 콩 구워먹겠다.
성격이 몹시 잘고 약삭빠른 사람을 비유하는 말.

마지막 담배 한 대는 기생첩도 안 준다.
마지막 남은 담배 한 대는 남 주기가 매우 아깝다는 뜻.

마지막 대는 첩도 안 준다.
담배는 다 피우고 마지막 한 대가 남았을 때의 맛이 가장 좋다는 뜻.

맞담배질하는 사이다.
서로 맞담배질을 하는 친한 사이라는 뜻.

무주 구천동 개구리가 담배 먹던 시절 이야기다.
이 세상에서는 가장 오래 된 옛날 옛적 이야기라는 뜻.

문관장文官長네 할멈마냥 담배는 잘 피운다.
옛날 문관장이라는 사람의 아내처럼 담배를 좋아하는 사람을 비유하는 말.

복덕방 살담배인가.
복덕방이 생긴 초기에는 가옥을 소개하면 소개비를 현금으로 주지 않고 매매물과는 아무 상관도 없는 살담배로 쌍방이 조금씩 준 데서 유래된 말로서, 아무 관계도 없는 사람이 남의 일에 참견한다는 뜻.
* 살담배: 칼로 썬 담배.

봉소군奉小君이 담배 피우듯 한다.
옛날 애연가인 봉소군처럼 담배를 많이 피운다는 뜻.

손님에게는 첫 인사가 담배대접이다.
손님이 오게 되면 가장 먼저 대접하는 것이 담배라는 뜻.

식후의 일미라.
식사를 한 뒤에 담배를 피우는 것은 기분이 매우 좋다는 뜻.

식후 일미는 담배다.
식사한 후에 피우는 담배맛이 유난히 좋다는 뜻.

옛날 호랑이가 담배 먹던 시절이다.
호랑이가 담배를 피웠다는 옛날 옛적 일이라는 뜻.

옛날 호랑이가 담배 먹던 이야기다.
호랑이가 담배를 피웠다는 옛 이야기 같은 말을 한다는 뜻.

용고뚜리 담배 마다할까?
담배를 좋아하는 용고뚜리가 담배를 싫다고 할 리가 없듯이, 자기가 좋아하는 것을 주는데 누구든 마다고 할 리가 있느냐는 뜻.

용귀돌龍貴乭 담배 피우듯 한다.
예전에 담배를 많이 피웠다는 용고뚜리(용귀돌)처럼 담배를 좋아하는 사람이라는 뜻.

인삼 든 약을 달이는 데 담뱃불을 붙이면 약효가 없어진다.
정성을 들여서 약을 달이는 데는 담뱃불을 붙이지 말라는 뜻.

잘기는 담배씨다.
성미가 좀스럽고 인색한 사람을 비유하는 말.

철록哲祿어멈이나 용귀돌龍貴乭이나 담배도 잘 피운다.
옛날 담배를 많이 피우기로 소문난 철록어멈이나 용귀돌과 같이 담배를 많이 피우는 사람을 비유하는 말.

호랑이 담배 먹던 시절이다.
옛날 옛적 호랑이가 담배를 피우던 시절이라는 뜻.

宋在璇

1913년 충북 옥천 출생
저서 : 《기와》(1955)
《人工乾燥爐와 그 操作法》(1957)
《벽돌공학 上·下》(1987), 《벽돌기술》(1989)
《우리나라 벽돌》(1991), 《宋子遺墨大觀 1·2》(1995)
《우리말속담큰사전》(1983), 《상말속담사전》(1993)
《農漁俗談辭典》(1994), 《여성속담사전》(1995)
《동물속담사전》(1997), 《주색잡기속담사전》(1997)
《돈속담사전》(1998)

음식속담사전

초판발행 : 1998년 10월 20일

엮은이 : 宋在璇
펴낸이 : 辛成大
펴낸곳 : 東文選
제10-64호, 78. 12. 26 등록
서울 종로구 관훈동 74
전화 : 737-2795
팩스 : 723-4518

ⓒ 1998, 宋在璇, Printed in Seoul, Korea

ISBN 89-8038-053-4 94800
ISBN 89-8038-000-3 (세트)

【東文選 文藝新書】

1	저주받은 詩人들	A. 뻬이르 / 최수철·김종호	개정근간
2	민속문화론서설	沈雨晟	40,000원
3	인형극의 기술	A. 훼도토프 / 沈雨晟	8,000원
4	전위연극론	J. 로스 에반스 / 沈雨晟	12,000원
5	남사당패연구	沈雨晟	10,000원
6	현대영미희곡선(전4권)	N. 코워드 外 / 李辰洙	각 4,000원
7	행위예술	L. 골드버그 / 沈雨晟	10,000원
8	문예미학	蔡 儀 / 姜慶鎬	절판
9	神의 起源	何 新 / 洪 熹	10,000원
10	중국예술정신	徐復觀 / 權德周	18,000원
11	中國古代書史	錢存訓 / 金允子	8,000원
12	이미지	J. 버거 / 편집부	12,000원
13	연극의 역사	P. 하트놀 / 沈雨晟	12,000원
14	詩 論	朱光潛 / 鄭相泓	9,000원
15	탄트라	A. 무케르지 / 金龜山	10,000원
16	조선민족무용기본	최승희	15,000원
17	몽고문화사	D. 마이달 / 金龜山	8,000원
18	신화 미술 제사	張光直 / 李 徹	10,000원
19	아시아 무용의 인류학	宮尾慈良 / 沈雨晟	8,000원
20	아시아 민족음악순례	藤井知昭 / 沈雨晟	5,000원
21	華夏美學	李澤厚 / 權 瑚	10,000원
22	道	張立文 / 權 瑚	18,000원
23	朝鮮의 占卜과 豫言	村山智順 / 金禧慶	15,000원
24	원시미술	L. 아담 / 金仁煥	9,000원
25	朝鮮民俗誌	秋葉隆 / 沈雨晟	12,000원
26	神話의 이미지	J. 캠벨 / 扈承喜	근간
27	原始佛敎	中村元 / 鄭泰爀	8,000원
28	朝鮮女俗考	李能和 / 金尙憶	12,000원
29	朝鮮解語花史	李能和 / 李在崑	15,000원
30	조선창극사	鄭魯湜	7,000원
31	동양회화미학	崔炳植	9,000원
32	性과 결혼의 민족학	和田正平 / 沈雨晟	9,000원
33	農漁俗談辭典	宋在璇	12,000원
34	朝鮮의 鬼神	村山智順 / 金禧慶	12,000원
35	道敎와 中國文化	葛兆光 / 沈揆昊	15,000원
36	禪宗과 中國文化	葛兆光 / 鄭相泓·任炳權	8,000원
37	오페라의 역사	L. 오레이 / 류연희	12,000원
38	인도종교미술	A. 무케르지 / 崔炳植	14,000원
39	힌두교 그림언어	안넬리제 外 / 全在星	9,000원

40	중국고대사회	許進雄 / 洪 熹	22,000원
41	중국문화개론	李宗桂 / 李宰碩	15,000원
42	龍鳳文化源流	王大有 / 林東錫	17,000원
43	甲骨學通論	王宇信 / 李宰錫	근간
44	朝鮮巫俗考	李能和 / 李在崑	12,000원
45	미술과 페미니즘	N. 부루드 外 / 扈承喜	9,000원
46	아프리카미술	P. 윌레뜨 / 崔炳植	10,000원
47	美의 歷程	李澤厚 / 尹壽榮	15,000원
48	曼茶羅의 神들	立川武藏 / 金龜山	10,000원
49	朝鮮歲時記	洪錫謨 外 / 李錫浩	30,000원
50	河 殤	蘇曉康 外 / 洪 熹	8,000원
51	武藝圖譜通志 實技解題	正 祖 / 沈雨晟·金光錫	15,000원
52	古文字學 첫걸음	李學勤 / 河永三	9,000원
53	體育美學	胡小明 / 閔永淑	10,000원
54	아시아 美術의 再發見	崔炳植	9,000원
55	曆과 占의 科學	永田久 / 沈雨晟	8,000원
56	中國小學史	胡奇光 / 李宰碩	20,000원
57	中國甲骨學史	吳浩坤 外 / 梁東淑	근간
58	꿈의 철학	劉文英 / 河永三	15,000원
59	女神들의 인도	立川武藏 / 金龜山	13,000원
60	性의 역사	J. L. 플랑드렝 / 편집부	18,000원
61	쉬르섹슈얼리티	W. 챠드윅 / 편집부	10,000원
62	여성속담사전	宋在璇	18,000원
63	박재서희곡선	朴栽緖	10,000원
64	東北民族源流	孫進己 / 林東錫	13,000원
65	朝鮮巫俗의 硏究 (상·하)	赤松智城·秋葉隆 / 沈雨晟	28,000원
66	中國文學 속의 孤獨感	斯波六郎 / 尹壽榮	8,000원
67	한국사회주의 연극운동사	李康列	8,000원
68	스포츠 인류학	K. 블랑챠드 外 / 박기동 外	12,000원
69	리조복식도감	리팔찬	10,000원
70	娼 婦	A. 꼬르벵 / 李宗旼	20,000원
71	조선민요연구	高晶玉	30,000원
72	楚文化史	張正明	근간
73	시간 욕망 공포	A. 꼬르벵	근간
74	本國劍	金光錫	40,000원
75	노트와 반노트	E. 이오네스코 / 박형섭	8,000원
76	朝鮮美術史硏究	尹喜淳	7,000원
77	拳法要訣	金光錫	10,000원
78	艸衣選集	艸衣意恂 / 林鍾旭	14,000원
79	漢語音韻學講義	董少文 / 林東錫	10,000원

80	이오네스코 연극미학	C. 위베르 / 박형섭	9,000원
81	中國文字訓詁學辭典	全廣鎭 편역	15,000원
82	상말속담사전	宋在璇	10,000원
83	書法論叢	沈尹默 / 郭魯鳳	8,000원
84	침실의 문화사	P. 디비 / 편집부	9,000원
85	禮의 精神	柳肅 / 洪熹	10,000원
86	조선공예개관	日本民芸協會 편 / 沈雨晟	30,000원
87	性愛의 社會史	J. 솔레 / 李宗旼	12,000원
88	러시아 미술사	A. I. 조토프 / 이건수	16,000원
89	中國書藝論文選	郭魯鳳 選譯	18,000원
90	朝鮮美術史	關野貞	근간
91	美術版 탄트라	P. 로슨 / 편집부	8,000원
92	군달리니	A. 무케르지 / 편집부	9,000원
93	카마수트라	바짜야나 / 鄭泰爀	10,000원
94	중국언어학총론	J. 노먼 / 全廣鎭	18,000원
95	運氣學說	任應秋 / 李宰碩	8,000원
96	동물속담사전	宋在璇	20,000원
97	자본주의의 아비투스	P. 부르디외 / 최종철	6,000원
98	宗敎學入門	F. 막스 뮐러 / 金龜山	10,000원
99	변 화	P. 바츨라빅크 外 / 박인철	10,000원
100	우리나라 민속놀이	沈雨晟	15,000원
101	歌訣	李宰碩 편역	20,000원
102	아니마와 아니무스	A. 융 / 박해순	8,000원
103	나, 너, 우리	L. 이리가라이 / 박정오	10,000원
104	베케트 연극론	M. 푸크레 / 박형섭	8,000원
105	포르노그래피	A. 드워킨 / 유혜련	12,000원
106	셀 링	M. 하이데거 / 최상욱	12,000원
107	프랑수아 비용	宋勉	18,000원
108	중국서예 80제	郭魯鳳 편역	16,000원
109	性과 미디어	W. B. 키 / 박해순	12,000원
110	中國正史朝鮮列國傳 (전2권)	金聲九 편역	120,000원
111	질병의 기원	T. 매큐언 / 서일·박종연	12,000원
112	과학과 젠더	E. F. 켈러 / 민경숙·이현주	10,000원
113	물질문명·경제·자본주의	F. 브로델 / 이문숙 外	절판
114	이탈리아인 태고의 지혜	G. 비코 / 李源斗	8,000원
115	中國武俠史	陳山 / 姜鳳求	12,000원
116	공포의 권력	J. 크리스테바 / 서민원	근간
117	주색잡기속담사전	宋在璇	15,000원
118	죽음 앞에 선 인간 (상·하)	P. 아리에스 / 劉仙子	각권 8,000원
119	철학에 관하여	L. 알튀세르 / 서관모·백승욱	10,000원

120	다른 곳	J. 데리다 / 김다은·이혜지	8,000원
121	문학비평방법론	D. 베르제 外 / 민혜숙	12,000원
122	자기의 테크놀로지	M. 푸코 / 이희원	12,000원
123	새로운 학문	G. 비코 / 李源斗	22,000원
124	천재와 광기	P. 브르노 / 김웅권	13,000원
125	중국은사문화	馬 華·陳正宏 / 강경범·천현경	12,000원
126	푸코와 페미니즘	C. 라마자노글루 外 / 최 영 外	16,000원
127	역사주의	P. 해밀턴 / 임옥희	12,000원
128	中國書藝美學	宋 民 / 郭魯鳳	16,000원
129	죽음의 역사	P. 아리에스 / 이종민	13,000원
130	돈속담사전	宋在璇 편	15,000원
131	동양극장과 연극인들	김영무	15,000원
132	生育神과 性巫術	宋兆麟 / 洪 熹	20,000원
133	미학의 핵심	M. M. 이턴 / 유호전	14,000원
134	전사와 농민	J. 뒤비 / 최생열	근간
135	여성의 상태	N. 에니크 / 서민원	근간
136	중세의 지식인	자크 르 코프 / 최애리	근간
137	구조주의의 역사 (전4권)	프랑수아 도스 / 이봉지 外	각권 13,000원
138	글쓰기의 문제해결 전략	L. 플라워 / 원진숙·황정현	20,000원
139	음식속담사전	宋在璇 편	16,000원

【롤랑 바르트 전집】

▨ 현대의 신화	이화여대 기호학 연구소 옮김	15,000원
▨ 모드의 체계	이화여대 기호학 연구소 옮김	18,000원
▨ 텍스트의 즐거움	김희영 옮김	10,000원
▨ 라신에 대하여	남수인 옮김	근간

【東文選 現代新書】

▨ 우리는 무엇을 아는가	T. 나겔 / 오영미	5,000원
▨ 히스테리 사례분석	S. 프로이트 / 태혜숙	7,000원
▨ 에쁘롱	J. 데리다 / 김다은	7,000원
▨ 정치학이란 무엇인가	K. 미노그 / 이정철	6,000원
▨ 사랑의 지혜	A. 핑켈크로트 / 권유현	6,000원

【기 타】

■ 甲骨文合集 (전18권)		60만원
■ 古陶文字徵	高 明·葛英會	20,000원
■ 古文字類編	高 明	24,000원
■ 金文編	容 庚	36,000원
■ 隸字編	洪鈞陶	40,000원

■ 古文字學論集 (第一輯)	中國古文字學會 편	12,000원
■ 경제적 공포	V. 포레스테 / 김주경	7,000원
■ 서기 1000년과 서기 2000년 그 두려움의 흔적들	J. 뒤비 / 양영란	8,000원
■ 미래를 원한다	J. D. 로스네 / 문 선·김덕희	8,500원
■ 밀레니엄 버그	S. 리브·C. 맥기 / 편집부	8,000원
■ 잠수복과 나비	J. D. 보비 / 양영란	6,000원

【完譯詳註 漢典大系】

1 說 苑·上	林東錫 譯註	30,000원
2 說 苑·下	林東錫 譯註	30,000원
3 韓詩外傳	林東錫 譯註	근간
4 晏子春秋	林東錫 譯註	30,000원
5 潛夫論		근간
14 西京雜記	林東錫 譯註	20,000원
16 搜神記·上	林東錫 譯註	30,000원
17 搜神記·下	林東錫 譯註	30,000원

【한글고전총서】

1 설원·상	임동석 옮김	7,000원
2 설원·중	임동석 옮김	7,000원
3 설원·하	임동석 옮김	7,000원
4 안자춘추	임동석 옮김	8,000원
5 수신기·상	임동석 옮김	8,000원
6 수신기·하	임동석 옮김	8,000원

【통신판매】 가까운 서점에서 小社의 책을 구입하기 어려운 분은 국민은행(006-21-0567-061 : 신성대)으로 책값을 송금하신 후 전화 또는 우편으로 주소를 알려 주시면 책을 보내 드립니다. (보통등기, 송료 출판사 부담)

보낼곳 : 110-300 서울 종로구 관훈동 74번지
　　　　 東文選 고객관리부　(02)733-4901